AᵗV

Paul Barz, Jahrgang 1943, lebt als freier Journalist bei Hamburg. Er arbeitet für verschiedene Rundfunkstationen und schrieb Sachbücher, u. a. über Heinrich den Löwen und Theodor Storm. Zuletzt verfaßte er ein Theaterstück über Karoline Mathilde, die angebliche Struensee-Geliebte.

Graf Johann Friedrich von Struensee (1737–1772) war eigentlich ein Armendoktor aus Hamburg-Altona, der sich als einer der ersten für die allgemeine Pockenimpfung eingesetzt hatte, bevor er zum Leibarzt des als schwachsinnig geltenden dänischen Königs Christian VII. berufen wurde. Innerhalb kurzer Zeit stieg Struensee trotz vieler Anfeindungen zum engsten Berater des Königs auf. Er versuchte durch zahlreiche Reformen, ein neues gerechtes und humanes Dänemark zu schaffen. Doch der Adel am Hof in Kopenhagen, der sich entmachtet sah, ruhte nicht, bevor man Anklage gegen den Leibarzt erheben konnte. Von Verrat war die Rede, von Ehebruch mit der Königin. Am 28. April 1772 wurde Struensee geköpft.

Paul Barz

Der Leibarzt des Königs

Die Geschichte des Doktor Struensee

Aufbau Taschenbuch Verlag

Mit 6 Abbildungen

ISBN 3-7466-1825-8

1. Auflage 2002
© Aufbau Taschenbuch Verlag GmbH, Berlin 2002
Dieses Buch ist unter dem Titel »Doktor Struensee« erstmals 1985 im
Ernst Kabel Verlag, Hamburg erschienen.
Dieses Werk wurde vermittelt durch die Literarische Agentur
Thomas Schlück GmbH, D-30827 Garbsen
Umschlaggestaltung Preuße & Hülpüsch Grafik Design
unter Verwendung des Gemäldes »Johann Friedrich Graf von Struensee«,
Schloß Rosenborg, Kopenhagen
Satz LVD GmbH, Berlin
Druck Elsnerdruck GmbH, Berlin
Printed in Germany

www.aufbau-taschenbuch.de

Für meinen Sohn Helmut

Denn so ist es, Herr:
dem Sokrates gaben sie ein Gift,
und unseren Herrn Christus schlugen sie an das Kreuz!
Das geht in den letzten Zeiten nicht mehr so leicht;
aber – einen Gewaltmenschen
oder einen bösen stiernackigen Pfarrer zum Heiligen,
oder einen tüchtigen Kerl,
nur weil er uns um Kopfeslänge überwachsen war,
zum Spuk und Nachtgespenst zu machen –
das geht noch alle Tage!

Theodor Storm, Der Schimmelreiter

Inhalt

I. Teil

Die Tragödie
des Absolutismus

Auf das Osterfeld trieben die Bauern ihr Vieh,
und hier wurden auch viele Leute geköpft,
darunter der berühmte Doktor Struensee.
Er war der Leibarzt des Königs und Liebhaber der Königin.
Das kommt davon.

Fremdenführer am Kopenhagener Osterport

Tod auf dem Osterfeld

Sieben Eisenbahnstunden sind es von Altona bis Kopenhagen, und letzte Station vor der Hauptstadt ist Roskilde, ein Bahnhofsschild nur, das kurz in das Abteil hineinblinkt, ein Name mit vagen Erinnerungen an die Zeit, als Roskilde noch das Zentrum dänischer Königsmacht war. Hier hatte um die Jahrtausendwende der Wikinger Harald Blauzahn geherrscht, und hier liegen sie im Dom begraben, die schwarze Margaretha, »Semiramis des Nordens«, die um 1400 ganz Skandinavien unter ihr Szepter zwingen wollte, und all die anderen dänischen Könige. Doch kein Blick auf den Dom, keine Zeit für das Wikingermuseum: Weiter geht es der Hauptstadt zu, eine halbe Stunde lang. Dann ist der Hauptbahnhof erreicht, mit dem Obelisken davor, himmelragende Erinnerung an die große Bauernbefreiung von 1788: »Der König gebot ...«

Wachablösung vor Amalienborg, darauf die Fahne als Zeichen, daß die jetzige Königin Margarethe zu Hause ist: Dänemarks Monarchie gibt sich familiär, gelassen sind die Denkmäler ihrer Vergangenheit in das Stadtbild eingebettet, Christiansborg, Rosenborg, das Königliche Theater. Und irgendwann passiert man das einstige Osterfeld, nun eine baumumstandene Lagerwiese, bunt und laut im Sommer, jetzt nur leer und still.

Vielleicht ist der Herbst nicht die Jahreszeit, um aufs Osterfeld zu gehen, schon gar nicht am Abend, wenn die Nebel ihre Gesichte in die bittere Herbstluft zeichnen. Kein Laut dringt dann in seine Stille, auch nicht vom benachbarten Fußballstadion her, das fünfzigtausend Menschen faßt, zwanzigtausend mehr, als sich vor zweihundert Jahren hier auf dem Osterfeld versammelt hatten: Auch daran denkt man jetzt, an jenen Frühlingstag des Jahres 1772, als hier das 18. Jahrhundert zu einem seiner großen, blutrünstigen Spektakel angetreten war.

Schon gegen vier Uhr früh waren damals die ersten Neugierigen aufs Osterfeld hinausgekommen, und schließlich war die halbe Stadt auf den Beinen gewesen. Denn so oft kam es selbst in diesem Jahrhundert nicht vor, daß ein leibhaftiger Minister, dazu noch Freund des Königs, geköpft wurde. Viele hatten denn auch ihre Kinder mitgebracht, und vergnügt tollten sie auf dem fünf Meter hohen Blutgerüst herum, bis die Wachen sie verscheuchten, unter gutmütigem Gelächter.

Geduldig durchwartet die Menge den herangrauenden Morgen. Erst um halb acht fängt es endlich an: Soldaten marschieren auf und umstellen das Gerüst, über tausend Infanteristen und noch einmal über viertausend Matrosen. Schließlich reiten noch dreihundert Dragoner heran, und beim Anblick ihres Kommandanten stoßen sich die Menschen in die Seite: Das ist doch der berühmte Oberst Eickstädt, jetzt General und Kopenhagens neuer Stadtkommandant, ausgezeichnet mit dem Danebrog-Orden. Im Januar hatte er sich um den Staat so verdient gemacht. Nun darf er zum Dank die Hinrichtung seines schlimmsten Feindes kommandieren.

Der Henker mit seinen Gehilfen marschiert auf, und ein Murmeln empfängt sie, fast drohend, wie sich überhaupt seit dem Januar die Stimmung im Volk beängstigend gewandelt hat. Damals, im Rausch erster Empörung, hätte es keiner Hinrichtung bedurft. Die Verhafteten, wäre man ihrer nur habhaft geworden, wären in Stücke gerissen worden. Doch verschwanden sie gleich in der Sicherheit wohlabgeschirmter Einzelzellen, die große Stille breitete sich aus, und nur manchmal drangen Nachrichten nach draußen, von geheimen Verhören und einem Prozeß hinter strikt verschlossenen Türen. Die Menschen waren ungeduldig geworden. Endlich wollten sie bestätigt sehen, was ihnen erzählt worden war von einer bevorstehenden Verschwörung, von einem Giftanschlag auf den König, von all den wüsten Orgien, die hinter dem Rücken der Majestät gefeiert wurden.

Endlich wird die Anklage veröffentlicht. Sie liest sich recht ernüchternd. Kein Wort von einem Staatsstreich, nichts über Orgien und Giftanschläge – und der ursprüngliche Volkszorn schlägt fast in Mitleid um. Nun fallen schon Worte wie »Justizmord« und »Betrug«, und den Henker erreichen anonyme Drohungen: Ihm würde es übel ergehen, wenn er etwa die Qual der Verurteilten hinauszögere. So sieht denn auch er diesem Tag eher bänglich entgegen.

Es ist dies der 28. April 1772, ein Dienstag und ganz normaler Wochentag. Drüben in Schloß Christiansborg, wo man nach dem gottlosen Lotterleben der letzten anderthalb Jahre wieder sehr fromm geworden ist und selbst eingefleischte Atheisten brav in der Kirchbank knien sehen kann, hält man auch wieder strikt auf die Heiligung des Feiertags: Kein Fest, kein Opernbesuch dürfen an solchen Tagen über die höfische Szene gehen. Doch an einem ganz gewöhnlichen Dienstag braucht man nicht so streng zu sein. So ist denn für den Abend eine Oper angesetzt, eines jener heiteren Stücke, wie sie der König liebt, und zuvor bittet noch die Majestät zu einem Souper im kleinen Kreis. Natürlich wird Professor Guldberg dabeisein, die Graue Eminenz der letzten Wochen, und selbstverständlich Juliane Marie, Königinwitwe und Stiefmutter des Herrschers. Über Jahre hin war die brave Frau von den meisten Festlichkeiten ausgeschlossen worden, aber jetzt prangt sie wieder in der Mitte, nicht mehr jung, doch noch immer stattlich, Herrscherin von Kopf bis Fuß, eine neue Semiramis des Nordens.

Bei der Hinrichtung am Morgen sind diese Herrschaften nicht zugegen, schon gar nicht der König, dem in diesen Tagen nichts die gute Laune verderben soll, schon gar nicht das Ende seines beten Freundes. Auch Guldberg bleibt abseits. Der Herr Professor schätzt mehr die Unauffälligkeit, noch braucht niemand zu wissen, wer er in Wahrheit ist. Nur von Juliane Marie wird erzählt, sie hätte an diesem Morgen, ganz heimlich nur, ein Fernglas vor den kurzsichtigen Augen, hinüber zum Osterfeld gespäht und schließlich gejubelt: »Jetzt ist der Dicke an der Reihe!« Aber vielleicht ist das nur Klatsch. Von dieser Frau wird viel behauptet und erzählt, schließlich sogar, sie hätte ihrer verstoßenen Schwiegertochter Gift ins Exil nachgesandt. Überliefert bleibt nur, daß sie sich am Abend vom Pastor Münter Bericht erstatten ließ und dabei in Tränen ausgebrochen war: »Es tut mir leid für den unglücklichen Menschen. Ich habe mich geprüft, ob ich auch in dem, was ich gegen ihn getan habe, aus persönlicher Feindschaft gehandelt habe. Ich habe mich aber in meinem Gewissen frei gefunden …« Worauf sie dann zum Souper gerauscht war.

Dieser Tag hat nicht nur einen, sondern wenigstens zwei unglückliche Menschen. Gemeinsam sind sie zum Schafott geschritten, und der eine hatte bis zum Schluß nicht ganz begriffen, was ihm eigentlich widerfuhr. Zutiefst ist dieser schmale, dunkle Mann die Frohnatur. Er liebt das Theater, singt nett, spielt gut Flöte, und französische Bühnenklassiker kann er seitenweise auswendig zitieren. Überhaupt ist Frankreich sein großer Traum. Dort hat er zwei vergnügte Jahre lang gelebt, dorthin würde er gern zurückkehren. Soll es aber nicht Frankreich sein, so tut es der Posten eines Amtmanns in seiner engeren Heimat Bramstedt auch. So schreibt er es denn auch in seinem Gnadengesuch an den König. Denn daß er an diesem 28. April tatsächlich hingerichtet werden soll, kann er sich beim besten Willen nicht vorstellen, dieser Graf Enevold Brandt, eben noch Hofmarschall und Obergarderobenmeister Seiner Majestät.

Auch sein Gefährte hatte noch ein Bittgesuch an den König abgesandt, doch wohl schon ohne Hoffnung. Drei Tage zuvor war ihm sein Todesurteil in die Zelle gebracht worden, und er war sehr ruhig geblieben, hatte nur einige knappe, kühle Fragen gestellt. Vielleicht hatte er dabei auch erfahren, daß im Staatsrat Stimmen für seine Begnadigung laut geworden waren, einer aber heftig widersprochen hatte, ein gewisser Graf Rantzau-Ascheberg. Es hatte aber Zeiten gegeben, da war dieser Graf sein bester Freund gewesen, und der Verurteilte hätte reagieren können wie zwanzig Jahre später Ludwig XVI. auf die Nachricht, auch sein eigener Vetter hätte für seinen Tod gestimmt: »Ich wußte nicht, daß der Mensch so schlecht sein kann …«

Auch er hat nie gewußt, wie schlecht die Menschen sind, mehr noch: Er hat es wohl nie wissen wollen, auch jetzt noch nicht. Denn nun schreibt er noch einen Brief an Rantzau, ohne Vorwurf, voll Freundschaft und Verständnis. Und dann legt er

14

sich hin zu einem letzten kurzen Schlaf. Gegen acht schlägt es dumpf gegen seine Zellentür. Er steht auf. An den Gelenken klirren die Ketten, mit denen er an die Wand gefesselt ist. Sie werden ihm abgenommen. Denn jetzt ist es Zeit für den letzten Gang des Doktor Johann Friedrich Struensee, Graf und Träger des Mathildenordens, vierunddreißig Jahre alt.

Immer schon, noch als schlechtbezahlter Arzt in Altona, hat Struensee Wert auf gute Kleidung gelegt, auf blütenweiße Hemden, gestickte Manschetten, auf spiegelnd blanke Schuhe. Auch jetzt kleidet er sich sorgsam, in einen blauen Samtrock mit funkelnd goldenem Besatz, mit einem Pelz darüber und einem gleichfalls goldbesetzten Hut. So wird er denn seinem Ende entgegenschreiten, immer noch eine blendende Erscheinung, ein schöner Mann von bestem Wuchs, mit klaren, angenehmen Zügen. Todesfurcht steht nicht darin. Der Arzt ist es gewohnt, den Tod als etwas Selbstverständliches zu nehmen, und vielleicht war er sich auch schon lange der Todesnähe bewußt gewesen. Bei seiner Verhaftung hatte man jedenfalls ein goldenes Etui gefunden, mit zwei Giftpillen darin. Gewaltsam hatten sie ihm entwunden werden müssen.

Drei Wagen warten vor der Zitadelle, der erste für den Schicksalsgefährten Brandt, der zweite für ihn selbst. Im dritten nimmt der Ankläger des Königs Platz, Generalfiskal Georg Wilhelm Wiwet, und er ist etwas unzufrieden. Denn sein Antrag hatte ursprünglich gelautet, die Verurteilten vor dem Köpfen noch zu rädern, und launig hatte er dabei in Anspielung auf Struensees Vergangenheit als Anatom gespaßt: »Der Medicus soll öffentlich anatomiert werden … zu seiner Mitcollegen weitern Erfahrungen …« Jetzt wird der Medicus nur geköpft, zuvor soll ihm allerdings noch die rechte Hand abgeschlagen werden. Das mag Wiwet trösten.

Es wird eine lange Fahrt von der Zitadelle bis zum Osterfeld. Denn zweihundert Infanteristen marschieren neben dem Zug, noch einmal zweihundert Dragoner traben hinterher, und so schieben sich die drei Wagen nur im Schrittempo der Stadtgrenze entgegen.

Es bleibt Zeit für vielerlei Gedanken.

Ein Staatsverbrecher soll also Struensee sein. Er soll den König beleidigt, ihn sogar zum Selbstmord gedrängt haben. Auch um Geld war es gegangen, eine beträchtliche Summe, bei deren Überschreibung es in der Tat nicht ganz korrekt zugegangen war, ähnlich wie beim Brillantbukett der Königin, das Struensee verscherbelt hatte. Und dann ist da noch die Sache mit der Königin selbst, mit der kleinen Caroline Mathilde, die jetzt gerade auf den Festungswällen von Kronborg umherirrt und verzweifelt nach dem großen Freund ruft. Er soll ihr Liebhaber gewesen sein, und vor allem deshalb schickt man ihn nun aufs Schafott, den Ehebrecher, der das königliche Bett geschändet hatte als schlimmste seiner Sünden – und was hatte Johann Friedrich Struensee in den sechzehn Monaten seiner Alleinherrschaft sonst noch Verwerfliches getan?

Er hatte, beispielsweise, eine Landreform eingeleitet, die dem Agrarstaat Dänemark endlich zu einer intakten Agrarstruktur verhelfen sollte. Er hatte miefige Moralvorschriften beiseite gefegt, die Übermacht des Adels eingeschränkt, in die wuchernde Höflingshierarchie bei Hofe eingegriffen und Legionen hochnobler Faulpelze zum Teufel gejagt. Er hatte auf Sparsamkeit gedrängt, bis schließlich die Staatsschuld von fünfundzwanzig Millionen Taler auf sechzehn abgesunken war. Und dieser Mann hatte Folter und Zensur abgeschafft, er hatte Krankenhäuser gebaut, Schulen reformiert, ein Findelheim gegründet, er hatte aus Kopenhagens Straßen den Dreck hinauszuspülen versucht, er hatte …

Eine Stunde dauert die Fahrt zum Osterfeld. Sie reicht nicht, um alle Erlasse Struensees ins Gedächtnis zurückzurufen, und auch nicht alle waren gut und richtig gewesen. Das hatte er selbst gewußt. Aber er kann auch sagen: »Ich nehme das Bewußtsein meines Gewissens mit mir in die Ewigkeit, daß ich den König und das Land nicht habe unglücklich machen wollen …«

Gegen neun ist endlich das Osterfeld erreicht. Neben dem Henker warten zwei Geistliche, die Pastoren Hee und Münter.

Sie hatten im Kerker die Seelen der Verurteilten zu retten versucht, und das war auch gelungen, leicht bei Brandt, schwerer schon bei Struensee. Hier hatte Pastor Münter ganze Arbeit leisten müssen, und lange hatte es gedauert, bis sich auch Struensees Hände zum Gebet gefaltet hatten. Darauf ist Münter sehr stolz. Er wird sich darin auch nicht durch die Skepsis eines Herrn von Goethe beirren lassen, der später über Struensees Bekehrung schreibt: »Über den Wert … kann Gott allein urteilen …« Münter urteilt lieber gleich. Er fühlt sich als Freund des Verurteilten, zu dem er sich herzlich strahlend in die Kutsche schwingt, und als echter Freund läßt er den Wagen taktvoll wenden, damit Struensee nicht anzusehen, nur anzuhören braucht, was jetzt geschieht. Denn nun besteigt als erster Enevold Brandt das Schafott.

Auch Graf Brandt ist prächtig gekleidet. Auch er trägt einen Pelz über seinem Rock aus tiefgrünem Samt, und auch an seinem Hut funkeln goldene Tressen. Denn die Regisseure solcher Unternehmen verstehen ihr Geschäft. Dem gaffenden Volk soll schließlich nicht nur etwas fürs Auge geboten werden, es kann dabei gleich auch lernen, aus welcher Höhe einer stürzt, wenn es die Mächtigen so wollen. Da nicken sich die Menschen zu, da sind sie dann mit ihrem eigenen Los als Untertanen zufrieden: nur immer bescheiden sein und an der Stelle ausharren, wohin einen Gott und Fürst gestellt haben. Dann bleibt einem auch solch grausiges Ende erspart.

In Brandts Taschen klimpern Münzen. Sie sind als Trinkgeld für den Henker gedacht, das ihm der Graf gleich nach seiner Begnadigung zuschieben will. Denn natürlich wird er begnadigt werden, was hatte er denn schon verbrochen? Gerade einmal mit dem König gerauft und ihm dabei in die Hand gebissen – das konnte doch niemand ernstlich als Attentat auf das Leben Seiner Majestät werten. Und daß er die Gerüchte vom Ehebruch der Königin nicht weitergab, spricht doch eher für ihn. Denn die Verbreitung eines solchen Klatsches wäre tatsächlich Majestätsbeleidigung gewesen. Also Gnade für Enevold Brandt – nur schade um das hübsche Amt des Garderobenmeisters.

Anderes ängstigt ihn mehr, vor allem die Frage, wie wohl die Menge reagieren wird, wenn sie von seiner Begnadigung erfährt. Denn im Volk ist er fast so verhaßt wie Struensee, das weiß er, und so könnten die Leute das Blutgerüst stürmen und ihn in Stücke reißen. Davor hat er Furcht. Nur mit halbem Ohr und zerstreuter Miene hört er der Verlesung seines Todesurteils zu, lüftet kurz den Hut, als die Soldaten ihre Gewehre präsentieren, und nimmt kaum zur Kenntnis, wie jetzt der Henker seinen Grafenschild zerbricht: »Dies geschieht nicht umsonst, sondern nach Verdienst!« – nun denn, ein Amtmann in Bramstedt muß nicht unbedingt ein Graf sein.

In gebührender Gelassenheit legt Brandt Rock und Weste ab und sucht noch rasch nach den Münzen für den Henker. Dann entblößt er Arm und Hals, kniet in der vorgeschriebenen Haltung nieder, den Kopf gebeugt, die Rechte ausgestreckt. Nun wird es allerdings Zeit, wenn noch der Bote aus dem Schloß rechtzeitig mit der Begnadigung eintreffen soll …

Der Henker schlägt zu, kurz und genau. Die Hand fällt, der Kopf. Beides wird der Menge gezeigt, dann in den wartenden Karren unterhalb des Blutgerüsts geschleudert. Die Gehilfen schleppen den Körper davon, der Scharfrichter stellt sich wieder in Positur. Das ist erst das Vorspiel gewesen. Der Höhepunkt kommt noch.

In seiner Kutsche hat sich Struensee zum Pastor Münter gewandt, versucht ein Lächeln, höflich, fast entschuldigend: »Ich will Sie nur bitten, auf Ihrer Hut zu sein, daß Sie bei meinem Hingange zum Tode nicht zu sehr beweget werden. Es würde mich sehr beunruhigen, wenn ich Sie leiden sähe …« Dem Pastor kommen Tränen. Er ist eben doch ein guter Mann, der Doktor Struensee, so rücksichtsvoll, und jetzt liefert er ihm auch noch eine so schöne Pointe für das Buch, das Münter über die Bekehrungsgeschichte des Grafen schreiben wird. Es eilt ihm damit. Denn Gerüchten nach arbeitet auch Kollege Hee an einem Buch über die Bekehrung des Grafen Brandt. Solch einer Konkurrenz will zuvorgekommen sein.

Struensee steigt aus dem Wagen. Langsam geht er durch die

zurückweichende Menge, sieht zuweilen ein bekanntes Gesicht. Dann nickt er höflich, lüftet den Hut, ganz der Jünger Epikurs, dieses von ihm so verehrten Philosophen mit seiner Lehre vom Leben als einem heiter-ernsten Fest, dessen Gäste den Tod nicht fürchten. Und fürchtet ihn der Doktor Struensee dennoch, soll es wenigstens keiner merken, keiner von denen, die in ihm, dem Bürgerlichen und kleinen Pastorensohn, immer nur den Emporkömmling und größenwahnsinnigen Plebejer gesehen haben. In den Jahren seines Glanzes hat Struensee den Katechismus des Adels gelernt. Er weiß, was sich schickt: Tränen dürfen immer fließen, auch ohne Grund. Aber dem Tod tritt man lächelnd gegenüber, den höflich gezogenen Hut in der Hand.

Die Treppe zum Gerüst ist steil. Nur zögernd nimmt Struensee Stufe um Stufe. Sein Gesicht verzerrt sich. Denn in seiner Brust zucken stechende Schmerzen, der Arm hängt schlaff herab, Folge jenes Reitunfalls im letzten Herbst bei Schloß Hirschholm. Und unten in der Menge nicken sich manche vielsagend zu. Mit wohlgefälligem Grinsen notieren sie, welch miserable Figur der »Pillendreher« auf seinem letzten Gang macht. Er ist eben kein wirklich großer Mann.

Oben auf dem Schafott schwankt Struensee tatsächlich, aber nicht wegen der gebrochenen Rippen in seiner Brust. Jetzt steht er vor dem vom Blut des Freundes noch dampfenden Richtblock, sieht den zerbrochenen Grafenschild, und unterhalb des Gerüsts wird gerade Brandts Kadaver ausgeweidet. Auch Struensee hört sein Urteil, sieht seinen Grafenschild zerbrechen. Dann soll er sich entkleiden, und seine Finger zittern dabei. Der Henker muß ihm helfen, die Knöpfe aufzunesteln. Endlich ist es soweit. Auch Struensee kniet nieder. Er scheint jetzt wieder ganz ruhig zu sein.

Aber der Henker ist nervös geworden. Erst sein zweiter Schlag trennt die Hand ab, und der Körper des Opfers bäumt sich in wilder Zuckung auf, wird niedergepreßt und gewaltsam über den Block gebogen. Der Henker schlägt von neuem zu, einmal, zweimal. Dann ist alles aus: Der Haß eines Regimes gegen alle, die es zu ändern versuchen, hat seine blutige Atzung bekommen.

Der Kopf wird der Menge gezeigt. Sie schweigt dazu, wie an diesem Abend die Menschen auch nicht ihrem König in seiner Opernloge applaudieren. Dennoch wird es eine schöne Aufführung, schöner noch als die Hinrichtung am Morgen. Die wird rasch vergessen sein, auch wenn die Köpfe der Gehenkten noch einige Wochen lang auf lange Stangen aufgespießt auf dem Schindanger am Rand der Stadt zu sehen sind als Warnung für alle, sich nicht in Geschäfte zu mischen, für die sie nicht geboren sind.

Die dreißigtausend Augenzeugen dieser letzten Stunde Struensees sind davongeschlurft, in das Grau eines absolutistisch regierten Alltags zurück. In der unter Struensee gewonnenen Freiheit darf die dänische Presse noch eine Weile über den gestürzten Unhold toben, und die Obrigkeit lächelt dazu: So ist es recht, dafür ist eine freie Presse gut. Danach wird dann wieder die Zensur eingeführt, schärfer als zuvor. Nun ist es nicht nur verboten, die Regierung zu kritisieren. Jetzt darf über sie überhaupt nichts mehr veröffentlicht werden. Schließlich hat man seine Lehre aus dem Fall Struensee gezogen, der in holder Unvernunft Schreiberlinge jeder Art so lange hatte gewähren lassen, bis er schließlich selbst ihr bevorzugtes Opfer war. So wird auch nur mündlich jene Geschichte vom Landmann aus Jütland weitergegeben, der einen Kirchenfürsten fragt, wann denn endlich die Steuern gesenkt werden. Der Bischof weiß es nicht, und das brave Bäuerlein, umgeben von seiner nackten, hungernden Kinderschar, wiegt gedankenschwer den schlichten Kopf: »Ja, an dergleichen Dinge denken sie in Kopenhagen nicht mehr. Da war ein braver Mann, der uns die Verordnung wegen dem Frondienst gab, und daher mögen sie ihn wohl auch geköpft haben …«

Auf dem Osterfeld wird in der Nacht nach dem 28. April das Blutgerüst schleunigst wieder abgetragen, und schwarze Sklaven sind dafür abkommandiert, wahrscheinlich aus den westindischen Kolonien Dänemarks. Auch um das Schicksal solcher Sklaven hatte sich Struensee gekümmert, hatte für ausreichende medizinische Betreuung und angemessene Rechtsprechung gesorgt. Am liebsten hätte er wohl die Sklaverei gänzlich abgeschafft, das hatte sein Tod gerade noch verhindern können.

In seinem Pfarrhaus aber sitzt Pastor Münter und ist ein wenig ärgerlich. Ausdrücklich hatte ihm Struensee sein Erscheinen als Geist zugesagt. Doch der Geist will nicht erscheinen. So muß sich nun eine andere Pointe finden, und Kopenhagens wortmächtigster Kanzelredner hält auch schon eine parat. Mit Struensee, schreibt er in sein Buch, wüßte er nun einen Freund im Himmel, und das ist eigentlich sehr mutig von dem wackeren Mann. Denn um diese Zeit wagt noch kein anderer, Struensee als seinen Freund zu bezeichnen, schon gar nicht jene, die tatsächlich seine Freunde waren. Sie sprechen lieber von einer Bestie in Menschengestalt, von einem Wolf oder Schakal. So hallt es durch den ganzen Kontinent.

Wer das liest, glaubt das oder schüttelt den Kopf. An den Höfen dieser Zeit geschieht so viel Schlimmes. Da weiß man nicht, wer in diesem Fall der wirklich Schlimme war, Struensee oder sein König Christian, das Opfer oder der Täter. Lieber wird über den Ehebruch der Königin nachgedacht, das ist viel spannender als jeder politische Aspekt der ganzen Angelegenheit. Ähnlich faszinierend lesen sich nur noch die Einzelheiten bei der Hinrichtung. Denn das sind die Dinge, an denen sich dieses so anmutig seinen Charme und seine Grazie über die Zeiten hinweg verstrahlende 18. Jahrhundert labt. Und das ist nicht mehr die barocke Lust, im Leben den Tod zu umarmen. Das Rokoko, längst selbst zum Untergang verdammt, starrt in eigener Todesfurcht voll wollüstig schaudernder Neugier auf den Tod anderer, je scheußlicher, desto besser.

In dieser Hinsicht hält Struensees Hinrichtung mehr die Mitte und wirkt keineswegs so grausam aufregend wie beispielsweise zwanzig Jahre vorher in Frankreich der Tod des geistesgestörten Studenten Robert-François Damiens, der seinen König Ludwig XV. beim Gang zur Messe mit einem kleinen Dolch leicht geritzt hatte. Da war dieses Säkulum zu seiner ganz großen Form aufgelaufen: In vierstündiger Prozedur wurde Damiens zunächst einmal mit glühenden Zangen gezwickt, dann mit kochendem Öl und Blei versengt und schließlich an Armen und Beinen zwischen vier Pferde geschnallt worden. Peitschenhiebe hatten geknallt, die aufgescheuchten Pferde zerrten den Leib auseinander, und das Publikum geriet vor Begeisterung ganz außer sich. Das war nun ein Schauspiel, das sich wirklich lohnte. Das hatte sogar die unverschämt hohen Preise für angebotene Fensterplätze gerechtfertigt. Und an einem dieser Fenster hatte eine Dame Mitleid befallen. Sie brach in Tränen aus und rief: »Seht doch nur, die armen Pferde …«

Aber auch in dieser Zeit gibt es manche, die ernsthaft überlegen, ob solche Methoden wirklich noch in ein aufgeklärtes, fortschrittsfrohes Jahrhundert passen, und in Frankreich entwirft schließlich der Arzt Doktor Guillotin ein Fallbeil, das seine Opfer binnen weniger Sekunden tötet. Ihre Qual, so Guillotin, sei dabei nichts Ärgeres als ein eher angenehmes, erfrischend prickelndes Gefühl in der Halsgegend. Der Doktor sollte denn auch bald Gelegenheit erhalten, dieses Gefühl am eigenen Hals zu erleben.

Doch zunächst einmal ist alles von der Neuerung begeistert. Ein Modell wird gebaut und 1792 dem französischen König vorgeführt. Der ist nun selbst ein geschickter Handwerker. Der sieht gleich die grundlegende Schwäche des neuen Instruments.

Dessen Klinge ist nämlich gebogen, und nicht jeder Nacken paßt darunter. »Meiner zum Beispiel«, führt der vierschrötige Monarch aus, »wäre viel zu dick dazu.« Und Ludwig XVI. zeichnet in die Skizze einen Strich: So muß die Klinge aussehen, nicht gekrümmt, sondern abgeschrägt. Die Anwesenden sind beeindruckt. Ein richtiger König kennt sich eben in allem aus. Das muß man diesen Herren lassen, selbst noch im Jahr 1792, da Könige nicht mehr so hoch im Kurs stehen. Denn inzwischen wurde die Pariser Bastille gestürmt, Ludwig XVI. hatte erschrocken gestammelt: »Das ist ja eine Revolte!« und zur kühlen Antwort erhalten: »Nein, Sire, das ist eine Revolution!«

Jetzt nimmt sich diese Revolution der Erfindung des Doktors Guillotin an, sie steht am Anfang einer neuen Zeit, der sich auch der Tod anpaßt und immer perfekter, gründlicher und anonymer werden wird bis zu den Erschießungspelotons und Gaskammern in den Hinterhöfen unserer Gegenwart: gute alte Vergangenheit, da noch die ganze Familie einträchtig hinausziehen konnte zur Hinrichtung auf dem Osterfeld …

Es kommt aber bald nach der königlichen Korrektur ein Tag, der 21. Januar 1793, da liegt dieser König selbst unter dem eigenhändig verbesserten Fallbeil. Die schräge Klinge saust auf seinen Nacken herab, man meint noch einen Schrei zu hören, dann ist alles sekundenschnell vorbei. Die vielen tausend Zuschauer erstarren zunächst, dann brechen sie in ein gellendes »Vive la république!« aus. Und wäre unter ihnen Johann Wolfgang von Goethe gewesen, hätte er an diesem Tag wiederholen können, was er schon im Jahr zuvor bei der Kanonade von Valmy gesagt hatte: »Von hier und heute geht eine neue Epoche der Weltgeschichte aus, und ihr könnt sagen, ihr seid dabeigewesen …«

Bei der Kanonade von Valmy hatten die zerlumpten Truppen der Französischen Revolution über die wohlausgerüsteten Armeen der etablierten Mächte Preußen und Österreich gesiegt. Es mochte Feuertaufe und eigentliche Geburtsstunde der Republik gewesen sein. Jener graue Januartag auf der Pariser Place de la Concorde im Jahr darauf ist aber die Todesstunde der absoluten Monarchie. Das Bürgertum tritt zur Machtübernahme an, ganz ohne Monarchen – und auch ohne all jene, die diese Monarchie noch einmal durch Reformen in eine neue Zeit hinüberzuretten versuchten. Wie beispielsweise in Dänemark der Doktor Johann Friedrich Struensee.

In seiner Geschichte des dänischen Gesamtstaates hat der Historiker Johannes Krumm den Fall Struensee als »die furchtbarste Tragödie des Absolutismus« bezeichnet. Doch setzt Tragik Zwangsläufigkeit voraus. War also das private Schicksal Struensees zwangsläufig? Oder spiegelt sich nicht vielmehr in ihm das zwangsläufige Ende einer Staatsform, die einst als legitime Erbin des mittelalterlichen Welt- und Menschenbildes die erste große Staatsform der Moderne war? Ist der Fall Struensee weniger seine eigene als tatsächlich »die Tragödie des Absolutismus«?

Seine private Geschichte fängt jedenfalls gar nicht so tragisch an, eher als Lustspiel im Geschmack der Zeit, mit der klassischen Besetzung einer galanten Dreieckskomödie, der flatterhaften jungen Frau, dem lächerlichen Hahnrei und einem eleganten Hausfreund im Hintergrund. Das könnte Anlaß für viele übermütige Verwechslungsscherze sein, für dralle Situationskomik und neckisch kichernde Erotik, ein Stoff vielleicht für einen Beaumarchais oder Marivaux, ein toller Tag, das Spiel von Liebe und Zufall. Da aber die drei Hauptpersonen zugleich drei Mächtige ihres Jahrhunderts sind und dieses Jahrhundert bereits die Ahnung von Untergang und unaufhaltsamem Verfall durchtränkt, soll unversehens ernst werden, was als Spiel beginnt.

II. Teil

Als Spiel beginnt's

> Den Königen ist zu huldigen.
> Sie tun, was ihnen gefällt.
> *Aus einem Schulheft*
> *des zehnjährigen Ludwig XIV.*

Dämmerstunde für Monarchen

Aus dem historischen Halbdunkel tritt ein junger Mann, gerade achtundzwanzig Jahre alt, mit blaugrauem Strahlblick im mädchenhaft hübschen Gesicht. Seine überschlanke Erscheinung entzückt Frauen wie Männer, einer seufzt bei seinem Anblick: »Ich hätte nicht umhinkönnen, mich in ihn zu verlieben, wenn ich von einem anderen Geschlecht gewesen wäre ...« Der junge Mann, für Komplimente sonst nicht unempfänglich, schiebt jetzt jede Schmeichelei beiseite. Er hat anderes zu tun.

Eigentlich wollte er Dichter werden und träumt davon, der Nachwelt ein großes Werk zu hinterlassen. Doch nun beschäftigt ihn ein anderes Werk. Er regiert. Es scheint ihn wie ein Rausch zu packen. Er, der so verspielt schien, nur an Musik und Dichtung interessiert, kennt kein anderes Vergnügen mehr als seine Arbeit, und Freunde hören ihn seufzen, es fehlten an jedem Tag wenigstens vierundzwanzig Stunden. So viel sei zu erledigen.

Wie Furien hetzt ihn seine Vergangenheit, Qualen einer Jugend im Schatten eines überstrengen Vaters, die eigene Ohnmacht über Jahre hin, da niemand recht wußte, wer er war, wohl auch er selber nicht. Nun ist ihm über Nacht alle Macht zugefallen. Er kann endlich zeigen, wer er ist, und will dabei keinen Augenblick verlieren.

Ordre um Ordre geht hinaus, binnen weniger Wochen. Die Folter wird abgeschafft, die Pressezensur. Das Reglement in den Kasernen wird erleichtert, die Strafe für Kindsmörderinnen gemildert. Die staatlichen Vorratskammern öffnen sich, der Brotpreis sinkt. Der junge Mann ist schon beim nächsten Thema. Er weiß alles und das meiste besser. Nichts gibt es, worum er sich nicht kümmert, um Eheschließungen zwischen entfernten Verwandten, um die Bauvorschriften in der Stadt, um das Bierbrauen auf dem Lande. Zugleich hat er auch seine Animositäten und lebt sie nun voll aus. Die Geistlichkeit zum Beispiel haßt er, vielleicht weil sein Vater so fromm gewesen ist. Der Sohn verkündet achselzuckend, in seinem Land möge doch jeder nach eigener Façon selig werden. Das haben zwar vor ihm auch schon andere Mächtige gesagt. Aber erst in seinem Mund wird die schlichte Feststellung zum politischen Programm. Europa horcht auf. In benommener Bewunderung starren alle auf den Mann, der dort seinen Namen unter immer neue Erlasse setzt: Friedrich II., König von Preußen.

In dieser Anfangsphase seines Regimes sind die Gerüchte und Vermutungen um ihn noch kühner als alle seine Maßnahmen. 1740, da Friedrich im bestorganisierten und trostlosesten Staatswesen Europas die Macht ergreift, hebt auch das große Raunen an: Ist er nicht immer schon ein Freund der Künste gewesen, ein Bewunderer der Philosophie und fast schon selber Philosoph? Sollte er nun gar die in allen Kaffeehäusern Europas gehegte Utopie einer Republik des Geistes verwirklichen, mit sich selbst als Oberhaupt, mit lauter Philosophen als Beratern?

Schon heißt es, Friedrich würde seinen besten Freund Voltaire, den größten aller Philosophen, zu sich nach Potsdam holen. Voltaire soll Preußens Erster Minister werden, und der Gedanke erscheint nicht einmal abwegig. Waren doch im Frankreich des letzten Jahrhunderts Kardinäle wie Richelieu oder Mazarin Premierminister und eigentliche Macht im Staat gewesen – warum nicht hundert Jahre später in Preußen Voltaire als Kirchenfürst des neuen Glaubens an Fortschritt und Vernunft, als der preußische Richelieu eines neuen Zeitalters?

Die Utopie verfliegt, kaum daß sie entstanden ist. Und als Voltaire tatsächlich von Versailles nach Potsdam überwechselt und ihm sein bisheriger Gastgeber Ludwig XV. den Stoßseufzer nachschickt: »Ein Narr in Preußen mehr, einer an meinem Hof weniger«, darf er zwar an der Tafelrunde von Sanssouci, nicht aber auf einem Ministersessel Platz nehmen. Denn mit den Philosophen hält es Friedrich inzwischen so, wie es ein französischer Diplomat von Anfang an prophezeite: »Es ist anzunehmen, daß Seine Majestät der König sich solcher Köpfe nur zum Zeitvertreib bedienen wird ...« Genau das tut Friedrich und klopft seinem Philosophenfreund Dietrich Keyserlingk herablassend die Schulter: »Du bist ein braver Junge, ich höre dich gern singen und lachen, aber deine Ratschläge sind die eines Narren …«

Was für Wandlungen aber Friedrich seinen Bewunderern auch immer zumutet, bis schließlich Freund Voltaire nur noch staunen kann, daß so viele Charaktere in einem einzigen Körper wohnen: Für Jahre bleibt er das europäische Idol. Die Intellektuellen dieser Zeit, ob sie nun an Pariser, Londoner oder Petersburger Kaffeehaustischen Platz nehmen, ersehnen sich in seinem Bild weiterhin die große Aussöhnung zwischen Geist und Macht, und Friedrich wird ihr Ideal, weil sie ein solches Ideal brauchen. Nicht zufällig nennen sie ihn zunächst nicht »den Großen« wie frühere Herrscher auch. Sie sprechen von »Friedrich dem Einzigen« – einzig soll er sein, ein völlig neuer Herrschertyp in einer völlig neuen Zeit.

In dieser Zeit ist der Mensch wieder einmal, wie in der Renaissance, auf die Suche nach sich selbst gegangen, nach einer neuen Position im Koordinatenkreuz des Weltgebäudes. In der Renaissance hatte er sich vom Ruch der eigentlich nichtswürdigen Kreatur erlöst, die allein Gott und Glauben von allen Widrigkeiten duldsam durchlittener Erdenlast befreien können. Jetzt stellt sich der Mensch selbst in die Mitte jeder gültigen Ordnung. Er hat nicht länger den Institutionen, die Institutionen haben ihm zu dienen, auch die Macht, auch ihr König. Denn was gibt dem Herrscher sonst den Anspruch auf die alleinige Gewalt im Staat, wenn nicht das Wohl seiner Untertanen?

Aber auch die Monarchie hat seit der Renaissance ihren Emanzipationsprozeß durchlaufen. Der König will nicht länger nur Erster unter Gleichen sein, das Instrument seines Adels. »Alle Macht der Krone!« heißt jetzt die Devise, und im Pariser Louvre schreibt ein zehnjähriges Kind hundertmal in sein Schulheft: »Den Königen ist zu huldigen. Sie tun, was ihnen gefällt …« Darunter setzt der Junge seinen Namen: Louis Quatorze, der vierzehnte Ludwig. Als »Sonnenkönig« wird er zum

Inbegriff des Absolutismus werden, der in Frankreich seinen Höhepunkt erlebt – und überschreitet.

Es herrschen nicht mehr, wie im Feudalismus, die großen Familien. Es herrscht der König. Die Untertanen sehen zu ihm auf wie zu einem Gott. Und gottgleich entzieht er sich ihren Blikken. Ludwig XIV. bricht aus seiner Hauptstadt auf, verläßt das alte Königsschloß, den Louvre, und schafft sich weit draußen zwischen Sümpfen und Bäumen seine eigene erdenferne Residenz, sein Traumhaus Versailles, fernab schnöder Wirklichkeit. Dort ist er tatsächlich die Sonne, um die alles kreist, der Hohepriester des Absolutismus, der sich bei der Messe als einziger vor der Monstranz verneigt, während sich die anderen vor ihm zu verneigen haben: Es führt kein anderer Weg zu Gott als der über den König. Der Untertan erstarrt in Demut: Er glaubt an seinen König – solange er an einen Gott glaubt ...

Ludwig XIV. ist das monarchische Idol seines Zeitalters, wie Friedrich II. Idol der nächsten Epoche sein wird. Dazwischen aber vollzieht sich der große Wandel, nicht in der Monarchie, doch mit den Menschen. Ihr Glaube an Gott bröckelt. Sie glauben jetzt an sich selbst. Noch zu Lebzeiten wird der große Alte von Versailles zum Denkmal seiner selbst, ist sein Schloß bereits ein Monument vergangener Zeiten, an dem die Strömungen dieser Zeit immer rascher vorüberfließen.

Die »Philosophen« geben jetzt den Ton an. So nennen sie sich jedenfalls selbst, diese Jünger einer neuen Religion, die Vernunft zum neuen Abgott macht. Eigentlich ist es eine recht buntscheckige Gesellschaft, die sich dort in den Salons und Kaffeehäusern der Hauptstädte niederläßt, mit Worten diese Welt zu ändern. Doch ist sie zugleich der Humus, aus dem die eigentlichen Geistesgrößen des 18. Jahrhunderts aufsteigen, ein Voltaire als ihr heimlicher König, tiefkonservativ unter den Silberschauern seines Esprit, ein Baron de Montesquieu, der im Staat die Teilung der Gewalten fordert, ein Denis Diderot, der in zwanzigjähriger Arbeit gemeinsam mit dem Mathematiker D'Alembert die achtundzwanzig Bände seiner Enzyklopädie herausgibt.

Das ist nun die Bibel dieser neuen Religion und zugleich die zwischen Buchdeckeln vorweggenommene Große Revolution. Denn nun ist das Wissen dieser Zeit nicht mehr das Privileg weniger. Es wird überschaubar, nachschlagbar. Jeder kann sich informieren, was diese Welt in ihrem Innersten zusammenhält, und wenn es in der Enzyklopädie beispielsweise unter dem Stichwort *cerf* wie »Hirsch« heißt: »Wenn der Hirsch das verständige Alter erreicht hat …«, wackeln entsetzt alle konservativen Perückenköpfe: Soll nun gar Tieren so etwas wie Verstand zugesprochen werden, wo doch diese Vorstellung schon bei vielen Menschen schwerfällt?

Neben Diderot taucht schließlich ein seltsamer Geselle auf, der die in ihren Fugen aufgestörte Welt vollends aus den Angeln zu heben droht. Er begeistert sich für ein einfaches Leben, fordert eine freie und natürliche Erziehung, definiert Liebe als das umfassende, allbestimmende Gefühl, als Urgewalt und nicht mehr als jene Mischung aus Spaß und Pflicht, wie sie unter dem Stichwort »Ehe« in Diderots Enzyklopädie beschrieben wird: »An seine Ehegattin ist man *gebunden,* mit seiner Geliebten *verbunden* …« Und dann wird dieser Mann auch noch politisch.

Allen Ernstes formuliert er einen *contrat social,* eine neue Gesellschaftsordnung mit dem Volk als einzigem Souverän. Das geht denn doch zu weit. Das ist keine Revolte mehr, das ist eine Revolution. Den Philosophen, immer auf gesittetes Maß bedacht, schaudert es: Dieser Uhrmachersohn aus Genf, dieser Jean-Jacques Rousseau ist nicht mehr ein »Aufklärer«, wie sie sich selbst verstehen. In ihm scheint die eben erst vollzogene Aufklärung auch schon wieder überwunden, und nicht mehr der Verstandesmensch à la Voltaire, der »edle Wilde« à la Rousseau droht das neue Ideal zu werden. Kehren wir also rasch wieder zur eigentlichen Aufklärung zurück, wo noch alles so vernünftig zugeht und sich jeder an klare Kategorien halten kann …

Was Aufklärung eigentlich ist, faßt der deutsche Aufklärer und Philosoph Immanuel Kant bündig zusammen: »Der Ausgang des Menschen aus seiner selbstverschuldeten Unmündigkeit« – Ausgang also aus allen belastenden Vorstellungen von unterschiedlichen Rassen und Nationen. Jeder Mensch ist gleich, ob in China oder Europa, ob Jude oder Christ, und die Gesetze, nie falsch oder richtig, immer nur gut oder schlecht, gelten für alle Menschen gleichermaßen. Ausgang auch aus allen Erpressungsmechanismen einer Religion, die für ein ungewisses Glück im Jenseits diesseitige Unterwerfung fordert, Ausgang aus einer Moral, die dem Menschen seine privaten Lebensäußerungen zu diktieren sucht. Ausgang vor allem aus dem Bannkreis einer angeblich gottgewollten Obrigkeit: Der Mensch ist frei, wenn er nur seinen Verstand gebraucht. Dann wird der Fortschritt unaufhaltsam, ein Fortschritt natürlich nur zum Guten hin, zum immer Besseren, das alle Schlacken dieser Gegenwart zwangsläufig überwindet. Wer ist aber in diesem Zusammenhang noch der König? Was bedeutet seine absolute Macht? Ist sie Hemmschuh oder Förderer dieser großen Entwicklung zum Guten hin?

Um die Jahrhundertmitte, in der Hochblüte der Aufklärung, denkt noch niemand daran, sich dieser Macht, gar gewaltsam, zu entledigen. Drüben in England ist zwar einmal ein Monarch abgesetzt und hingerichtet worden. Aber das gilt eher als Schreckvision, und das Gemälde dieses *unhappy king* Charles I. hängt im Arbeitszimmer des letzten absoluten Franzosenherrschers. In langen Stunden betrachtet es Ludwig XVI., schüttelt nur den Kopf. Was hatte der königliche Kollege falsch gemacht, daß er diesen Weg hatte nehmen müssen? Daß es schon ein Fehler sein kann, überhaupt ein König zu sein – das weiß der zutiefst gutwillige, reformbereite Louis nicht. Und das wollen auch die wenigstens seiner Zeitgenossen wissen.

Zu tief ist in das abendländische Bewußtsein eingeprägt, daß an der Spitze jeder gesellschaftlichen Hierarchie ein gesalbter einzelner stehen muß, als daß sich selbst die radikalsten Kritiker des Absolutismus von dieser Vorstellung lösen können. Und noch am Vorabend der Französischen Revolution, als sich Frankreichs Dritter Stand nach Versailles aufmacht, die Vorherrschaft von Adel und Geistlichkeit zu brechen, ist nicht der Sturz der Monarchie das Ziel, sondern lediglich ihre Erneuerung. Vom König als einem »gekrönten Revolutionär« ist im Sommer 1789 die Rede, vom »großen Bund zwischen Volk und Thron« wird geträumt, vom sozialen Umsturz mit dem König an der Spitze, und der so spricht, ist ein kleiner Advokat aus Arras. Er heißt Maximilien de Robespierre und wird nur vier Jahre später den »gekrönten Revolutionär« unter das Fallbeil schicken. »Ludwig muß sterben, damit das Vaterland leben kann …«

Das 18. Jahrhundert will also die Monarchie. Nur will sie sie anders als bisher, nicht als Ausdruck göttlicher Fügung, sondern als Verpflichtung gegenüber den regierten Menschen. Wie ein guter Vater soll der Herrscher das allgemeine Wohl verwalten, soll seine Kinder glücklich machen – eine Vorstellung, die vor allem den Herrschenden selbst gut gefällt: Andere glücklich machen – wer will das schließlich nicht? So nehmen denn die Philosophen an den Fürstentischen zu Wien oder Sanssouci Platz. So bezieht Voltaire Quartier in Versailles, und Jeanne Antoinette Poisson, besser als Madame Pompadour bekannt, läßt sich auf dem vierten Band von Diderots Enzyklopädie abbilden, mit Montesquieus Hauptwerk vom »Geist der Gesetze« in der Hand. Am Wesen des Absolutismus ändert sich im übrigen nichts.

Weiter folgt die Monarchie ihrer trägen Bahn, schleppt als gültige Wirtschaftsordnung einen schwerfälligen Kronkapitalismus mit sich und taumelt von Krise zu Krise. Weiterhin wird Weltpolitik betrieben, als sei sie die private Familienangelegenheit einiger weniger Mächtiger. Kriege sind in der Regel Erbfolgekriege, Bündnisse die Aussöhnung von Dynastien, nicht von Völkern. Dem immer stärker werdenden Bürgertum steht die herrschende Schicht mit skeptischem Unverständnis gegenüber. Lieber glorifiziert sie den braven Bauern, der in dumpfer Gläubigkeit vor Gott und König seinen Acker bestellt, und man sage nicht, seine Belange lägen den Monarchen nicht am Herzen: Frankreichs Dauphin lernt sogar pflügen und läßt sich dabei malen. Draußen auf dem Land leben aber diese Bauern weiterhin in halber oder totaler Abhängigkeit von ihren Gutsherren. Jeder adelige Grundbesitzer ist sein eigener kleiner König, jeder das Ebenbild Gottes auf Erden. Da seufzen dann die Aufklärer tief und wenden sich mit hilflosem Achselzucken einander zu: Gibt es denn gar keine gekrönten Mächtigen, die ihre Lehren in praktische Politik umsetzen? Sollten am Ende Macht und Geist unvereinbar sein?

In dieser Stunde und unter diesen Vorzeichen geht der Stern Friedrichs des Einzigen auf. Während in Versailles die Erben des Sonnenkönigs Großvaters Spiel vom alleinigen Gottesgnadentum lediglich aufs stets neue reproduzieren, scheint der Preuße Friedrich die ideale Synthese zu sein zwischen Macht und Geist, zwischen Konservatismus und Fortschrittsglauben, Inbegriff eines aufgeklärten Monarchen, der über das Wohl seiner Untertanen wacht, der »Bund zwischen Thron und Volk« in Person. Und Friedrich, eiskalter Stratege des eigenen Ruhms, gibt mit genialischem Geschick der eigenen Legende ständig neue Nahrung.

Wie vernünftig und ganz im Sinn der Zeit klingt sein Wort vom König als erstem Diener des Staates! Wie sympathisch berührt es, daß ihn sein Freund Voltaire nur mit »Votre Humanité«, nie mit »Votre Majesté« anreden darf! Und wie glänzend ist doch die Geschichte des Müllers von Sanssouci inszeniert, der vor dem Berliner Kammergericht über seinen Herrn und König siegt, als seien beide gleich vor dem Gesetz! Hier scheint ein Monarch die Regeln seiner Zeit wirklich begriffen zu haben, scheint die Vergangenheit bruchlos in die Gegenwart hinüberzuführen: Das bewundert der alternde Johann Sebastian Bach ebenso wie der noch junge Goethe, das beeindruckt Philosophen wie Kant und Herder nicht minder als Herrscher wie Zar Peter oder Kaiser Joseph, bezeichnenderweise die Söhne von Friedrichs schlimmsten Feindinnen. Die Bewunderung für Friedrich ist auch der Protest der Jungen gegen die Vorherrschaft der Älteren.

Johann Friedrich Struensee, Pastorensohn aus dem preußischen Halle und drei Jahre alt, als Friedrich den Thron besteigt, bewundert den Preußenkönig nicht. Aber auch ihn prägt dieses Jahrhundertphänomen, und seine politischen Vorstellungen wird er so getreulich in sein eigenes staatsmännisches Denken einbringen, daß er vielen wie eine Kopie Friedrichs II. erscheint.

Struensee wird dann wohl nicht mehr erfahren, daß sich über ihn nach seinem Sturz kein anderer so ätzend giftig, so ganz und gar vernichtend äußert wie gerade dieser König: Fridericus Rex scheint sich zu verbitten, von einem kleinen Bürgerlichen, dazu noch von einem eigenen früheren Untertan, so schamlos genau beim Wort genommen zu werden. Das gehört dann zu den Enttäuschungen, die dieser Herrscher immer wieder seinen Bewunderern bereitet, Österreichs Joseph II. zum Beispiel, als sich Maria Theresias reformwütiger Sohn anhören muß, wen der vergötterte Friedrich als sein eigenes Vorbild ansieht: keinen anderen als Ludwig XIV., einen »wahren Patriarchen der Könige«. Da ahnt dann Joseph, da ahnen manche, daß es sich bei diesem Mann eben doch nicht um eine Alternative zu den herkömmlichen Monarchen handelt. Deren Dämmerstunde ist längst angebrochen, auch Friedrich II. hellt sie nicht mehr auf. Für den Bürger dieser Zeit ist es damit nur noch ein Schritt von der Forderung: »Die Monarchie muß anders werden« zur Erkenntnis »Ohne Monarchen geht es auch«.

Einstweilen ruht er noch in sich und seiner Welt, der aufgeklärte Bürger des 18. Jahrhunderts. In der Regel ist er ein gescheiter Typ, belesen und gebildet. Er ist nicht eigentlich Atheist, er glaubt durchaus an ein höheres Wesen, nur nicht an das, wovon die Pfarrer predigen, und so belacht er freudig die Sanduhr auf der Kanzel in Potsdams Garnisonkirche, die auf Befehl des Königs dem Pastor das Ende seiner Predigt anzeigt.

Denn unser Mann hat viel Humor, bewundert den geschmeidigen Esprit der Franzosen und den satirisch beißenden Witz der Engländer. Sein Lieblingsautor ist Voltaire, und selbstverständlich steht Diderots Enzyklopädie vollständig in seinem wohlbestückten Bücherschrank. Ins Theater geht er mehr zur Erbauung als zum Vergnügen, die Lebenslust des Adels ist ihm fremd. Dafür ist er informiert, liest Zeitungen und die allerorten aus dem Boden sprießenden Gazetten, schreibt gelegentlich auch selbst, wie er überhaupt ein Mann des Wortes ist: In Gesprächen verbessert sich am besten diese Welt.

In Rousseaus Schriften blättert er zuweilen. Vieles kann ihn daran beeindrucken, insgesamt geht es ihm aber doch zu tollkühn zu: Wie denkt sich das dieser Mann, der seine eigenen fünf Kinder allesamt ins Findelhaus abgeschoben hat: eine Erziehung der Liebe, der totalen Zuwendung des Erziehers zu seinem Zögling? Und wie soll denn dieser *contrat social* funktionieren, diese Alleinherrschaft des Volkes? Und dann die hemmungslose Anbetung der Liebe: Damit kann unser Mann der Aufklärung nichts anfangen. Emotion gehört nicht ausgelebt, sondern gezügelt, und was hier stürmt und drängt, wird erst die nächste Generation zu ihrem Weltbild machen. Er selbst wahrt noch, bei allem kritischen Bewußtsein, die wohlausgewogene Form.

Gemessen lehnt er sich zurück und ist bemüht, sich auf diese wirre, widersprüchliche Zeit seinen Reim zu machen. Er hat von den Fabriken gehört, deren qualmende Schlote drüben auf den britischen Inseln das liebliche Panorama *merry old Englands* zersägen. Er hört von all den Maschinen, die fast Tag um Tag erfunden werden, von James Watts Dampfmaschine oder Richard Arkwrights mechanischen Spinnrädern. Er nickt dazu und fühlt sich nur ganz leise unbehaglich: Gut so, das kann nur Fortschritt heißen, und fortschrittlich will man schließlich sein. Er nickt auch zu den Wirtschaftstheorien von Adam Smith, der Arbeit und Arbeitsteilung als Quelle allen Wohlstands definiert. So versteht er denn auch nicht, wie man immer noch am Prinzip der Leibeigenschaft festhalten kann, an diesem schlimmsten Relikt des Feudalismus.

Natürlich lehnt er die Folter ab, natürlich jede Diskriminierung von Religion und Rasse. Denn er ist tolerant schon aus Prinzip. Intolerant kann nur sein, wer Andersartiges nicht versteht, und unser Mann versteht alles, weiß alles, hält alles für durchschau- und machbar. Es gibt einfach kein Geheimnis, dem nicht Vernunft beikommen könnte, kein Rätsel, das sich nicht wissenschaftlich lösen läßt. Im übrigen vertraut er auf den Geist der Dinge: Historische Epochen folgen aufeinander in fortschreitender Steigerung, bis hin zur absoluten Vollkommenheit. Sie ist also nur eine Frage der Zeit – hat es nicht so oder ähnlich der große Voltaire gesagt?

Um die Jahrhundertmitte erlebt unser Mann der Aufklärung einen Schock. Im November 1755 hört er, daß in Portugal ein Erdbeben binnen weniger Minuten die Hauptstadt Lissabon fast vollständig zerstört hat. Dreißigtausend Menschen sterben, viele tausend andere irren obdachlos umher, während durch die Ruinen eine Feuersbrunst rast und auch noch den Rest zerstört: Das Erdbeben von Lissabon ist die Katastrophe des Jahrhunderts.

Manche sehen darin das Menetekel Gottes und kehren reumütig zum alten Glauben zurück. Andere fühlen sich erst recht in ihrer Auffassung bestätigt, daß droben überm Sternenzelt kein guter Vater wohnt. Alle sind sich aber einig, daß an eine gleichsam zwangsläufig vorwärtsschreitende Besserung der Welt nicht mehr geglaubt werden kann. Der Mensch, will er nicht wieder den alten Zwängen verfallen, muß selbst sein Schicksal in die Hand nehmen und durch die Tat entscheiden, wie diese Welt anders und besser werden kann. Kein Gott hilft dabei, keine Vorsehung und kein Fortschritt der Natur. Der Mensch bleibt auf sich selbst gestellt. Das meint zum Beispiel auch der Doktor J. F. Struensee.

Im Jahr des Erdbebens studiert Struensee noch Medizin in seiner Heimat Halle. Zwei Jahre später wechselt er ins dänische Altona über und hat dort als Arzt reichlich Gelegenheit, seine Prinzipien angewandter Vernunft in die Praxis umzusetzen. Darüber gehen Jahre hin, Struensee steht als Stadtphysikus von Altona in der vordersten Front beim Kampf um eine moderne Medizin und dürfte über aller Arbeit nur am Rande die frohe Kunde notieren, die im Winter 1766 aus Kopenhagen kommt. Dort jauchzt das Volk ebenso, wie es sechsundzwanzig Jahre vorher in Preußen gejauchzt hatte, als in strahlendster Laune der junge König Friedrich durch die Straßen gefahren war und Münzen in die jubelnde Menge gestreut hatte. Auch in Kopenhagen ist ein alter König gestorben. Auch dort tritt ein junger König an. Und jeder hofft auf eine neue Zeit in Dänemark, auf ein Morgenrot für Dänemarks Monarchen.

Christian VII.

Zwei Königskinder

Es ist der 14. Januar 1766. Über Kopenhagen hängt ein blei-
grauer Schneehimmel, vom Meer her peitscht ein nasser Wind
durch die Straßen, und dennoch hält es an diesem Morgen die
wenigsten in ihren Häusern. In dichten Scharen ziehen sie nach
Christiansborg, drängen in den Schloßhof und starren zum Balkon hoch, wo ein junger Mann erschienen ist, kein anderer
Friedrich, ohne Strahlblick im mädchenhaft hübschen Gesicht,
aber liebenswert in seiner ungelenken Schüchternheit. Neben
ihm steht eine wohlvertraute Gestalt, Staatsminister Bernstorff.
Feierlich verkündet er: »König Friedrich V. ist tot, König Christian VII. lebt!«

Christian VII.: Das ist dieser zerbrechlich schmale junge Mann,
dem jetzt die Herrschaft über ein Land voller Nöte und Probleme anvertraut wird. Denn es steht nicht gut um Dänemark.
Seine Finanzen sind zerrüttet, seine Wirtschaft marode, und um
die Lage der Bauern steht es nicht besser als im übrigen absolutistischen Europa. Dänemark ist aber ein Agrarstaat, es braucht
seine Landwirtschaft. Doch in ihren Ministerien heben die Ver-
antwortlichen nur resigniert die Schultern: Schon in den fünfziger Jahren war eine Kommission eingesetzt worden, sie hatte
nichts erreicht. Bernstorff spricht von einer Erneuerung der
Wirtschaft, aber alle Ansätze einer blühenden Industrie sind bisher versandet. Doch weiterhin leistet man sich eine der kost-
spieligsten Hofhaltungen des Kontinents, unterhält weiterhin
ein starkes Heer, und die Staatsverschuldung steigt unaufhörlich: Fast eine Million Taler, nach heutiger Währung etwa vierzig Millionen Mark, müssen jährlich allein schon an Zinsen
gezahlt werden.

So krallt sich denn alle Hoffnung an den jungen Mann dort
auf dem Balkon. Er soll der große Retter sein, mit der ermuti-
genden Devise: Gloria ex amore patriae – Ruhm aus Liebe zum
Vaterland. Und als sich für Augenblicke die Wolken am Him-

mel auseinanderschieben und einige schüchterne Sonnenstrahlen zur Erde tanzen, ist jeder bereit, das als gutes Omen zu nehmen. Also denn: Es lebe unser guter König Christian!

Christian verneigt sich in dressierter Anmut. Dann zieht ihn das Gefolge wieder in das Schloß zurück, wo nun in langer Reihe die Höflinge, die Diplomaten und Gesandten an ihm vorüberziehen. Jeder gratuliert, alle geben sich begeistert, und nur manche fragen sich, wie wohl gerade dieser noch nicht Achtzehnjährige mit dem toten Blick im überfeinen Knabengesicht Dänemarks Zukunft meistem soll.

Der Jubel verklingt. In der Hauptstadt wird noch mancher Becher auf das Wohl der neuen Majestät geleert. Und sie selbst sitzt nun am Schreibtisch, vor sich all die Briefe und Dokumente, die sie lesen und begreifen soll. Bisher hatte Christian kaum einen Brief öffnen, selten einen schreiben dürfen, und meist wurde ihm dabei die Hand geführt. So wendet er auch jetzt die Unterlagen unschlüssig in seinen Händen, schiebt sie schließlich seinem Lehrer Reverdil zu: »Öffnen Sie! Sie sind von jetzt an der königliche Brieföffner!« Und er lächelt dazu, sein verhuschtes, ungewisses Lächeln, das irgendwohin ins Leere zielt. Das also ist Christian VII., von Gottes Gnaden König zu Dänemark, Norwegen, der Wenden und Goten, Herzog zu Schleswig-Holstein, Stormarn und der Dithmarschen, Graf zu Oldenburg und Delmenhorst, vierzehnter Dänenherrscher aus dem Haus der Oldenburger.

Vielleicht steht am Ende dieses Tages der junge Mann vor den Bildern seiner dreizehn Vorgänger. Es waren Männer von Kraft und Rang darunter, Graf Christian zum Beispiel, von 1449 an erster Oldenburger auf dem dänischen Thron, oder im 17. Jahrhundert Friedrich III., auch »Dänemarks Sultan« genannt, der erste absolute Herrscher, der die Macht der alten Familien gebrochen und sich einen eigenen willfährigen Hofadel herangezüchtet hatte. Auch noch sein Nachfolger Christian V. war dieser Linie gefolgt und hatte sich nicht gescheut, einen unbotmäßigen Minister kurzerhand aufs Schafott zu schicken, um ihn erst im allerletzten Augenblick zu lebenslangem Kerker zu begnadigen: der König über alles, Herr über Leben und Tod! An seinem Erben Friedrich IV. hatte dann schon der Makel des verlorenen Nordischen Krieges gehaftet. Doch hatte er wenigstens etwas von Wirtschaft verstanden und seinem Nachfolger Christian VI. ein trotz der Kriegsverluste intaktes Staatswesen hinterlassen.

Erst bei Christian VI., dem Großvater des jetzigen Königs, hatte es Symptome zunehmenden Verfalls gegeben. Die Fassade leuchtete zwar kräftiger als zuvor, damals entstand als einer der schönsten Rokoko-Bauten Europas Schloß Christiansborg. Doch ging die Prachtliebe dieses Königs einhand mit bigotter Frömmelei, und über das Land legte sich schwer der Dunst prüder Moralschnüffelei. Groteske Sittengesetze wurden erlassen, die Zensur war allgegenwärtig und raffte jede Lebenslust dahin. Das Land versank in Schwermut, viele fanden im Freitod den einzigen Ausweg aus dem Gefängnis, zu dem Dänemark geworden war, und bei Christians Tod hatten die Untertanen erstmals allen Grund, erleichtert aufzuseufzen und auf eine neue, bessere Zeit zu hoffen.

Der neue Herrscher Friedrich V. schien diese Hoffnung zu erfüllen. Nun durfte wieder gelacht und Farbe gezeigt werden, es wurde in die Oper gegangen und Theater gespielt, und Skandinaviens Molière Ludvig Holberg erlebte mit seinen Komödien eine umjauchzte Renaissance. Friedrich V., den Frauen wie dem Alkohol höchst zugetan, war also ein Bürgerkönig, mit den Jahren allerdings für einen Bürgerkönig seltsam menschenscheu. Immer seltener bekamen ihn seine Untertanen zu Gesicht, immer ärger wurden die Gerüchte, die sich um diesen Mann spannen. Irgend etwas stimmte nicht mit ihm.

Sein Tod im Jahr 1766 ist lang und qualvoll, und sein ältester Sohn Christian zeigt sich in diesen Wochen ganz außer sich vor Schmerz. Gerührt betrachten ihn die anderen: Wie doch dieser Junge an seinem armen Vater hängt! Manche wissen es besser. Sie ahnen, daß der junge Mann weniger um seinen Vater klagt als um die dahinschwindende Hoffnung auf lange, süße Kronprinzenjahre ohne Arbeit und Verpflichtungen. Der Vater selbst?

Von ihm weiß Christian kaum, wer dieser Mann eigentlich gewesen ist.

Nie war der Vater eine bestimmende Gestalt für ihn gewesen, und auch die Mutter nicht, die schöne Engländerin Luise, die an den Folgen einer Fehlgeburt starb, als Christian gerade drei Jahre alt war. Schon im Jahr danach hatte der Vater ein zweites Mal geheiratet, und zunächst konnte niemand sagen, daß sich diese zweite Frau, Juliane Marie von Braunschweig, mit ihren Stiefkindern nicht Mühe gab. Vor allem Christian war ihr Liebling, verhätschelt und verwöhnt, vielleicht mehr, als für ihn gut war. Und dann hatte Juliane Marie einen eigenen Sohn geboren, den Erbprinzen Friedrich.

Von Anfang an haßt Christian den Stiefbruder. Mit dem wachen Instinkt eines Kindes mag er den Rivalen wittern, der ihm die Liebe einer Mutter entzieht. Und Christians Ängste verdichten sich zu trüben Phantasien und Alptraumbildern, von denen er später seinem Freund Struensee erzählen wird: wie zum Beispiel der Hof einmal zu fröhlicher Kahnpartie aufgebrochen war, wie Christian dabei ins Wasser fiel und fast ertrunken wäre. Erst im allerletzten Augenblick war er wieder, spuckend, würgend, fast erstickt, an Land gezogen worden und hatte dabei das Gesicht der Mutter gesehen, eiskalt lauernd, höhnisch verzogen, als wünsche sie den Tod des Stiefsohnes, auf daß der Weg frei werde für den eigenen Sohn …

Was daran Wahrheit sein mag: Fest steht, daß dieser Junge zu keinem in der Familie eine intakte Beziehung hat, nicht zu den beiden älteren Schwestern, nicht zur Stiefmutter und schon gar nicht zum Vater, diesem fernen, fremden Mann, den er in seinen Jugendjahren kaum zu Gesicht bekommt.

Einmal war Christian vor einem Wutausbruch seines Erziehers Reventlow zu diesem Vater geflüchtet und hatte mit beiden Fäusten gegen dessen Tür getrommelt. Doch hinter dieser Tür war nur ein Lallen und Stöhnen zu hören gewesen, und Christian ahnte, was der ganze Hof wußte: Wie immer hatte der Vater einige Kopenhagener Lebedämchen bei sich, wie immer goß er Ströme von Alkohol in sich hinein, und das war nicht mehr die frischfröhliche Sauflust seiner Vorfahren. Friedrich V. war krank, ein Alkoholiker, und an einer Leberzirrhose geht er schließlich zugrunde, ein Herrscher, der nicht weiß, wozu er eigentlich Herrscher ist. Denn in Dänemark regiert längst nicht mehr der König.

Es regieren die Herren in ihren einzelnen Ministerien, und eigentlich sollten sie nichts anderes als die auf ihrem jeweiligen Fachgebiet treu ergebenen Diener des Monarchen sein. Unter starken Königen mag das funktionieren: Dann ist der Herrscher der große Moderator, der die einzelnen Begabungen zusammenfaßt und sie in den Dienst der Krone lenkt. Ist aber der Herrscher gleichgültig oder schwach, werden diese Herren selber kleine Könige, und in Dänemark finden sie sich schließlich zum Geheimconseil zusammen, dem Staatsrat. Hilflos sitzt ihm der Herrscher gegenüber. Er müßte befehlen. Aber er müßte auch wissen, was er befiehlt. Und die Herren lächeln fein. Sie lassen Zahlen und Fakten herunterrasseln, der König nickt dazu, es bleibt ihm nichts anderes übrig. Dann steht er schließlich auf, schleppt sich in seine Gemächer hinüber und ertränkt seine Ohnmacht in immer neuen Strömen Alkohol. Erst auf dem Sterbebett schreckt er auf, befiehlt in delirierendem Wahnsinn Krieg gegen Preußen und anderen Unsinn mehr. Er weiß nicht mehr, was er sagt. Er ahnt nur noch dumpf, daß er doch eigentlich ein absoluter Herrscher ist. Die Herren im Staatsrat haben sich aber längst schon seinem Nachfolger zugewandt.

Von Anfang an soll dieser Junge wissen, wer die wahre Macht im Staat ist. Von früh auf soll er sich mit dem Platz bescheiden, den ihm sein Staatsrat zuweist. Und so tritt denn auch aus seiner Mitte der hervor, der den Kronprinzen erziehen soll, Detlev von Reventlow, ein tüchtiger Mann, vor allem bei der systematischen Zerstörung eines kindlichen Charakters.

Vielleicht ist dieser Mann nicht ganz die Schreckgestalt, die spätere Überlieferung aus ihm gemacht hat. Vielleicht meint er es auf seine Weise sogar gut. Denn was weiß man schon in dieser Zeit von Kindern? Bei Festlichkeiten dürfen sie, zu kleinen Erwachsenen herausgeputzt, posieren. Zu kleinen Erwachsenen werden sie dressiert. Erzieher Reventlow macht sich an die Arbeit.

Schon bald hallt Christiansborg von den Flüchen und Fausthieben wider, mit denen Reventlow einen Kronprinzen auf seine künftigen Pflichten vorbereitet. Unten im Hof sehen die Wachen erschrocken zu den Fenstern hinauf, hinter denen sie das Schreien und Winseln des kleinen Jungen hören, und im Hintergrund dröhnt immer wieder Reventlows schreckliche Frage, ob denn am Ende Christian ein solches Schwein werden wolle wie der Herr Vater, der seine ganze Zeit mit Huren versaue. Das will nun Christian ganz und gar nicht. Er weiß zwar nicht so genau, was Huren sind; aber es muß etwas Böses sein, wenn sich dieser schreckliche Mann darüber so aufregt. Und der Prinz stammelt und stottert. Er betet nach, was ihm eingebleut wird, wagt kein einziges eigenes Wort, keinen eigenen Gedanken. Hat er aber einmal seine Sache gut gemacht und alle eingeprügelten Lektionen buchstabengetreu nachgeplappert, darf er als aufgeputzte Puppe an der königlichen Tafel erscheinen, und Reventlow höhnt: »Da kommt mein dressiertes Äffchen ...« – eine Kronprinzenerziehung im 18. Jahrhundert.

Christian ist elf, als Reventlow einen Rivalen bekommt, der sein Prügelregiment etwas korrigiert. Eigentlich ist der Schweizer Salomon-François Reverdil Nationalökonom und vor allem an Fragen der Landreform interessiert. Jetzt soll er aber den Kronprinzen in die höheren Weisheiten einführen, in fremde Sprachen, in Geschichte und Philosophie.

Ursprünglich war an den Leipziger Professor Christian Fürchtegott Gellert gedacht worden, den Dichter, Fabelsammler und Moralisten, den Kollege Goethe als »Gewissensrat für ganz Deutschland« preist. Gellert ist sehr fromm. Reverdil ist es nicht. Sein Meister ist Voltaire, der ihn einmal mit den Worten rühmt, man könne vielleicht ebenso gescheit, aber unmöglich gescheiter sein als Reverdil. Mit ihm zieht auch Voltairescher Geist in Christians muffige Studierstube ein.

Der Junge, kein Kind mehr, schluckt begierig alle Lehren der Aufklärung. Er begreift nicht ganz, was sie bedeuten. Aber er spürt, daß sich damit der schreckliche Reventlow prächtig ärgern läßt. Christian wird gottlos aus Protest. Es ist seine Waffe gegen den Dompteur, der ihn jeden Sonntag die Predigt Wort um Wort nachbeten läßt und zu allen neuen Gedanken nur hämisch den breiten Mund verzieht.

Wie haßt er diesen Mann! Und wie liebt er ihn zugleich! Er hängt an ihm wie ein Tier, das die Hand des Peinigers schleckt, und einmal, als Christian schon König ist, wird er seinen früheren Erzieher anschreien, er wird ihm mit Festung und Verbannung drohen. Das faßt Reventlow nicht, da trifft ihn wortwörtlich der Schlag. Er stürzt zu Boden, und sein einstiger Zögling ist gleich neben ihm, streichelt und küßt ihn: Sein liebster Reventlow darf ihn nicht verlassen. Reverdil bleibt im Hintergrund. Er ist seinem König ein verläßlicher Berater und Gefährte. Doch der große Freund, der Übervater, der Beschützer vor der Wirklichkeit kann er nicht sein. Doch gerade das braucht Christian. Es bleibt die große Sehnsucht seines geknechteten, verprügelten Gemüts.

Mit vierzehn wird er volljährig. Mit siebzehn ist er König. Über Nacht ist ihm, wie Preußens Friedrich, alle Macht zugefallen. Doch Christian packt kein Arbeitsrausch. Er stürzt sich nicht in Regierungsgeschäfte. Erschrocken weicht er aus. Verschlafen hockt er im Staatsrat und unterdrückt ein Gähnen, wenn einer der Herren zu sprechen anhebt. Die sind damit ganz zufrieden. Darüber entgeht ihnen der scheele Blick, mit dem sie ihr König aus halbgeschlossenen Augen musterte.

Christian steht nicht, wie Friedrich, im Schatten eines überstrengen Vaters. Aber diese Männer hier könnten alle seine Väter sein. Sie sind die Schatten seiner Jugendzeit, ein Bernstorff zum Beispiel, fast zwei Jahrzehnte lang der eigentliche Herrscher Dänemarks. Oder Graf Moltke, der große Freund und Günstling seines Vaters, auch schlicht »König Moltke« genannt: Alle diese Männer hätte Christian am liebsten zum Teufel gejagt, Bernstorff voran.

Die Herren spüren das nicht. Beratend stehen sie zusammen. Es geht um den Kriegsminister, den Grafen St. Germain. 1760 war der Franzose für schweres Geld in dänische Dienste gelockt worden, denn damals hatte gerade eine russische Invasion gedroht, und die Regierung brauchte ihren Bluthund. Doch die Invasion war ausgeblieben, St. Germain wurde der Störenfried für Bernstorffs Friedenspolitik. Jener hatte schon zur Teilnahme am Siebenjährigen Krieg gedrängt, jetzt verficht er einen aggressiven Kurs gegenüber Rußland. Bernstorff will den Ausgleich. Also muß der Kriegsminister weichen.

Der König soll entscheiden. Er entscheidet nicht, sondern flüchtet zu Reverdil. Der rät zur Besonnenheit gegenüber St. Germain, Christian nickt dazu, brav und überzeugt. Aber noch in dieser Nacht setzt er seinen Namen unter St. Germains Entlassungsurkunde. Im Geheimconseil halten die Räte den Atem an. Ein erstes Mal erleben sie die Willkür ihres neuen Königs und ahnen dumpf, daß St. Germains Entlassung nur ein Anfang war. Christian hatte auch schon die Entlassung Bernstorffs erwogen, doch an diese Institution traut er sich noch nicht heran. Einstweilen hält er sich an Moltke schadlos und enthebt ihn seiner wichtigsten Ämter. Der Kreis um den Thron erschauert: Ein böses Kind scheint dort Platz genommen zu haben, launisch und völlig unberechenbar.

Das Kind braucht Spielgefährten. Der junge König findet sie in Pagen und Kammerdienern, die ihn wie ihresgleichen behandeln müssen. In ihrer Gesellschaft macht er seine ersten sexuellen Erfahrungen. Mit ihnen rauft er sich und weist sie an, ihn dabei nicht zu schonen. Denn er will »hart« sein, das ist sein Lieblingswort. Und hierbei gleicht er wiederum seinem preußischen Kollegen, der ebenfalls aller Welt beweisen möchte, was für ein Kerl in ihm steckt, und deshalb den Schlesischen Krieg vom Zaun gebrochen hatte, eingestandenermaßen aus dem einzigen Grund, seinen Namen »in den Gazetten« lesen zu können.

Christian zieht nicht in den Krieg. Sein Weg führt ihn in die Kneipen und Bordelle seiner Hauptstadt, immer in Begleitung der Gefährten. Kopenhagen wird allmählich unruhig. Denn auf dem Heimweg kommt es auch schon vor, daß die betrunkene Gesellschaft harmlose Passanten anrempelt, Fenster einwirft oder in Handgreiflichkeiten mit den herbeieilenden Wachleuten verwickelt wird. Den König stört das nicht. Jetzt weiß wenigstens das ganze Volk, was für »ein Mann« ihr Herrscher ist.

Hart werden um jeden Preis: Christian schleicht sich in die Folterkammer und sieht zu, wenn bei der »scharfen Examination« die Gemarterten verzweifelt aufstöhnen. Und findet eine Hinrichtung statt, will er anschließend ganz genau alle Einzelheiten wissen. Nie begnadigt er. Oft drängt er auf eine Verschärfung der Methoden. Schaudernde Todesfurcht mag sich dabei wieder mit einer Kindheitserinnerung mischen, mit dem Gedanken an jenen Tag, als ihn ein unverhofft freundlicher Reventlow in eine Kutsche gebeten hatte. Bewaffnete Soldaten ritten an der Seite, und Christian meinte plötzlich zu verstehen: Gleich würde man ihn ermorden und seinen Leichnam irgendwo verscharren. Er hatte sich Reventlow zu Füßen geworfen und um Gnade gefleht. Der hatte nur gelacht: Es ging hinaus zu einem Fest beim Grafen Moltke, das sollte Christians Belohnung nach einem harten, langen Studientag sein.

Auch eine robustere Natur wäre aus einer solchen Erziehung nicht als normaler Mensch hervorgegangen. Und Christian, der Sohn eines Trinkers, Sproß einer Familie, in der die Ehen unter nahen Verwandten die Regel sind, ist schon von seiner ganzen Veranlagung her nicht normal. Immer dichtere Nebel legen sich um dieses kränkliche Gemüt, und nur zuweilen brechen heimliche Träume hervor, der verzweifelte Wunsch, vor der grausig grauen Wirklichkeit in bunte Utopien zu flüchten.

Schon früh hat Christian das Theater kennengelernt. Das ist nun eine Welt, die ihn mit all ihrem aufgeschminkten Zauber gefangennimmt. Zwischen Kulissenflitter und geschönter Künstlichkeit meint er sich selbst zu finden, tritt als Tänzer auf und zeigt sich in französischen Dramen als ganz passabler Komödiant. Dann sieht er sich als Schlachtengott, wenigstens so fürchterlich genial wie der vergötterte Friedrich. Ihn kopiert Christian bis in seinen gichtgekrümmten Gang hinein und möchte ihm am liebsten mit der ganzen abstrusen Logik seines wirren Hirns den Krieg erklären. Denn wer den größten aller

Feldherren besiegt, muß selber der noch größere Feldherr sein.

Kaum ist diese Laune ausgestanden, als Christian eine neue Rolle entdeckt. Reverdil hat ihn in aller Behutsamkeit auf die Lage der Landwirtschaft aufmerksam gemacht, und Christian zeigt sich entflammt. Jetzt wird er als Dänemarks großer Bauernbefreier in die Geschichte eingehen. Eine Kommission wird eingesetzt, geleitet von Reverdil. Doch schon im nächsten Jahr wird sie durch eine andere Kommission ersetzt. Ergebnisse bringt sie ebensowenig wie ihre Vorgängerin. Und Reverdil seufzt: Mit diesem König ist dem Land wohl nicht zu helfen.

Noch immer gilt der Schweizer als Christians wichtigster Gefährte. In Wahrheit hat ihn längst ein anderer abgelöst. An die Stelle der unbedarften Pagen tritt nun Graf Friedrich Wilhelm Konrad Holck, sieben Jahre älter als der König, ein guter Tänzer, brillanter Fechter, in Welt und Halbwelt bestens eingeführt. Sein wichtigster Vorzug bleibt dabei im dunkeln: Holck ist der geborene Zuhälter. Mit geübtem Blick erkennt er Christians heimlichste Bedürfnisse.

Bei diesem Mann ist es nicht einfach mit einer Mätresse getan. Christians Sinnlichkeit, verquält und krank wie alles übrige an ihm, braucht ihre ganz bestimmte Nahrung. Und Holck hält auch schon das Passende bereit. »Mylady« tritt auf, eigentlich Anna Katrine Beuthack geheißen und in einschlägigen Kreisen als »Stiefelettenkatrin« bekannt, der blanken Stiefel wegen, die unter ihrem maskulin geschnittenen Reitkleid hervorschauen. Und wer dann noch die Peitsche in der Faust des herb-hübschen Mädchens wippen sieht, weiß, welche Art von Wünschen sie in der Stille ihres Schlafzimmers erfüllt.

Sie hat schon einige prominente Kunden gehabt, darunter Gerüchten nach auch Großbritanniens Botschafter. Jetzt kommt der König von Dänemark hinzu, und das Ebenbild Gottes auf Erden krümmt und windet sich unter den Peitschenhieben der Stiefelettenkatrin, als rebelliere eine zertretene Seele gegen ihren geschundenen Leib und wolle in zuckender Wollust die äußere Hülle von sich stoßen, um frei, endlich frei zu sein –

von der Qual des Königseins, von den quälenden Erinnerungen an frühere Jahre, auch von der Qual einer demütigenden Ehe. Denn um die Zeit, da Holck seinem Herrn die Stiefeletten-katrin zutreibt, ist Christian bereits Ehemann und angehender Vater.

Schon 1765, noch zu Lebzeiten des Vaters, war der Kronprinz verlobt worden. Mit Liebe hatte das natürlich nichts zu tun, um so mehr mit Politik – und das im welthistorischen Maßstab. Das gesamte 17. Jahrhundert hindurch war der große Konflikt die Auseinandersetzung der Häuser Habsburg und Bourbon gewesen. Sie gipfelte zu Beginn des 18. Jahrhunderts im Spanischen Erbfolgekrieg und erlebte damit zugleich ihre große Wende. Denn Sieger in diesem Krieg waren weder die Bourbonen noch Habsburg. England trat jetzt als neue Weltmacht an. Ein allgemeines Umdenken wird nötig.

Die katholischen Mächte Österreich und Frankreich holen zur Versöhnung aus. Schon heiratet die Österreicherin Maria Theresia einen Franzosen und bereitet den nächsten Schritt vor, die Ehe ihrer Tochter Marie Antoinette mit dem französischen Kronprinzen. Aber auch im protestantischen Lager, wo England, Preußen und die skandinavischen Staaten stehen, läßt man keine Zeit verstreichen: Dänemarks Friedrich V. heiratet zunächst die Engländerin Luise, dann die Braunschweigerin Juliane Marie, eine Schwägerin Friedrichs II. Seine älteste Tochter wird mit Schwedens Kronprinzen, dem späteren Gustav III., verkuppelt. Und Kronprinz Christian wiederum bekommt eine Engländerin zur Frau, seine leibliche Cousine Caroline Mathilde, Schwester des englischen Königs. Mit ihr betritt das andere Königskind die Szene. Zum Harlekin gesellt sich Colombine.

Strenggenommen ist Caroline Mathilde kein Königskind. Ihr Vater, Prinz von Wales und Bruder von Christians Mutter, war noch vor seinem eigenen Vater, Englands König Georg II., gestorben. Erst sein ältester Sohn war als Georg III. selbst König geworden, dritter Herrscher aus dem Haus Hannover und der erste, der sein Volk nicht spüren ließ, daß es ihm eigentlich herzlich gleichgültig und er selbst viel lieber daheim in Hannover sei. Georg III. bricht mit dieser Tradition, ein Bürgerkönig, der »Farmer George«, der aus der stickigen Enge des St. James Palace in die luftigeren Räume von Buckingham Palace übersiedelt. Und auch seine Schwester umweht dieser Hauch ländlicher Reinheit, wofür schon ihre Mutter sorgte: Caroline Mathilde wächst in nahezu klösterlicher Abgeschiedenheit auf.

So ist sie denn im Jahr ihrer Verlobung eine hübsche Fünfzehnjährige, mehr phlegmatisch denn aufreizend, mehr rustikal denn mondän, ein naives, auf diese Welt nur in Maßen neugieriges junges Ding. Doch pocht in ihr auch noch ein anderes Erbe als das der biederen Hannoveraner mit ihrer Lust an schwerem Essen, gutem Trinken und ein wenig Händelscher Musik. Zu ihren Vorfahren gehören auch die Stuarts, jene sinnlich wilde Sippe, die der englischen Geschichte ihre dunkel leuchtende *femme fatale* Maria Stuart und notorische Weiberhelden wie Karl II. beschert hatte. Und zuweilen bricht bei den schwerblütigen Hannoveranern dieses andere Erbe durch. Wie hatte es beispielsweise um Caroline Mathildes Urgroßmutter gestanden, die in Schande geschieden und verbannt worden war? Wie mit der Ehe ihrer eigenen Eltern, mit den fast sprichwörtlichen Ausschweifungen des Herrn Papa? Bei solchen Erinnerungen seufzt die Mutter schwer und hebt warnend ihren Finger: daß nur nicht die Tochter auch so wird! Caroline Mathilde nickt geduldig.

Geduldig steht sie im Buckingham Palace, neben sich den Herzog von York als Ersatz-Bräutigam, und läßt sich vom Erzbischof von Canterbury per Distanz mit Christian VII. trauen. Geduldig bricht sie in die neue Heimat auf. Die Überfahrt ist stürmisch, Caroline Mathilde fühlt sich krank und bittet nach ihrer Ankunft in Altona um eine Ruhepause. Doch das Zeremoniell kennt keine Schonung. Weiter geht es nach Roskilde, wo sie Gemahl Christian erwartet.

Altona ist nur die Durchgangsstation gewesen, wo unter den zahllos winkenden Menschen entlang der Straßen auch ein gewisser Doktor Struensee gestanden haben dürfte: Wann hat Altonas Stadtphysikus schon einmal Gelegenheit, eine leibhaftige Königin aus der Nähe zu sehen …

In Roskilde stehen sie sich erstmals gegenüber, der König von Dänemark und seine kleine Königin, zwei Kinder, unerfahren das eine; schon wissend, verschlagen, von inneren Qualen zerrissen das andere. Der Knabe Christian verzieht die Lippen und betrachtet das Mädchen, das seine Frau sein soll: Nach den Pflichten der Krone nun auch noch die Pflichten eines Ehemannes – gleich ein zweites Mal geht ihm die Freiheit verloren. Caroline Mathilde begreift hingegen nichts. Was weiß sie, was wissen die anderen in der gleichen Weise verkuppelten Prinzessinnen dieses Jahrhunderts von den Ehen, die sie erwarten, was Christians älteste Schwester von der Ehe mit einem Homosexuellen wie Schwedens Kronprinzen, was die Österreicherin Marie Antoinette von den Problemen des potenzgestörten dicken Dauphin Louis? Und was könnte Caroline Mathilde schon von der Ehe mit einem hochgradigen Neurotiker wie Christian ahnen?

All diese Mädchen wissen nur eines: daß sie möglichst rasch ihrer Dynastie einen Thronerben zu bescheren haben. Dieser Pflicht kommt Caroline Mathilde schon im Jahr 1767 nach. Kronprinz Friedrich wird geboren, zur lauten Freude des Volkes und stillen Wut von Juliane Marie, die schon ihren eigenen Sohn Friedrich auf dem Thron sah. Selbst in der Namensgebung war das berücksichtigt worden: Auf einen Christian folgt in Dänemark immer ein Friedrich. Doch jetzt schwindet alle Hoffnung: Der Friedrich nach diesem Christian wird also sein eigener Sohn statt des Stiefbruders sein.

Der übrige Hof atmet jedoch auf. Mit der Geburt wird wenigstens der Schein gewahrt. Denn die königliche Ehe selbst ist längst die permanente Katastrophe geworden. Die Königin hat es mit einem Ehemann zu tun, der einmal in trunkener Gier in ihr Schlafgemach dringt, um dann wieder fast gewaltsam über Caroline Mathildes Türschwelle gezwungen zu werden. Eisige Höflichkeit heute, auflodernde Brutalität am nächsten Tag, für beide die Demütigung ohne Ende – und unter der Tarnkappe seines frühreifen Zynismus hört man den Knabenkönig prahlen, ihm sei völlig gleich, wer schließlich »die englische Kuh« bespringt. Um ihn herum setzt das erschrockene Tuscheln ein, gewiß nicht aus Mitgefühl mit der Königin. Doch die Außenwelt, das Volk, das Ausland – sie alle dürfen nichts erfahren. So geloben denn alle Diskretion, und die meisten halten sich daran, nur einer nicht: Christian selbst.

Ist nicht seine Beziehung zu Mylady allgemeines Stadtgespräch? Zeigt sich nicht schon die Dirne ganz öffentlich im Theater, genau der königlichen Loge gegenüber? Ist sie nicht sogar dabei, als Christian wieder seine Streifzüge durch Kopenhagens Kneipen unternimmt? Und wieder kommt es zu öffentlichen Schlägereien, an deren Ende ein volltrunkener Christian an den kopfschüttelnden Gardisten vorbei die Schloßtreppe hinaufwankt, eine erbeutete Hellebarde in der Hand. Spottgeschrei verfolgt ihn. Die aufgebrachte Menge schreit ihrem König den Namen der Stiefelettenkatrin hinterher.

Selbst Holck beginnt sich allmählich unbehaglich zu fühlen. Das Problem Mylady läßt sich lösen, das Mädchen wird nach Hamburg abgeschoben, in ein Arbeitshaus oder, laut anderer Version, in eine bürgerliche Ehe. Fünf Jahre später, gleich nach Struensees Sturz, wird sie sich noch einmal mit einem langen Schreiben melden und sich weinerlich beklagen, daß Christian nichts mehr von sich hören ließe. Wahrscheinlich hätte sein teuflischer Minister daran schuld. Christians Antwort kennt man nicht.

Einstweilen ist noch das Jahr 1767: Am Hof ist man sich einig, daß endlich etwas geschehen muß. Holck schlägt eine große Reise quer durch Europa vor, Bernstorff widerspricht zunächst, fügt sich dann doch und will schließlich Christian höchstpersönlich begleiten. Auch das übrige Gefolge wird sorgfältig ausgewählt, bis es fünfzig Personen sind, mit Holck als Reisemarschall an der Spitze. Und nun heißt es noch, den Posten eines Reisearztes zu besetzen.

Christians Hofarzt Berger ist zu alt. Außerdem sollte es jemand sein, von dem man sich einen mäßigenden Einfluß auf Christians aufgewühlte Nerven verspricht. Und da fällt dann immer wieder der eine Name. Ein kürzlich in Ungnade gefallener Höfling, der Graf Rantzau, hatte ihn schon des öfteren erwähnt, auch ein anderer Höfling, Enevold Brandt, sprach von ihm, und allen Auskünften nach muß er ein tüchtiger Mann sein: Johann Friedrich Struensee.

Einzig Bernstorff ist bei dieser Wahl nicht glücklich: Struensee? Ist das nicht der Mann, der ihn regelmäßig mit der Bitte um Gehaltserhöhungen behelligt? Außerdem erinnert er sich dunkel an einen recht üblen Skandal um eine Zeitschrift, zu deren Herausgebern der Doktor Struensee gehörte. Doch schließlich gibt auch Bernstorff nach: In Gottes Namen denn – man rufe nach dem Doktor Struensee …

Die Szene betritt nun die dritte Hauptperson, ganz wie in der Commedia dell'arte: Zu Colombine und Harlekin gesellt sich der Bajazzo, der tragisch ernste Weißclown. Und mit ihm weht auch gleich der Hauch einer ganz anderen Welt in die schwüle Szenerie. Mit Struensee wechselt ein Bürger auf das schlüpfrig glitzernde Parkett höfischer Intrigen über, der junge Mann aus Halle, der noch nie einen Königshof sah und selber einer Welt entstammt, in der noch alles seine Ordnung hat, Sitte, Form und Maß. In diesem Augenblick scheint sie Struensee für immer hinter sich zu lassen. Doch hängt sie an ihm fast bis zum Schluß.

Detlev von Reventlow

Junger Mann aus Halle

In den Frühlingswochen 1772, das Ende auf dem Osterfeld bereits vor Augen, erhält Johann Friedrich Struensee einen Brief. Der Absender ist sein Vater, Adam Struensee, früher Pastor zu Halle und Altona, inzwischen wohlbestallter Generalsuperintendent von Schleswig und Holstein mit Wohnsitz in Rendsburg. Sein Brief füllt viele Seiten. Aber eigentlich wird dort immer nur das eine gesagt: wie gut es doch er, der Vater, immer gemeint, wie er nie etwas falsch gemacht hat und wie alles anders gekommen wäre, hätte sich der Sohn nur brav nach seinen Lehren gerichtet. Adam Struensee seufzt tief: »Ach! Wärst du ein Medikus geblieben ...« Es ist ein typischer Bürgerseufzer dieser Zeit.

Mancher Vater stößt solche Seufzer aus, wenn er an die faulig schimmernde Welt der Fürstenhöfe denkt. Sie und seine eigene Welt verbindet kaum anderes als wechselseitige Berührungsangst. Das Bürgertum: Darauf starrt der Höfling in all seiner aristokratischen Pracht nicht ohne Neid. Denn wie gut haben es dort die Leute, nicht zur ständig lächelnden Präsenz in der unmittelbaren Nähe ihres Herrschers verpflichtet, nicht von seinen Sultanslaunen abhängig. Dies ist allerdings auch das Parkett, wo auf eine Handbewegung des Fürsten hin Karrieren gemacht werden. Flinker Witz, ein hübsches Gesicht, die Gabe, in die Langeweile einer Residenz etwas Abwechslung zu bringen – und der Bürgersohn ist plötzlich Favorit, seine Schwester vielleicht die Mätresse eines hohen Herrn. Und davor graust es ihren Vätern. Der Fürstenhof: Das ist das Laster, der Verfall. Und das ist zugleich die ewig lockende Versuchung für jeden, der aus den festgefügten Kategorien der bürgerlichen Welt ausbrechen möchte. »Wärst du ein Medikus geblieben«: Vater Struensee seufzt es aus der Tiefe seines gutbürgerlichen Herzens.

Nichts hatte zunächst darauf hingewiesen, daß sein zweitältester Sohn je etwas anderes als eine gleichfalls gutbürgerliche Rolle spielen könnte. Er wächst fernab jeder höfischen Verlockung auf, im tiefbürgerlichen Halle, in Preußen zumal, das unter Soldatenkönig Friedrich Wilhelm I. erst ein Kasernenhof, dann eine muffige Betstube geworden war. Kein Hauch Versailles durchweht das Land. Der Hof des Soldatenkönigs kann für sich in Anspruch nehmen, der langweiligste und farbloseste aller Zeiten zu sein. Und auch vom Regime seines Nachfolgers bekommt man in Halle nicht sehr viel mehr mit als die dröhnenden Marschtritte seiner unaufhörlich aufrüstenden Armee. Denn Friedrich II., der nichts so zu hassen vorgibt wie die »grauen Sterbekittel« der Soldaten, kann seinerseits gar nicht genug Untertanen diese grauen Sterbekittel verpassen. Halle ist dafür ein Hauptquartier. Aber es ist auch noch etwas anderes. Ausgerechnet diese kleine Stadt wird ein Spannungsfeld für die beiden wichtigsten geistigen Strömungen des 18. Jahrhunderts. Beide prägen auch den jungen Struensee.

Es war noch vor 1700 gewesen und das ursprünglich sächsische Halle gerade Teil des noch relativ liberalen Preußen geworden, als sich aus Leipzig zwei ebenso bedeutende wie unterschiedliche Männer an das Saale-Ufer flüchteten. Der eine war Christian Thomasius, Wissenschaftler, Aufklärer und einer der ersten, die sehr offen und mutig gegen Folter und Hexenwahn antraten. Thomasius gehörte denn auch zu den Gründern der Universität von Halle, die in der Folge zu einer der bestbesuchten und angesehensten Universitäten in ganz Deutschland werden sollte. Im besten Sinn wurde dort »aufgeklärt«: fort mit den Relikten des Mittelalters, mit all den trüben Dünsten, die noch die Hirne der Menschen vernebeln, fort mit Spuk und Aberglauben. Die Vernunft soll endlich Einzug halten.

Fast gleichzeitig mit Thomasius flüchtet aber auch ein ganz anderer Mann nach Halle, der Pietist August Hermann Francke. Die Stadt an der Saale wird damit von jener großen religiösen Erneuerungswelle erfaßt, die schon im 17. Jahrhundert ganz Europa erfaßt hatte. Auch sie, wenn man so will, »klärt auf«, weniger über die Macht der Vernunft allerdings als über die unerschütterliche Kraft des Glaubens fernab aller ablenkenden Weltlichkeit.

Rund hundert Jahre nach Luther begibt sich der von ihm mitgeschaffene Protestantismus auf den Prüfstand: die Jansenisten in Frankreich, die Puritaner in England, und in Deutschland werden es die Pietisten sein. Zunächst wenden sie sich nur gegen das verknöcherte Luthertum und wollen wieder das reine, große Gottestum ohne tüftelnde Ausdeutung, gleichsam das protestantische Gegenstück zum katholischen Mystizismus. Der Glaube soll fühlen können, nicht wissen wollen. Er soll zugleich belehren und bessern. Und er soll sich in praktizierte Nächstenliebe umsetzen. »Es ist wichtiger, darauf zu achten, was die Hände tun, als was die Lippen verkünden« – das wird der Wahlspruch Struensees sein. Er ist kein Pietist. Aber das pietistische Erbe, von frühester Kindheit an eingesogen, wird er sein Lebtag lang nie leugnen können.

Auch August Hermann Francke kommt es darauf an, was seine Hände tun. Er schafft die Franckesche Stiftung, ein Waisenhaus, Schulen, eine Buchhandlung mit Druckerei, eine Apotheke. Das ist die produktive Seite des Pietismus. Weniger produktiv wird seine strikte Ablehnung alles Irdischen, seine Leibfeindlichkeit, seine Verteufelung begreifender Vernunft. Die schließlich militante Feindschaft gegenüber jeder aufklärerischen Tendenz ist damit schon vorbestimmt. Zu Thomasius' und Franckes Zeiten ist davon noch nicht viel zu spüren. Beide sind Flüchtlinge. Beide flohen vor der Intoleranz anderer. Und beide eint der Wunsch, ein Werk von Bestand zu schaffen. Erst danach verhärten sich die Fronten, und jede Seite hat ihren Anführer. Bei den Pietisten ist es Franckes Sohn Gotthilf August. Die Aufklärung findet ihr Idol im Leibniz-Schüler Christian Wolff.

Auf Leibniz' Empfehlung war Wolff nach Halle auf den Lehrstuhl für Mathematik berufen worden. Doch lehrt er bald schon mehr Philosophie als Mathematik und erklügelt mit mathematischer Logik ein philosophisches Weltbild, das schließlich das Weltbild des aufgeklärten Deutschland wird und weit über die Grenzen hinausstrahlt. Friedrich II. begeistert sich als Kronprinz dafür. Noch Christian VII. muß bei seiner Abschlußprüfung das Wolffsche Weltbild auswendig herunterplappern. Und einer muß schon so souverän, so sehr selbst eine Geistesgröße sein wie Voltaire, um hinter vorgehaltener Hand einzugestehen, er wüßte gar nicht so genau, was Wolff mit seinem »System der Weltweisheit« und seiner Lehre einer prästabilierten Harmonie eigentlich meine. Doch wird das alles an nahezu jeder deutschen Universität vom Heer der Wolff-Schüler als letzte Weisheit verkündet, und die deutsche Aufklärung findet in Wolff ihren Papst, der Pietismus das ideale Feindbild.

Von allen Kanzeln herab wettert es gegen diesen Mann, der zwar Gott in seinem Weltbild duldet, ihn jedoch zu einer errechenbaren Größe macht, zum Prinzip Vernunft schlechthin. Und die Pietisten haben auch schon bald ihren mächtigen Verbündeten im Soldatenkönig, der ohnehin »vor die Officiers mehr Liebe … als vor die Herren vor die Feder« hat. Wolff haßt er um so gründlicher, je weniger er ihn versteht. Und 1723 verjagt er ihn aus Halle. Dem Philosophen droht der Galgen, wenn er je wieder zurückkehrt. Die Pietisten scheinen am Ziel zu sein.

Sie sind es bis 1740. In diesem Jahr stirbt der Soldatenkönig, und genauso wie er die Aufklärer haßt sein aufgeklärter Sohn und Erbe die Pietisten, »das geistliche Mukerpak«. Gleich eine seiner ersten Amtshandlungen wird sein, Wolff wieder in alle seine Ämter einzusetzen. Der Philosoph kehrt im Triumph wie ein siegreicher Feldherr heim, und Halles Menschen jubeln ihm ebenso zu, wie sie siebzehn Jahre zuvor seine Vertreibung bejubelt hatten.

In diesen siebzehn Jahren hat der Pietismus Halle beherrscht. In seiner vordersten Reihe steht aber als Franckes Nachfolger an der Ulrichkirche und als engster Freund seines Sohnes kein anderer als Pastor Adam Struensee, eine Gestalt fast lutherischen Zuschnitts, zumindest in Sprache und Statur.

Wie dröhnt seine Stimme, wenn er die Verwerflichkeit irdischen Tuns geißelt, zur Einkehr in Gott aufruft und die Faust gegen Wolff und anderes aufgeklärtes Gesindel schüttelt! Wie biegt sich diese Stimme zu schneidendem Hohn, wenn er wieder einmal die leere Eitelkeit der Menschen anprangert: Seht sie nur an, die armen Erdenwürmer, wie sie sich in Samt und Seide hüllen und ihre Spitzenmanschetten wie Satans Wimpel hervorlugen. Spüren sie denn nicht, wie sie des Teufels Kralle schon am Kragen packt? Und die Gemeinde sieht erschauernd auf diesen Mann mit seiner weißen Halskrause. Ihre Hände falten sich zum reuigen Gebet.

Aber nicht aller Blicke bleiben gesenkt. Mancher fliegt auch skeptisch über die verklärten Gesichter in der Ulrichkirche hin: Man kennt doch diese Leute aus dem Alltag, da wirken sie gar nicht so fromm und tugendsam – sollten sie sich wirklich sekundenschnell bis in die Tiefe ihres Wesens geläutert haben? Welche Kraft ist hier am Werk, oder nicht eher schlichte Heuchelei? So wachsen denn Zweifel an Adam Struensees Bekehrungskünsten, unter anderem auch in seinem zweitältesten Sohn.

Zwei Jahre vor Johann Friedrich ist sein Bruder Carl August geboren worden, und in vielem sind sich die Brüder ähnlich, beide hochintelligent, beide mehr der Vernunft als dem Glauben zugetan und beide schließlich Freidenker. Zwei jüngere Brüder folgen noch, der geistesschwache Samuel Adam, der zeitlebens bei den Eltern bleibt, und als Jüngster schließlich Gotthilf Christian, der als einziger dem Wunsch des Vaters folgt und Theologie studieren will. In dieser Brüderschar spielt Johann Friedrich wohl von Anfang an den Part der genialisch leuchtenden Begabung, und als erster stemmt er sich auch gegen die väterlichen Prinzipien, während Bruder Carl August anfangs noch guten Willen zeigt und ein Theologie-Studium wenigstens beginnt, bevor er sich der Mathematik und Philosophie zuwendet.

1737, also noch in der Hochblüte des Pietismus, wird Johann Friedrich geboren, am 5. August. Sternengläubige wissen damit schon, was für ein Mensch das Licht der Welt erblickt hat: Charakter und Lebensweg werden im Zeichen des Löwen stehen. Ein »Löwe« also: intelligent, energisch, dynamisch, stets voll großer Pläne und hoher Ziele, aber auch anfällig für Eitelkeit, Rechthaberei und Geltungssucht. Ein solcher Typ, heißt es, kann viel erreichen und wird sich dabei durch nichts beirren lassen. Allerdings neigt er auch dazu, Fehler nie einzugestehen und selbst noch Niederlagen in Erfolge umzufälschen. Soweit die Astrologie.

Struensee selbst wird nie sternengläubig sein und allen astrologischen Spuk als Unfug verlachen. Doch so unrecht haben bei der Deutung seines Wesens die Sterngucker nicht. Auch Struensee wird zu Geltungssucht und Rechthaberei neigen, hierin wieder dem Vater ähnlich, der bei aller Abgrenzung doch eine Schlüsselfigur für Struensees weitere Entwicklung ist.

Im Kerker spricht der Sohn einige Male von ihm, meist im Ton freundlicher Herablassung. Er billigt ihm guten Willen zu, lobt seine Rechtschaffenheit. Aber er sagt auch: »Ich glaube, er ist zu hart gegen mich gewesen ...« Es ist dabei nicht ganz deutlich, was er damit meint. Hat ihn der Vater geschlagen? Hat er ihn so gequält wie Reventlow seinen Zögling Christian? Es wäre in dieser Zeit, da Rousseau seine großen Erziehungsschriften noch nicht verfaßt hat und das pädagogische Jahrhundertwerk eines Pestalozzi noch in weiter Ferne steht, die Regel gewesen. Doch dürfte Struensee noch etwas anderes meinen, mehr die psychische Rigorosität des Vaters, die Ausschließlichkeit seiner Ansichten, sein gottgleich angemaßtes Übervatertum, das immer recht hat, alles besser weiß – ein Mensch, der seine Zöglinge vor die Wahl stellt, ihm entweder blindlings zu folgen oder in das extreme Gegenteil zu verfallen.

Auch im Fall des jungen Struensee gilt wohl die Regel, daß gerade aus Pastorenhäusern die entschiedensten Atheisten hervorgehen. Zu oft erleben sie den Kanzelgott in menschlichster Nähe und messen ihn am eigenen Anspruch. So mag sich denn auch das Kind Struensee bald fragen, ob dieser Mann, der so selbstzufrieden mit dem Rohrstock in der Hand durch die Räume seiner Kindheit poltert, wirklich der Gottvater ist: Er, der den Höchsten preist in seiner Güte, kann selbst nicht gütig sein? Wo bleibt bei ihm die mildtätige Nächstenliebe, die doch den wahren Christen ausmacht? Die Zweifel setzen ein, am Vater, am Glauben, schließlich am Gott selbst, in dessen Namen der Vater den Glauben predigt. Und noch etwas anderes könnte hinzugekommen sein.

Wenig weiß man von der Mutter Anna Dorothea, einer geborenen Carl, die der Vater einst als Hofprediger bei der Gräfin Sayn-Wittgenstein kennengelernt hatte. Doch läßt sich sagen, daß für sie diese Ehe fast ein sozialer Abstieg war. Denn mit dem Haus Struensee ist nicht viel Staat zu machen. Zwar wird Bruder Carl August auch noch im Alter gern die Familiengeschichte kolportieren, wonach der Name »Struensee«, soviel wie »Sturmsee«, von einem seefahrenden Vorfahren herrührt, der jede Fracht auch bei stärkstem Sturm sicher in den Hafen gebracht hätte. Doch verträgt diese Version keine zu genaue Prüfung. Eher rührt der Name vom Dörfchen Struvensee bei Neuruppin her, wo die Ahnen brave Tuchmacher waren, und Adam Struensee dürfte überhaupt in der Familie der erste sein, der über die kleinbürgerliche Herkunft seiner Sippe hinausgekommen war.

Um die Familie Carl liegt hingegen größerer Glanz. Sie ist eine Akademikersippe, stellt Ärzte und Juristen, und Großvater Carl bringt es sogar zum Leibarzt Christians VI. am königlich-dänischen Hof. Auch seine Söhne, die Brüder der Mutter, werden angesehene Ärzte sein. Eine solche Familie läßt sich vorzeigen, und Adam Struensee nimmt sich daneben eher farblos aus.

Struensee ist fünf, als er den Großvater kennenlernt. Er ist ein frommer Mann, doch für den überfrommen Dänenkönig wohl nicht fromm genug. Jedenfalls ist er in Ungnade gefallen und zieht sich in seine alte Heimat- und Studienstadt Halle zu Tochter und Schwiegersohn zurück. Der Enkel ist bald sein erklärter Liebling, und ein erstes Mal sieht sich das Kind verhätschelt und vergöttert. Das aufgeweckte Bürschchen hört, wie es der alte Herr mit dem »Wunderkind aus Lübeck« vergleicht, einem Vierjährigen, der angeblich mehrere Sprachen fließend spricht, und schließlich wird Johann Samuel Carl dem Enkel die Karriere eines zweiten Leibniz prophezeien. Die Wirkung auf ein Kind, das vom eigenen Vater immer nur Strenge und Tadel erfährt, läßt sich ausmalen. Der Großvater wird seine Leitfigur, während den Vater leise Verachtung streifen mag: Wer ist denn schon dieser aufgeblasene Mann im Vergleich zur schimmernden Erscheinung eines einstigen königlichen Leibarztes?

Der Junge macht seinem Ruf als Wunderkind oder doch wenigstens als außergewöhnliche Begabung alle Ehre. Nach mühelos durchflogener Schulzeit in der Franckeschen Stiftung schreibt er sich schon mit vierzehn an der Universität von Halle ein. Seine Berufswahl ist bezeichnend: Er wird Arzt wie der Großvater. So steht er denn, fast noch ein Kind, am Seziertisch und starrt dort auf die reglosen Kadaver: Das also ist in letzter Konsequenz der Mensch, ein stinkender Leichnam, ein Bündel aus Haut, Knochen, Muskeln und Eingeweiden. Und solch ein Wesen, das vor ihm hingestreckt liegt in aller Scheußlichkeit des Todes, soll ein Geschöpf Gottes sein mit unsterblicher Seele, ein Zeugnis allmächtiger Güte und Barmherzigkeit?

Was Vater Struensees Predigten nicht erreichen, schaffen diese Stunden in der Anatomie: Im Knaben Struensee formt sich ein eigenes, aller christlichen Gläubigkeit fernes Weltbild. Wie sagt der Vater doch? Das Leben sei einzig die Vorbereitung auf das Jenseits. Medizinstudent Struensee schüttelt den Kopf: Nein, das ist es nicht. Das Diesseits ist zu kostbar, um auf ein ungewisses Jenseits verschwendet zu werden. Hier und jetzt will gelebt sein. Ein Paradies, sofern möglich, findet auf der Erde statt, und der Mensch muß es sich selber schaffen, mit allen Kräften seiner Vernunft.

Schritt um Schritt entfernt sich Struensee von der Welt seiner Kindheit. Noch lebt er im elterlichen Pfarrhaus. Noch ist Halle seine Heimat. Doch auch das Halle dieser Jahre wandelt sich. Nach der düster verhangenen Zeit des allgegenwärtigen Pietismus gewinnt die Stadt wieder an Farbe und Lebendigkeit. Im Theater zeigt die Ackermannsche Theatergesellschaft Stücke von Voltaire, Racine, Molière. Wochenschriften erscheinen, um gleich wieder zu verschwinden, Diskussion über alles und jedes liegt in der Luft. Und dann gibt es noch das Musikleben, auf das man in Halle schon immer stolz gewesen ist: Schließlich ist dies der Geburtsort Händels, hier in Halle hat Händels Lehrer Friedrich Wilhelm Zachow gewirkt, um seine Nachfolgeschaft bewarb sich der berühmt guten Domorgel wegen kein Geringerer als Johann Sebastian Bach, und ein Bach, der älteste Sohn Wilhelm Friedemann, ist der jetzige Organist. Schon wetterleuchtet es von Skandalen um den eigenwilligen jungen Mann, er schreit einen tadelnden Pfarrer an: »Der Herr Pfarrer versteht den Teufel, was zu einer guten Fuge nötig ist ...«, und Pfarrerssohn Struensee mag dazu schmunzeln. Dann versinkt er in seine eigene, eigentliche Welt. Er vertieft sich in seine Bücher.

Student Struensee, wohl noch zu jung für das recht rüpelhafte Studentenleben und an Saufgelagen, Mädchenhatz und Krawallen bei Gottesdiensten nicht interessiert, liest in diesen Jahren alles, was ihm in die Finger kommt, neben der gesamten medizinischen Fachliteratur chinesische Philosophie ebenso wie Staats- und Wirtschaftstheorien und vor allem natürlich in ihrer ganzen Fülle das Schrifttum der Aufklärung. Er geht in die Vorlesungen des alternden Wolff und muß sehen, wie sie vor kaum besetztem Saale stattfinden: Der Philosoph hat längst die Höhe seines Ruhms überschritten. Aber was Wolff schreibt, versteht und billigt der junge Mann, vor allem dies eine Wort, Wolffs oberste Maxime: »Wage es, deinen Verstand zu gebrauchen!« Dazu ist Johann Friedrich Struensee nur allzu gern bereit.

Fünf Jahre braucht er für sein Studium. Dann schreibt er seine Arbeit »Von der Unzuträglichkeit einer unangemessenen Bewegung des Körpers« und besteht die Doktorprüfung »summa cum laude«. Mit neunzehn ist er also schon amtlich anerkannter Arzt und viel zu jung eigentlich, um schon in seinem Beruf aufzugehen. So ist es denn wieder der Großvater, der jetzt entscheidet: Der Junge soll erst mal reisen, soll Welt und Leben kennenlernen. Er soll auf Wanderschaft gehen.

Struensee bricht auf, zunächst nach Berlin, das ihn in seiner schrillen Betriebsamkeit abstößt, dann nach Göttingen, wo es ihm schon besser gefällt, und schließlich nach Gedern, wo sein Onkel Leibarzt des Fürsten Stollberg ist. In Gedern lernt Struensee allerdings weniger das Leben als den Tod kennen. Denn hier erkrankt er schwer an Fleckfieber, und viele Wochen sieht es so aus, als würde er nicht davonkommen. Und diese frühe Erfahrung hinterläßt ihre Spur. Struensee scheint von nun an vom elementaren Gefühl getrieben zu sein, eigentlich nicht viel Zeit zu haben, alles hier und jetzt erreichen zu müssen: Dahinter steht das Ende, wartet schon das große Nichts, bleibt nur ein Körper zurück, so widerlich wie die Kadaver in der Anatomie.

In Gedern stellt sich nun dem langsam Genesenden die Frage, was aus ihm eigentlich werden soll. Es herrscht an Ärzten kein Mangel, jeder macht dem anderen Konkurrenz. Wohin soll sich also Doktor Struensee wenden, wovon leben? Die staatlichen Ämter sind rar gesät, und eine Privatpraxis zu eröffnen verlangt mehr Geld, als ein armer Pastorensohn besitzt …

In dieser Situation erlaubt sich, wie später noch einige Male, das Schicksal mit Struensee einen ironischen Witz. Denn es wird nicht der vergötterte Großvater, sondern der mehr gehaßte als geliebte Vater sein, der in dieser kritischen Lage das entscheidende Wort spricht. Den immer noch kranken jungen Mann erreicht ein Brief: Der Vater teilt ihm mit, Halle verlassen zu wollen. Dort ist das Leben für die Pietisten unerträglich geworden, unter dem Diktat Friedrichs II. wurden sie eine kleine, sich scheu in Ecken drückende Minderheit, die jeden Tag mit neuen Demütigungen und Repressalien rechnen muß. Adam Struensee zieht die Konsequenz. Er wechselt in dänische Dienste über und wird Hauptpastor im dänischen Altona. Und der Sohn soll ihm folgen. Vielleicht kann er die Nachfolge des schwerkranken Stadtphysikus Johann Christian Bolten übernehmen.

Ein letztes Mal gehorcht Struensee dem väterlichen Befehl. Es bleibt ihm keine Wahl. Er wird Arzt in Altona. Und an diesem Punkt gewinnen Struensee-Biographien gemeinhin an Eile. Modearzt, Elegant, Libertin, erste Erfolge bei vornehmen Damen und irgendwann, irgendwie auch etwas ernsthafte medizinische Beschäftigung, etwas Journalismus: Das scheint Struensees Altonaer Zeit gewesen zu sein, so kurz und flüchtig, als hätte sie nur wenige Wochen, allenfalls ein paar Monate gedauert.

Tatsächlich sind es zehn lange, harte Jahre. Struensee wird in dieser Zeit manche Rolle spielen, auch die des eleganten Libertin, des vor allem von Damen wohlgelittenen Modearztes. Doch vor allem ist er in dieser schwersten besten Zeit seines Lebens der Doktor Struensee, der Armenarzt von Altona.

III. Teil

Der Doktor Struensee

Die Zeit ist aus den Fugen; Fluch der Pein,
Muß ich sie herzustelln geboren sein.

William Shakespeare, Hamlet

Der Armenarzt von Altona

Johann Hartwig Ernst von Bernstorff, Leiter der Außenpolitik sowie Chef der für die beiden deutschen Herzogtümer Schleswig und Holstein zuständigen Kanzlei und um 1757 als führender Kopf im dänischen Staat noch gänzlich unangefochten, ist unter anderem ein frommer Mann. Freudig begrüßt er die Berufung eines so trefflichen Predigers wie Adam Struensee zum Hauptpastor von Altona. Zugleich stellt der pragmatische Politiker Überlegungen an, wie Pastor Struensee möglichst fest an Dänemark gebunden werden kann.

Ein guter Weg ist immer die Familie. Und hat der wackere Herr Hauptpastor nicht einen Sohn, der Arzt ist? Bernstorff kennt ihn nicht. Aber er hat gehört, daß der Junge tüchtig ist, ein glänzendes Studium absolviert und auf Reisen erste praktische Erfahrungen gesammelt hat. Vor allem ist er aber der Sohn von Pastor Struensee. Bernstorff greift zur Feder. Er schreibt an Altonas Oberpräsidenten von Qualen und spricht eine Empfehlung aus.

Acht Ärzte hatten sich um den frei gewordenen Posten eines Stadtphysikus beworben. Struensee selbst gehört nicht zu den Bewerbern. Doch ist er es, der den Posten jetzt bekommt: Am 3. Februar 1758 wird er offiziell zum Stadtphysikus von Altona und Landphysikus der Herrschaft Pinneberg ernannt. Seine medizinische Karriere kann beginnen.

Noch im gleichen Jahr wird Minister Bernstorff in Sachen Struensee ein weiteres Mal aktiv. Diesmal geht es um das Amt des Landphysikus in der Grafschaft Rantzau. Diesmal bewirbt sich Struensee darum und wünscht sich dieses Amt so innig, daß er es praktisch umsonst ausüben will. Denn seinem Vorgänger muß er eine Pension zahlen, deren Höhe den eigenen Bezügen entspricht. Doch auch dazu ist er bereit, und dieses Argument beeindruckt den Minister besonders: Für Gratisdienste ist das bankrotte Dänemark stets dankbar. Also schreibt er: »Ihre Königliche Majestät ertheilen dem Dr. Struensee das Physikat der Grafschaft Rantzau unter den von ihm selbst angetragenen Bedingungen ...« Das Datum, den Namen darunter – und der überbeschäftigte Minister wendet sich wieder wichtigeren Dingen zu. Er kann nicht ahnen, daß er eben eine Laufbahn besiegelt hat, deren erster Höhepunkt sein eigener Sturz sein wird.

Auch Struensee ahnt nicht solche Eskalationen. Er wendet sich seinem neuen Arbeitsfeld zu. Und er erfährt bald, was sich hinter seinen wohlklingenden Titeln verbirgt. Sein Gebiet sind nicht die Salons, seine Patienten nicht die Reichen. Doktor Struensee ist der Armenarzt von Altona.

Dieses Altona ist eigentlich eine schöne Stadt. Rund hundert Jahre vorher hatte sie Dänemarks erster absoluter Herrscher Friedrich III. als möglichen Konkurrenten zum nahen Hamburg entdeckt und ihr 1664 das Stadtrecht sowie Zoll- und Gewerbefreiheit gewährt. Altona wird der erste moderne Freihafen in Nordeuropa, mit zwanzigtausend Einwohnern bald schon Dänemarks zweitgrößte Stadt. Und Altona, an Dänemarks südlichster Grenze gelegen, ist auch ein Schmelztiegel für alle, die aus dem übrigen Europa in dieses relativ liberale Land strömen, für Sektierer aller Art, auch für Juden, die sich hier ihr kleines Getto bauen. Das Straßenbild wird darüber bunt und vielfältig, ein flirrender Spiegel unterschiedlichster Kulturen und Nationalitäten.

Im Nordischen Krieg brennen schwedische Truppen Altona nieder. Das Stadtbild nimmt keinen Schaden: Es entsteht neu und schöner als zuvor, viel offener und moderner als das in seine Mauern und Wälle muffig eingepackte Hamburg mit seinen verdreckten Gassen und stinkenden Kanälen. Mögen auch die Hanseaten spotten, schon der Name »Altona« hätte seine tiefere Bedeutung, der Hafen liege »allzu nah« bei Hamburg: Um 1750 ist Altona für die Hansestadt ein noch sehr ernsthafter Konkurrent. Und nicht ohne Bosheit hat man sein Stadtwappen auf das der feindlichen Brüder in Hamburg abgestimmt: Das Tor im Altonaer Wappen ist nicht fest verschlossen, sondern weit geöffnet wie ein Sinnzeichen liberaler Weltläufigkeit. Über diese Weltläufigkeit macht sich Doktor Struensee allerdings schon bald seine eigenen Gedanken.

Schon vor der Zeit in Altona ist Struensee nicht mehr der unbefangene Junge, der in der Traumwelt seiner Bücherweisheit lebt. Bereits in Halle und später in Berlin, wo er entsetzt die Heilmethoden in der dortigen Charité erlebt, hat er Dreck und Elend kennengelernt. Und er kennt auch schon das seltsame Berufsethos seiner künftigen Kollegen. In der Apotheke der Franckeschen Stiftung, wo er schon als Schuljunge ausgeholfen hat, beobachtet er den schwunghaften Handel mit bestimmten Mittelchen, die allein die Kassen ihrer Erfinder kurieren. Schaudernd betrachtet er Star-Vertreter seiner Zunft, die vom Katheder herab letzte medizinische Weisheiten verkünden, ohne auch nur in die Nähe tatsächlich Kranker zu kommen. Mit dem ganzen Hochmut eines von den eigenen Qualitäten überzeugten jungen Menschen lernt er die Auswüchse seines Berufs zu hassen und zu verachten. Altona wird jetzt vollends seine Lebensschule.

Struensee geht durch die Armenviertel. Er sieht die fensterlosen Höhlen, in denen Dutzende Menschen hausen, eine graugesichtige Masse ohne Hoffnung, ohne Zukunft: Kinder, deren Jugend schon vorbei ist, bevor sie angefangen hat, junge Frauen, die vor der Zeit zu alten Vetteln wurden, Männer, die zum Fusel greifen, um ihr Elend zu ersäufen.

Struensee geht auch in die Kneipen und Bordelle der Hafenstadt. Er sieht die vom Alkohol zerfressenen Trinker unter den Tischen liegen, sieht die syphilitisch verseuchten Weiber, die sich jedem Freier anbieten. Und er begreift die doppelte Moral einer Zeit, die das Laster augenzwinkernd duldet, ein unerfahrenes Mädchen jedoch nach einem ersten Fehltritt an den Pranger stellt. Struensee erkennt die Folgen dieser Moral: Engelmacherinnen haben Hochkonjunktur, und wer sein unerwünschtes Kind nicht abtreiben läßt, setzt es aus oder bringt es um. Gretchens Tragödie braucht man nicht erst im »Faust« nachzulesen. In der Wirklichkeit vollzieht sie sich Tag um Tag.

Struensee geht weiter. Er kommt zum Waisenhaus, das er zu betreuen hat. Dort liegen von Krätze überzogene Kinder mit anderen, noch gesunden, im gleichen Bett. Er besichtigt die Räume des Krankenhauses, das man im Zuchthaus von Altona eingerichtet hat, Wand an Wand mit verurteilten Verbrechern. Er geht zum sogenannten »Pesthof« im Niemandsland zwischen Hamburg und Altona hinüber. Hier haben die Kranken nicht einmal ein Bett für sich allein, und die Nächte sind vom Geschrei und Stöhnen der Sterbenden durchzogen. Struensee atmet den Gestank aus den überquellenden Leibstühlen, die niemand fort- räumt. Denn es fehlt an Personal, an Wartung, an allem eigent- lich. Und verirrt sich einmal ein Arzt in diese Hölle, durchhetzt er die Bettreihen, wirft auf die einzelnen Patienten allenfalls einen kurzen Blick, hat schon die Diagnose parat, hetzt weiter, einträglicheren Geschäften nach.

Struensee steht auch vor den sogenannten Tollkoben am Ende des Krankensaals, käfiggroßen Einzelzellen, dort sind die Geisteskranken untergebracht. Denn dies ist schließlich ein fort- schrittliches Jahrhundert. Es verbrennt Wahnsinnige nicht mehr als Hexen oder Spukgestalten. Es sperrt sie nun wie Tiere ein. Struensee stellt schlicht fest: »In solchen Behausungen des Grau- ens kann wohl eher ein Vernünftiger zum Wahnsinn als ein Wahnsinniger zur Vernunft gebracht werden ...«

So schleicht sich der wohlbehütete Pastorensohn aus diesen Behausungen des Grauens in die Stille seiner reinlich weißge- kalkten Bürgerstube mit all den Büchern an den Wänden, und in seinen Ohren mögen noch die Schreie der Eingesperrten gel- len, wie sie an ihren Käfigstäben rüttelten, vor seinen geschlos- senen Augen mögen die geschauten Schreckbilder Brueghel- scher Höllenvisionen zucken – da ist es dann eine Wohltat, sich auf einen Pferderücken zu schwingen und hinaus ins Land zu reiten, zur Grafschaft Rantzau oder in den Pinneberger Raum.

Grün und licht streckt sich die herrliche Holsteiner Land- schaft hin, mit ihren blinkenden Seen und sanften Hügeln. Struensee reitet durch den Schatten der Wälder und über schmale Sandwege hin zu den im milden Weiß leuchtenden Herrensitzen und idyllischen Dörfern, wo noch, fernab vom Sumpf der Städte, ein urgesunder Menschenschlag lebt, in reinlicher Naturverbundenheit. Und Struensee reitet in die Dörfer hinein, geht zu den Bauernhöfen, und Schwärme giftig schillernder Fliegen steigen vom Misthaufen gleich neben der Tür auf, fallen in die muffig engen Stuben ein, überlagern Herd, Tisch, Betten, verbreiten Ruhr, Typhus und Diphtherie. Im Stall blökt krankes Vieh. Ans Tor hat der Bauer vorsorglich einen Drudenfuß genagelt, der ist der beste Schutz gegen Rinderpest. Nun steht der brave Landmann in wortkarger Verlegenheit vor dem jungen Mann aus der Stadt: Was will nur dieser Doktor von ihm? Hierher verirrt sich doch sonst kein Arzt, und Medizin besorgt man sich am besten bei der weisen Frau im Dorf oder beim nächsten vorüberziehenden Quacksalber. Was dieser Doktor sagt, begreift man nicht. Der spricht nicht einmal Plattdeutsch und ist auch sonst nicht zu verstehen mit seinem Gerede von Hygiene und vorbeugender Schutzimpfung.

Struensee gibt seinem Pferd die Sporen und sprengt zurück nach Altona. Nun gehen ihm schon viele Gedanken durch den Kopf, und viele Fragen stellt er sich: warum zum Beispiel die Bevölkerung auf dem Lande immer weiter abnimmt, warum dort niemand Lust zu haben scheint, weiterhin seinen Acker zu bebauen und Erben zu zeugen. Struensee kehrt auch in den Herrensitzen ein, dort begegnet er der Adelsgesellschaft, ein anmutiger Kreis, so graziös wie eben in diesem Jahrhundert, das wie mit dem Pinselstrich eines Watteau oder Bouché an die Tapete des Jahrtausends gehaucht zu sein scheint.

Pastellen leuchtet seine Front. Dahinter aber ist alles schwarz. Die Maske galanter Lebenslust wird über das pockennarbige Gesicht gestülpt, Page Cherubino, vierzehn Jahre alt, tupft noch rasch ein Schönheitspfläsuterchen über die Anzeichen einer frühen Syphilis und lugt schelmisch zu seiner Gräfin hin, die gerade mit einer elfenbeinernen Kratzhand Jagd auf die Läuse unter ihrer Riesenperücke macht. Doch Verneigung, Handkuß, Aufforderung zu neuem Tanz – und zu Versailles spricht kein Sonnenkönig mehr sein herrisches: »Der Staat bin ich!« Dort seufzt sein Nachfolger nur noch: »Nach mir die Sintflut!« Es ist die eigentliche Losung dieser Zeit, die eine Endzeit ist, ein Totenreigen im Schleppschritt der Quadrille. Und in den Winkeln ihrer Slums klebt weiterhin der Dreck des Mittelalters.

Struensee ist kein Historiker und Philosoph. Er ist auch noch kein Politiker. Er ist Arzt. Aber schon der Arzt erkennt Zusammenhänge weit über den medizinischen Bereich hinaus. Noch bleiben sie im Hintergrund. Erst einmal geht der Arzt an seine Arbeit, und sein geistiges Rüstzeug ist nicht schlecht.

In Halle hat Struensee immerhin Lehrer wie seinen späteren Doktorvater Johann Juncker gehabt, der es nicht bei theoretischen Ausführungen belassen, sondern seine Studenten zur praktischen Arbeit in Waisen- und Krankenhäusern angehalten hatte. Juncker, gläubiger Pietist, mochte dabei mehr seinen religiösen Vorstellungen vom praktizierten Christentum als streng wissenschaftlichen Impulsen folgen. Sein Schüler Struensee begreift jedoch, daß es keine bessere Schule als die Praxis gibt und keinen besseren Lehrer als die Erfahrung unmittelbar am Krankenbett.

In einer Zeit, da es noch die meisten Ärzte mit der »Ferndiagnose« halten, aus Angst vor Ansteckung kaum das Haus eines Kranken betreten und Seuchenherden draußen auf dem Land pfleglich fernbleiben, ist Doktor Struensee einer der wenigen, der immer selbst zur Stelle ist, immer in Person am Lager des Patienten. Er, der selbst nicht sehr gesund ist und sich gleich zu Beginn seiner Amtszeit auf einem seiner Überlandritte eine schwere Lungenentzündung holt, schont sich nicht und ist sich für nichts zu schade. Er kuriert Menschen wie auch Tiere. Er ist bei Kindesgeburten dabei, was noch als unschicklich gilt. Er schwingt sich auf sein Pferd, sobald nur das Gerücht einer drohenden Seuche zu ihm dringt. Er scheint allgegenwärtig zu sein, wie er später als Staatsmann allgegenwärtig ist. Hier wie dort scheint ihn das Gefühl zu leiten: Ohne ihn läuft nichts. Wenn etwas geschehen soll, muß er es selber machen.

Die Zeit von Altona lehrt ihn nicht nur das Leben. Sie ist auch Lehrstatt für sein medizinisches Weltbild. Rasch durchschaut er die Problematik aller Schulweisheit. Sie hat ihm Ansätze verschafft. Zur letzten Wahrheit hat sie ihm noch nicht verholfen. Die sieht ganz anders aus als das, was von den Kanzeln der Medizin herab gepredigt wird. Denn dort gilt noch die Vorstellung von der Seele als oberstem Lebensprinzip, von der alles bestimmenden »Anima«, die kuriert sein will, bevor ein Körper genesen kann. So hatte es noch in der ersten Jahrhunderthälfte in Halle Georg Ernst Stahl verkündet, der Lehrmeister von Struensees Großvater. So hört es wohl auch der Enkel vom Stahl-Schüler Juncker. Ihm selbst dürften allmählich Zweifel kommen. Und er glaubt auch nicht mehr an die Säfte im Körper, von denen allein die Gesundheit eines Menschen abhängt.

Struensee steht an Krankenbetten in überheizten Stuben, die seit Wochen nicht mehr gelüftet worden sind. Er sieht die Berge schwerer Decken, die über die Kranken getürmt werden. Denn das sind die Heilmittel dieser Zeit: Schwitzkuren, Klistiere und immer noch einmal ein Aderlaß, um die kranken Säfte aus dem Körper herauszupressen. Struensee schüttelt den Kopf. Er meint schon zu wissen, wie Krankheiten in Wahrheit übertragen werden, durch Schmutz zum Beispiel oder durch Fliegen. Und er weiß gleichfalls, daß ein kranker Körper gestärkt und nicht durch Gewaltkuren zusätzlich geschwächt werden muß.

So räumt er denn Decken und Pfühle weg, ordert saubere Laken, sorgt für gut durchlüftete Stuben und für Waschungen mit kaltem, frischem Wasser. Er wettert gegen die Unsitte des Totenmahls am noch offenen Sarg. Er fleht die Menschen geradezu an, Kleidungsstücke eines Verstorbenen nicht ungewaschen weiterzugeben. Er bettelt nahezu, sich doch die Hände zu waschen, die Wäsche möglichst oft zu wechseln, kurz also: Sauberkeit zu pflegen als wichtigste Medizin und einzig wirksames Vorbeugungsmittel – das aber in einem Jahrhundert, wo ein Vollbad nicht nur als Luxus, sondern fast als Sünde gilt und man zu Parfümflakon und Puderquaste greift, um über die Dreckschichten der ungewaschenen Haut hinwegzutupfen.

Es ist fast schon ein Kreuzzug, den in diesen Jahren Struensee mit missionarischem Eifer führt, und jeder Verbündete ist ihm dafür recht, selbst die sonst so verachteten Pastoren: Als 1759 wieder einmal die Pocken ausbrechen, verlesen sie nach der sonntäglichen Predigt Doktor Struensees Gesundheitsvorschriften. Diese Vorschriften sind aber ein einziger Affront gegenüber einem Zeitgeist, der Krankheit zutiefst als gottgewolltes, unausweichliches Übel begreift. Struensee glaubt nicht an Gott. Er glaubt an die Hygiene. Für sie und in ihrem Zeichen führt er seinen Krieg.

Das findet vor dem Hintergrund eines anderen, wirklichen Krieges statt. Noch im Jahr vor Struensees Altonaer Berufung war er ausgebrochen, sieben Jahre dauert er und zieht den halben Kontinent in seinen blutigen Sog hinein, der letzte große Krieg nach altem Muster, bei dem es wieder einmal um ungewisse Erbansprüche und den persönlichen Hader herrschender Häuser geht. Für das aufgeklärte Europa ist er kein kleinerer Schock als zuvor das Erdbeben von Lissabon: Für einige schlesische Kartoffeläcker, für ein Zipfelchen beschneiten Lands irgendwo in Kanada wird die halbe Welt in Brand gesetzt? Am schmerzlichsten berührt aber, daß das Idol der Aufklärung im Mittelpunkt des großen Völkerschlachtens steht. Friedrich II. hat inzwischen seinen Namen oft genug »in den Gazetten« gelesen. Und jetzt muß er die Erfahrung machen, daß einmal in Bewegung gesetzte Mechanismen ihren eigenen Gesetzen folgen und davor auch Mächtige ohnmächtig sind.

In Dänemark regiert der überzeugte Pazifist Bernstorff. Er vollbringt seine größte Leistung und hält sieben Jahre lang sein Land aus diesem Krieg heraus. Doch auch seine Neutralitätspolitik kann nicht verhindern, daß der Pesthauch des großen Mordens über dänische Grenzen weht.

1759 läßt der Preußenkönig Mecklenburg besetzen. Viele flüchten auf dänisches Gebiet, und sie bringen Ruhr und Fleckfieber nach Holstein. Einige haben ihr Vieh retten können, doch die Tiere sind krank, eine Seuche droht. Struensee ist zur Stelle, und tatsächlich gelingt es ihm, die Seuche einzudämmen. Es ist die erste große Bewährungstat des blutjungen Arztes.

Aber der Lorbeer einer ersten Sternstunde genügt nicht seinem bohrenden Forschungsdrang. Er grübelt über diese seltsame Tierseuche nach. Allgemein heißt sie die »Rinderpest«, dabei belassen es die meisten, nur Struensee nicht. Lange schon verdichtet sich in ihm die Erkenntnis, Seuchen seien nicht auf eine allgemeine Vergiftung der Luft oder des Erdbodens zurückzuführen, sondern jede einzelne Krankheit hätte auch ihren eigenen ganz bestimmten Erreger. Und als fünf Jahre später auf den Gütern des alten Grafen Rantzau die gleiche Seuche ausbricht, findet er zum Schluß, auch diese Art von Rinderpest, die Maul- und Klauenseuche, sei eine ganz bestimmte Krankheit, die ganz bestimmte Heilmethoden verlangt. Er erwägt bereits eine vorbeugende Schutzimpfung, wie er sie schon bei den Pocken eingeführt hat.

Pocken sind das Hauptübel dieses Jahrhunderts, der mittelalterlichen Pest vergleichbar, bei der den Worten eines Dichters nach nur eines half: sich hinlegen und sterben. Und wie vor der Pest sind auch vor den Pocken ausnahmsweise einmal alle Menschen gleich. Sie befallen arm wie reich, den Bauern wie den Edelmann. Dänemarks Friedrich V. erkrankt daran, Frankreichs fünfzehnter Louis wird daran sterben. Die Ärzte falten die Hände in Demut. Dies ist keine Krankheit mehr. Hier waltet die pure Naturkatastrophe. Gottes Strafgericht ist am Werk, wenn allein in Westeuropa jedes Jahr über vierhunderttausend Menschen an den Pocken sterben und nur jeder fünfte in seinem Leben von dieser Seuche verschont bleibt.

Struensee faltet die Hände nicht. Als Kind ist er selbst an den Pocken erkrankt und glaubt dennoch nicht, was manche seiner Kollegen ernsthaft verkünden: daß diese Krankheit gleichsam zur natürlichen Entwicklung eines Menschen gehört und deshalb gar nicht bekämpft werden sollte. Ihn überzeugt vielmehr, was eine Lady Montagu in ihren Reisetagebüchern schreibt. Als Frau des britischen Botschafters in Konstantinopel hatte sie gesehen, wie türkische Ärzte Kinder mit einer leichten Pockenerkrankung infizierten und sie auf diese Weise immun machten. So hatte es die Lady dann auch bei ihren eigenen Kindern gehalten, und schon bald war die Pockenimpfung beim britischen Adel Mode geworden. Jetzt erprobt sie Struensee, zunächst bei den ihm anvertrauten Waisen, dann bei den Kindern von Knechten auf den großen Gutshöfen.

Wutgeschrei begleitet ihn, und lauter als jeder andere gellt der Protest des eigenen Vaters: Das ist ja fast schon Gotteslästerung, was der Sohn dort treibt, eine ganz unglaubliche, schamlose Herausforderung des Schicksals. Struensee läßt sich nicht beirren. Und als die geimpften Kinder tatsächlich von den Pocken verschont bleiben, gehört ihm der Triumph. Jetzt wird man auch in den Herrenhäusern auf ihn aufmerksam, und jeder will sich von diesem »geschickten und billigen Arzt«, wie ihn eine adlige Dame ihren Freundinnen empfiehlt, behandeln lassen.

Die Landsitze der Aristokratie öffnen sich dem Armenarzt von Altona. Und alle Blicke folgen dem Pastorensohn aus Halle, wenn er in leichtfüßiger Eleganz, nicht stutzerhaft, doch mit Geschmack gekleidet, das noch ungewohnte Parkett betritt, sich über Hände neigt und mit bestrickendem Charme das Gespräch bestreitet. Einfachen Menschen gegenüber mag er nicht den richtigen Ton finden, sie schüchtert seine kalt blitzende Sachlichkeit eher ein, und mit seinem ironischen Esprit wissen sie nichts anzufangen. Doch in den Salons unter Leuten intellektuellen Niveaus macht er vorzügliche Figur.

Er ist ja auch so anders als die meisten übrigen Ärzte, ganz ohne deren Magier-Gehabe, ganz unprofessoral ohne Brille und Talar und dabei so geistreich, so belesen, eine ebenso angenehme wie auffallende Erscheinung mit seinem wohlfrisierten Blondhaar, das ungepudert auf die Schultern fällt – und ein vortrefflicher Arzt soll er auch noch sein. Hat er nicht gerade die Gräfin Rantzau von den Pocken geheilt, ohne daß die geringste Narbe blieb? Hat er nicht den geplagten Freiherrn von Berckentin von seinen Nierensteinen befreit, indem er ihm harte Ausritte über Stock und Stein verordnete? Gewiß hat er auch Feinde. Nicht wenige, vor allem seine Kollegen knurren »Quacksalber«, wenn dieser Fant in seinem modisch knappen Frack vorübergeht. Aber wenn ihn selbst schon ein anderer Arzt wie der renommierte Doktor de Citano zur Heilung seiner Gicht heranzieht, muß etwas dran sein an diesem Doktor Struensee …

Dies ist nun der Modearzt von Altona, wie ihn sich die Struensee-Fama zurechtgeschniegelt hat, der Libertin, dessen vornehme Patientinnen sich weit mehr für den Mann als den Arzt Struensee interessieren. Und in dieser Hinsicht läßt er auch nichts aus. Warum sollte er auch? Er ist schließlich jung, ein blendend aussehender Mann Mitte Zwanzig. Er versteht seinen Charme einzusetzen, den suggestiv blauen Blick, die verführerischen Künste seiner geschliffenen Dialektik. Sein Alltag als Armenarzt bleibt hart und grau genug.

Es mag ihm jetzt besser gehen als anfangs, aber sein Grundgehalt sind immer noch siebzig Taler im Jahr, keine dreitausend Mark. Eine Privatpraxis, die ihn reich machen könnte, hat er nicht. Obskure Geheimmittelchen, mit denen manche Kollegen ein Vermögen verdienen, lehnt er ab. Und auch die Heilung reicher Patienten bringt kaum mehr als ein Zubrot. Der Hinweis auf den »billigen« Arzt zeigt es bereits: In materieller Hinsicht kann sich dieser Mann nicht verkaufen und wird es niemals können. Vielleicht will er es auch gar nicht. Vielleicht interessiert ihn Geld gar nicht so sehr.

Sicher interessiert ihn anderes: die Wirkung in die Breite. Er will nicht nur heilen. Er will auch belehren und überzeugen, hierin ganz der Pietist, der helfend bessern möchte. Und in dieser Hinsicht wirkt der materiell so bescheidene, zur Bescheidenheit von Kindheit an erzogene Doktor Struensee gar nicht mehr so anspruchslos. Hierbei zeigt er schon ein ausgeprägtes Machtbewußtsein. Was hat ihn schließlich dazu gedrängt, zum Nulltarif die Betreuung der Grafschaft Rantzau zu übernehmen? Warum begründet er in einem seiner Bittbriefe an Bernstorff sein Gesuch nach mehr Gehalt mit den größeren Möglichkeiten, die er dann für die Durchsetzung einer medizinischen Gesamtreform hätte? Noch hält er sich an die Grenzen seines Berufs. Doch schon ist der Reformer am Werk. Nur brauchen Reformen ihre Basis an Macht und Einfluß. Damit sieht es allerdings übel aus.

Struensee setzt einiges durch. Schon zu Beginn seiner Amtszeit hatte er eine gründliche Inspektion aller Apotheken seines Bezirks durchführen lassen. Er darf im Altonaer Krankenhaus fünf Zimmer nach seinen Vorstellungen einrichten, als helle, saubere Stuben für höchstens zwei Patienten. Er nimmt sich des Hebammenwesens an und teilt seinen Bereich in einzelne Distrikte auf, für die jeweils eine geschulte Hebamme zuständig ist. Und eine eigene Hebammenschule schwebt ihm vor, auch eine spezielle Entbindungsanstalt, wo ledige Mütter ihre Kinder in Ruhe und Würde zur Welt bringen können. Dies ist eines seiner Lieblingsthemen, und schon in Altona wie später in Kopenhagen wird darüber zynisch gefeixt: Der Lebemann mit dem Doktortitel hat diesen Einsatz für die Unmoral gerade nötig. Doch wird später, nach Struensees Abgang, tatsächlich eine solche Entbindungsanstalt geschaffen, die erste in ganz Norddeutschland, und stolz wird gemeldet, die Zahl der Kindesmorde sei merklich zurückgegangen – ein kleiner später Triumph für den Armenarzt von Altona.

In zehn Jahren hat er also einiges erreicht. Doch bleibt es immer noch wenig, nur Ansatz und Fragment. Struensee will mehr. Er will den großen Wandel im gesamten Gesundheitswesen. Und die Menschen sollen verstehen, was Doktor Struensee eigentlich möchte. Wieder setzt er auf Einsicht und Vernunft und beginnt um 1760 mit der Aufzeichnung seiner wichtigsten medizinischen Erkenntnisse, in klarer, schnörkelloser Sprache, ohne den mit lateinischen Vokabeln gespickten Schwulst, hinter dessen Verbal-Girlanden seine Kollegen flüchten, wenn sie nichts zu sagen haben. Struensee sagt um so mehr.

In rascher Folge erscheint eine Reihe von Aufsätzen. Zunächst wendet sich der Autor einem seiner Lieblingsthemen zu, der Geburtshilfe, spricht von Schwangerschaft und Säuglingspflege und rät jungen Müttern, ihre Kinder selbst zu nähren. Wenigstens eine seiner Patientinnen wird später diesen Rat befolgen: Dänemarks Königin Caroline Mathilde. Dann geißelt er Aberglauben und Quacksalberei, wie er sie vor allem auf dem Lande in üppigst blühender Form erlebt. Er legt seine Ansichten zu

Blattern, »hitzigen Fiebern«, zu Ruhr und Faulfieber nieder. Und wieder verstößt er gegen ein moralisches Tabu, als er sich dem Thema Geschlechtskrankheiten zuwendet.

Auch hierbei fußt er auf praktischer Erfahrung aus der Zeit, da in Holstein eine russische Invasion gedroht hatte und starke Truppenverbände zum Schutz der Grenzen vorrückten. Struensee hatte erlebt, wie ganze Regimenter verseucht waren, und er spricht nicht, wie seine frommen Zeitgenossen, von einer Gottesgeißel zur Bestrafung irdischer Sünden. Das sind nicht seine Kategorien. Ihn interessiert allein das medizinische Problem »und was dagegen zu thuen sey«, wie es bezeichnend im Titel seiner Abhandlung über die sogenannte »Lustseuche« heißt.

In diesem Stil geht es weiter. Struensee schreibt vom Sonnenstich, von der »neuen Methode, den Staat zu operieren«, und attackiert dabei auch gleich jene kurpfuschenden »Starstecher«, die sich wie geldgierige Egel an der Not ihrer Patienten festsaugen. Immerhin ist dies eine Zeit, da unter anderem ein Johann Sebastian Bach an den Methoden eines solch hochdotierten »Starstechers« elend zugrunde geht.

Struensee schreibt ein weiteres Mal über das Hebammenproblem, über Blatternimpfung und Viehseuche. Er liefert »Anmerkungen über die Gifte und ihre Arzneikräfte«. Und das Bestechendste an diesen Ausführungen ist, wie sicher schon jetzt der Autor in seine medizinischen Betrachtungen die soziale Komponente einbezieht. Er sieht sein Generalthema, ein neues und besseres Gesundheitswesen, nicht isoliert. Für ihn ist es immer auch ein gesellschaftliches Problem. Und wenigstens einmal scheint der Schritt vom medizinischen Fachautor zum engagierten politischen Publizisten vollends vollzogen.

Zwischen dem März 1761 und dem Juli 1763 hatte sich in seiner publizistischen Arbeit aus verschiedenen Gründen eine Pause ergeben. Erst 1763 tritt Autor Struensee wieder hervor, mit seinen »Gedanken eines Arztes von der Entvölkerung eines Landes«, und sie sind nun schon von höchster politischer Brisanz. Denn zwar geht es auch hier zunächst um medizinische Probleme, um Aberglauben, Hygiene, über Kollegen, die sich für die wenig einträgliche Arbeit auf dem Lande zu schade sind: »Wie selten sind die Ärzte, die in diesem Stück der Menschlichkeit Ehre machen!« Aber es geht auch um soziale Fragen, wie die Probleme lediger Mütter und eben vor allem um die Entvölkerung des Landes.

Sie ist ein strikt soziales Problem, und Struensee hat dabei sein ganz klares politisches Konzept: Intakte Staaten, zumal Agrarländer wie Dänemark, brauchen eine gesunde Landbevölkerung. Ihre eigene soziale Gesundheit hängt davon ab, ob sich die Bauern auf ihrer heimischen Scholle wohl fühlen, ob sie dort arbeiten und etwas leisten wollen oder lediglich auf die erste Gelegenheit zur Landflucht warten. Der Bauer muß also seine Heimat lieben, das Landleben wieder attraktiv für seine Menschen sein: Hierauf zielen in ihrer Konsequenz Struensees »Gedanken eines Arztes«.

Sie haben nichts mit Rousseauscher Naturschwärmerei zu tun, nichts mit der gerade modisch werdenden Idealisierung »einfacher Menschen« und »einfachen Lebens«, mit all den Schäferspielen der High Society. Bauernbewunderer Rousseau wird sich zeitlebens hüten, in die Nähe von Stalldunst und Misthaufen zu kommen. Er kennt Bauern nicht. Struensee kennt sie. Er idealisiert sie nicht. Generell ist er eher ein Verächter einfacher Menschen, und einmal spricht er, bezeichnend, vom zwangsläufig »schwachen« Volk. Aber gerade ihrer Schwäche wegen will er ihnen helfen. Das Volk, vor allem auf dem Lande, muß gestärkt werden. Das ist eine sozialpolitische Notwendigkeit, die eine durchgreifende Reform verlangt, auch wider den Geist einer Zeit, die in ihrem Fortschrittsdrang kaninchenhaft hypnotisiert auf die Schlange neuer Technik starrt, auf die einsetzende Industrialisierung, der allein die Zukunft zu gehören scheint.

Struensee erkennt diese Gefahr sehr früh. Im Kern ist sein Konzept also konservativ und fordert die Rückbesinnung auf natürlich gewachsene Strukturen und Kreisläufe. Er plädiert für die Erhaltung vorhandener Ressourcen. Und gerade das macht seine Fortschrittlichkeit aus: Einer läßt sich nicht vom hektischen Zeitgeist und seinen Modeströmungen beirren und redet nicht »progressiv«, um progressiv zu scheinen. Hier hat einer lediglich erkannt, was einer Zeit droht und wie sie davor zu schützen ist. Darüber macht er sich seine »Gedanken eines Arztes«, doch sind es schon hochpolitische Gedanken. Sie brauchten Macht und Mächtige, um praktisch umgesetzt zu werden.

Struensee hat keine Macht. All sein Wissen, all seine noch so fundierten klugen Erkenntnisse – sie bleiben raschelndes Papier, wenn sich ihrer niemand annimmt, daraus die politische Konsequenz zu ziehen. Ein Struensee mag aber gerade noch genügend Einfluß haben, fünf Krankenzimmer neu einzurichten. Alles andere aber, all diese mit heißem Eifer niedergeschriebenen Gedanken, werden ebenso rasch gelesen wie wieder vergessen sein, bestimmt für modrige Archive, wo sich milder Staub über die Ansichten des Doktor Struensee legt.

In solchen Stunden dumpfer Resignation mag sich dieser Mann an seine zuverlässigsten Freunde halten, an die Bücher, die in dichter Reihe seine Wände füllen. Sie sind der einzige Luxus, den sich Altonas Armenarzt leisten kann, die Werke Voltaires, die Schriften John Lockes mit ihrer Behauptung, es könne nur sein, was sich auch beweisen läßt. Dazu nickt Struensee. Das ist auch seine Meinung. Will er sich aber einmal etwas amüsieren, greift er zu den Satiren Jonathan Swifts.

Schon 1745 war der gebürtige Ire in geistiger Umnachtung gestorben. Er hinterläßt ein Werk, durch das sich das Höllengelächter eines Verzweifelten zieht, der eine andere Welt ersehnt und doch immer wieder auf die vertraute Unzulänglichkeit zurückgeworfen wird. Ihm bleibt nur die groteske Utopie, das wirr und wild wuchernde Gedankenspiel, wo zwischen Buchseiten alles möglich wird, was auf Erden so unmöglich scheint. Und Swifts Hauptheld Gulliver geht auf seine Reisen, zu den Riesen, zu den Zwergen …

Nicht nur der genießende Literaturkenner fühlt sich angesprochen. Die Swiftsche Technik scheinernster Übertreibung reizt auch den Stilisten Struensee. Da verfällt er dann seiner eigenen bizarren Utopie, schickt gleichfalls seinen Gulliver auf den Weg und verfaßt einen »Bericht, der unter den Papieren des berühmten Doctor Swift gefunden worden und zur Ergänzung seines Gullivers dienet«. Doktor Struensee schreibt seine höchst bemerkenswerte Geschichte von den ausgetauschten Köpfen ...

»Auf einmal werden sie brauchbare Leute«

Schauplatz ist eine Insel. Dort geht es seltsam zu. Der Scharfrichter regiert. Die Köpfe sitzen locker. Doch ist das nicht weiter schlimm. Denn abgeschlagene Köpfe wachsen wieder an. Sie
können sogar ausgetauscht werden, mit ebenso überraschender
wie nützlicher Wirkung: Der Phlegmatiker wird zum Sanguini-
ker, das überschäumende Temperament gewinnt sittlichen Ernst,
und »so ist beyden geholfen«. Einmal wird der Verfasser Zeuge
eines solchen Kopftausches: »Zwo Hofdamen, die, mitten im
Zimmer der Königinn einander Ohrfeigen gegeben, mußten
diesen Kopftausch treffen und bezeigten sich hernach ihrem Be-
rufe vollkommen gemäß ...« Also ein Universalmittel zur Heilung der Welt: »Man glaubt nicht, was für große Vorteile dies
Volk aus solchem Handgriffe zieht. Findet man Leute, welche
eine Gemütsart haben, die sich für ihren Beruf und Stand wenig
schicket, so werden sie durch dieses Mittel auf einmal brauchbare Leute ...«

Also dichtet Struensee und hat sicher seinen Spaß dabei. Aber
vielleicht meint er diese Utopie gar nicht so spaßig. Vielleicht
ist es ihm ernst mit dem Grundgedanken, daß ein Kopf zuweilen die Gedanken eines anderen denkt und Temperamente aus-
tauschbar sind, zwischen Mächtigen zum Beispiel, zwischen
einem, der alles kann, und einem anderen, der alles weiß: Auf
einmal sind sie brauchbare Leute, jeder auf seine Art. Man
braucht ihnen ja vorher nicht gleich den Kopf abzuschlagen ...

Als Struensee 1763 diese Geschichte schreibt, wohnt er nicht
mehr wie in seinen ersten Altonaer Jahren im Haus des Vaters,
der 1760 als neuer Generalsuperintendent von Schleswig und
Holstein nach Rendsburg gezogen war. Der Sohn, finanziell im
permanenten Engpaß, muß auf die erste Wohnungssuche seines Lebens gehen und findet schließlich einige nicht zu teure
Zimmer im ersten Stockwerk eines Eckhauses an der Kleinen
Papagoyenstraße, für einen Pastorensohn immerhin eine origi-

nelle Wahl. Denn diese Straße ist das Getto der Altonaer Juden. Doch Struensee kennt nun einmal keine Vorurteile, weder Menschen noch Rassen gegenüber, und wird später auch nicht ganz begreifen, was der schwedische Kronprinz Gustav mit seinem bösen Witz meint, am dänischen Königshof fehlten nur noch einige Juden an der königlichen Tafel. Struensee hätte ihnen sicher nicht den Zutritt verwehrt.

In der Kleinen Papagoyenstraße lebt Struensee nicht allein. Hier wie auch später in der Neuen Königstraße teilt er die Wohnung mit seinem Jugendfreund David Panning. Das heißt, eigentlich teilt Panning die Wohnung mit ihm; denn anders als sein einstiger Schulkamerad aus Halle ist Panning von Hause aus recht begütert und kommt wohl auch für beider Miete auf. Dennoch besteht nie Zweifel, wer in dieser Freundschaft der führende Teil ist. Diese Rolle fällt ganz automatisch Struensee zu, während im Schatten des brillanten Freundes der kleine Panning in schwitzender Bewunderung alles machen darf, was der andere will. Struensee hat eben Talent zur Freundschaft, fast mehr noch als die Liebe ist sie ihm etwas nahezu Heiliges, und Freundschaften fliegen ihm auch in Altona nur so zu.

Er hat sich mit Hartog Gerson angefreundet, dem Armenarzt der Juden, zwei Kollegen, Philipp Gabriel Hensler und Johann Albrecht Reimarus, kommen hinzu. Der eine wird später Struensees Nachfolger in Altona, der andere ist Arzt in Hamburg, zwei scharfsinnige Intellektuelle, die Struensees Ansichten verstehen und teilen. Auch sie treten für die Pockenschutzimpfung ein, auch sie wettern gegen die Kurpfuscher im gelehrten Gewand, die ihre Patienten mit irgendwelchen obskuren Geheimmitteln verseuchen. Das ist nun ein weiteres Lieblingsthema Struensees. Darüber kann er sich immer wieder ereifern. Doch wird in seinem Kreis nicht nur gefachsimpelt. Dafür sorgt er schon selbst in seiner unersättlichen Neugier auf Menschen und Dinge.

Immer neue Persönlichkeiten zieht er in seine Nähe, und sie alle stellen sich in seiner kargen Behausung am Altonaer Getto-Rand ein, geblendet vom Charme und Witz dieses Mannes, der doch jünger als die meisten anderen ist und sich dennoch wie selbstverständlich im Mittelpunkt behauptet, in dieser buntgemischten Gesellschaft aus Journalisten, Schauspielern und Schriftstellern, zu denen schließlich auch Offiziere und Herren von Adel stoßen. Struensee empfängt sie alle gleichermaßen in neugierig lächelnder Erwartung.

Das sind nun in der Tat interessante Männer, die sich hier einstellen, Seneca Otto von Falckenskiold zum Beispiel, gebürtiger Däne und ein Jahr jünger als Struensee. Schon mit dreizehn war er in die Armee eingetreten, mit siebzehn zog er auf französischer Seite in den Siebenjährigen Krieg, wurde zweimal verwundet und als Hauptmann entlassen. Jetzt steht er wieder im dänischen Dienst und kommandiert eine Kompanie im Regiment Delmenhorst, Militär ganz und gar, von jener sachlichen Sturheit, die Struensee gerade im Kontrast zu seinen eigenen hochschweifenden Gedankenflügen schätzen mag.

Schillernder als Falckenskiold nimmt sich ein anderer Freund aus adligem Haus aus, der mit Struensee gleichaltrige Enevold Brandt, ein Stiefsohn des Baron Söhlental. Eigentlich sind die beiden Männer grundverschieden, der gutaussehende, ernsthafte, voller Energie und hoher Ziele steckende Struensee und der ausnehmend häßliche, leicht verwachsene Brandt mit seiner verzerrten Physiognomie und dem einzigen Ehrgeiz, im Geist der Zeit sein Leben zu einem gelungenen Fest zu machen. Doch gerade das mag Struensee faszinieren, diese von seiner eigenen Lebenshaltung so verschieden andersartige eines Aristokraten jener Zeit, dessen Leichtigkeit im Umgang mit Menschen und Dingen: So muß man wohl sein, wenn man in der höfischen Welt Erfolg haben möchte …

Brandts schmale Erscheinung überlagert bald der Schatten eines wirklich großen Herrn, des Grafen Schack Carl von Rantzau-Ascheberg. Der ist nun zwanzig Jahre älter als Struensee und hat sich seine grauen Schläfen auf den Schlachtfeldern des Lebens redlich verdient. Denn was schon alles hat dieser Nachfahr eines Marschalls von Frankreich und angeblichen Vaters von Ludwig XIV. erlebt: Einmal stand er in französischen, dann wieder in dänischen Diensten, dort wurde er sogar Generalmajor, allerdings nur für zwei Tage, was er mit raschen Worten übergeht. Bei solchen Kleinigkeiten hält sich ein Rantzau nicht auf, auch nicht dabei, daß er einmal in Sizilien vor Gericht gestellt, als Hochstapler steckbrieflich gesucht wurde und zuweilen Wechsel auf seinen Vater, den angeblichen »Vizekönig von Norwegen«, auszustellen pflegte. Den Grafen beschäftigen ganz andere Dinge, gleichsam im welthistorischen Format.

1761 tritt er in die Dienste des Zaren, um den halb wahnsinnigen Sproß des Hauses Oldenburg zu einem gewaltigen Zusammenschluß seiner Familie zu überreden, sozusagen die Oldenburger gegen den Rest der Welt, mit Rantzau als Schlüsselfigur. Doch so wahnsinnig ist selbst Zar Peter III. nicht, daß er auf den holsteinischen Münchhausen hereinfällt. Da schmollt denn der Graf und verbündet sich mit Zarin Katharina, und die Beziehung soll sogar – der diskrete Graf deutet das nur an – sehr intim gewesen sein. Er gehört denn auch zu jenen Auserwählten, die in Katharinas Auftrag den ungeliebten Gemahl erdrosseln durften. Doch war ihm diese Frau etwa dankbar? Hatte sie wenigstens einen Orden für ihn oder ein paar Taler für seine chronisch leeren Kassen? Mitnichten. In Ungnade zog Rantzau fort vom Zarenhof und hockt nun im frühen Ruhestand auf seinen hochverschuldeten Gütern. Doch kommt noch der Tag, da er sich an dieser Zarin furchtbar rächen wird. Er hat auch schon entsprechende Beziehungen zum dänischen Hof, vor allem zum ebenso russenfeindlichen Kriegsminister St. Germain …

Man mag sich wundern, daß ein Mann von der Intelligenz Struensees einen solchen Bramarbas nicht rasch durchschaut. Aber hier zeigt sich eben seine ganze Unerfahrenheit gegenüber höfischen Dingen. Brandt und Rantzau sind für ihn Abgesandte einer fremden Welt, er kann nicht ahnen, daß sie auch dort nur die obskuren Außenseiter sind, kleine Glücksspieler im Heer der Hasardeure, die jeden Thron umlagern. Für den Pastorensohn bleiben sie die ganz großen Herren, die mit Königen plaudern, einer Zarin schlafen und gleichsam aus dem spitzenumrankten Handgelenk Weltpolitik machen. Und mit diesen

Gestalten fällt auch das Licht höfischer Verlockung in die kleine Welt des Doktor Struensee.

Ein weiteres Mal hat seine Lebensbahn eine kritische Phase erreicht. Schule, Studium, Doktortitel, erste Anstellung – das alles ging im Flug. Der gerade Zwanzigjährige schien eine Höhe erreicht zu haben, nach der andere ein Leben lang vergeblich streben. Jetzt sitzt er fest. Jetzt scheint Altona auch schon die Endstation zu sein. Aber hatte ihn nicht der Großvater einen zweiten Leibniz genannt? Ziemt es sich für ein Genie, in einem Flecken wie Altona als Armenarzt zu enden? Noch immer ist Struensee jung. Und er ist ungeduldig. Doch mit allem Ehrgeiz stemmt er sich vergeblich gegen eine eherne Hierarchie, die keinen Aufstieg duldet, nur das Ausharren am festgelegten Platz. Und da sitzt nun ein Brandt und plaudert von seiner Absicht, einmal Hofmarschall des Königs zu werden. Da spricht ein Rantzau von einem Kriegsminister wie von einem guten, alten Freund. Adelig müßte man sein oder doch wenigstens am Hof in der Nähe einer allmächtigen Majestät …

Um den Altonaer Kontakt mit Brandt und Rantzau spinnen sich einige Rätsel. Man will von einer regulären Verschwörung der drei wissen, und Struensee, selbst der Habenichts, soll sogar die Rückkehr Rantzaus an den Dänenhof finanziert haben. Es klingt einigermaßen unwahrscheinlich. Glaubwürdig bleibt allein, daß durch diese Kontakte Struensee irgendwann einmal das Grau von Altona zu überwinden hofft. So wird denn ein freundschaftliches Bündnis geschlossen: Wer immer als erster an den Hof gelangt, holt den anderen nach.

Fürs erste ziehen die Freunde davon, Brandt zunächst nach Frankreich, Rantzau nach Kopenhagen. Struensee bleibt zurück, der selbsternannte Weltmann mit leicht gekünstelter Lebenshaltung. Er hat keine anderen Maßstäbe als seine eigenen, keinen Gott, keinen Glauben, keine bürgerlichen Bindungen an Ehefrau und Familie. Er hat nur sich selbst, er steht allein. Da schminkt er sich wie eine Maske ein gelassenes Epikureertum auf, schon mit fünfundzwanzig ein lächelnder Weiser, der seine Freunde mit weiter Geste an seine Tafel bittet. Und er zitiert seinen Lieblingsdichter Horaz: Carpe diem … halte den Tag fest …

Aus seiner Altonaer Misere macht er, was er kann. Und wird sie ihm zu grau und einförmig, kann er immer noch hinüber ins buntere Hamburg fahren. Dort öffnet sich dann das Haus des Freundes Reimarus, das er mit seinem Vater, dem Orientalisten Hermann Samuel Reimarus, teilt. Der alte Herr arbeitet gerade in aller Heimlichkeit an einer großen »Apologie oder Schutzschrift für die vernünftigen Verehrer des Glaubens«, Struensee darf das Manuskript einsehen und ist so begeistert, daß er noch von Kopenhagen aus seine Veröffentlichung erwägen wird. Das aber bleibt einem anderen überlassen, Gotthold Ephraim Lessing. Auch ihn lernt Struensee in Hamburg kennen.

Arzt und Dichter schütteln sich die Hand: Beide sind Sachsen, beide Pastorensöhne, und da auch Lessing einige Semester Medizin studiert hat, trifft er in Struensee fast einen Kollegen. Besonders interessieren ihn seine Ansichten zu Geschlechtskrankheiten, Struensee ist hingegen auf das Stück neugierig, das der Dramaturg des 1765 am Hamburger Gänsemarkt gegründeten Schauspielhauses bei sich führt. Dafür gibt es allerdings auch noch andere Interessenten, zum Beispiel den Hamburger Gesandten Preußens, der vorsorglich schon einmal Protest gegen dieses Stück einlegt. Denn in der Geschichte um ein sächsisches Edelfräulein und ihren geschassten Offizier wird recht ungeschminkt mit allem zweifelhaften »Soldatenglück« abgerechnet, und selbst König Friedrich, obgleich beim Namen nie genannt, kommt nicht allzu gut weg.

Dennoch und nach etlichen zensierenden Texteingriffen wird am 28. September 1767 »Minna von Barnhelm« am Deutschen Nationaltheater uraufgeführt. Struensee wie die gesamte intellektuelle Creme des Elbufers sind dabei. Doch ein Erfolg wird das später meistgespielte Bühnenstück deutscher Sprache nicht, ebensowenig wie das gesamte Deutsche Nationaltheater, das nach drei mageren Spielzeiten wieder schließen muß, und ein bankrotter Lessing zieht nach Wolfenbüttel weiter. Struensee, sofern er in Kopenhagen davon etwas mitbekommt, mag dazu grim-

88

mig lächeln. Denn um 1767 hat er bereits eigene Erfahrung mit
Pleiten und Zensur.

Vier Jahre vor der »Minna«-Premiere war Struensee dem tollkühnen Plan einer Zeitschriftengründung verfallen. Es sollte
kein eigentliches Fachblatt sein, sondern ein populäres Magazin
mit möglichst breiter Leserschaft, eine »Monatsschrift zum Nutzen und Vergnügen«, wie das vom Juni 1763 an erscheinende
Blättchen schließlich heißt. Die Auspizien scheinen günstig:
Das nötige Geld hat Freund Panning vorgestreckt, in Hamburg
wird der Drucker Bock gewonnen, und Struensees Konzept,
Belehrung mit Unterhaltung vermischt, müßte eigentlich ziehen.
Und doch ist das Unternehmen fast von Anfang an ein Fehl-
schlag.

Die erste Nummer eröffnet noch ein Paukenschlag, Struensees »Gedanken eines Arztes von der Entvölkerung eines Landes«. Doch was dann kommt, allerlei Gedichte und Novellen
neben medizinischen und naturwissenschaftlichen Aufsätzen,
weicht die klare Form gleich wieder auf. Struensee will eben um
jeden Preis unterhaltend sein, und er unterhält seine Leserschaft
auf die gleiche Weise wie seinen intellektuellen Freundeskreis in
der Kleinen Papagoyenstraße, mit Satiren Swiftscher Art, mit
Parodien voll versteckter und offener Anspielungen, die eben
nur sein Freundeskreis belachen kann. Struensee und das gemeine Volk: Dieses Hauptthema seines Lebens wird in aller Problematik bei der Zeitschriftengründung deutlich. Dieser Mann,
so brillant bei der persönlichen Begegnung, den Kopf voll von
hochgescheiten Gedanken, wird nie den Ton finden, der die
breite Masse anspricht. Für sie bleibt er der beunruhigend gescheite, alles durchschauende und kritikasternde Intellektuelle.

So bringt denn diese Monatsschrift ihrem Herausgeber keinen
Nutzen und nach schwunghaftem Anfang auch keinerlei Vergnügen. Und das Blättchen würde wohl wie zahllose dieser Art
wieder unauffällig verschwinden, wäre nicht noch die eine Geschichte, die Struensee beinahe zum politischen Märtyrer macht.
Dabei fängt sie ganz harmlos mit einem Manuskript an, das im
Herbst 1763 vor Redaktor Struensee liegt.

Struensee kennt den Verfasser. Es ist der Altonaer Apotheker Nebelung, ein stets etwas aufgeregter alter Herr, der sich diesmal als satirischer Literat versucht. Struensee liest das eher grob denn geschliffen geratene Ergebnis mit Behagen. Denn natürlich weiß er gleich, wer in dieser »Lobrede auf die Hunde« mit »einem der größten Ärzte« gemeint ist. Er versteht auch die Anspielung auf ein gewisses Heilmittel, das »ungeachtet der angeborenen Bescheidenheit des Erfinders dennoch für ein Universalmittel gehalten wird«. Das alles zielt auch ohne Namensnennung auf Struensees Kollegen und ärgsten Feind Johann August Unzer.

Er kennt den um zehn Jahre älteren Unzer schon von Halle her, und gleich zu Beginn der Zeit in Altona waren die beiden streitbaren Herren heftig aneinandergeraten. Struensee hatte die im Waisenhaus grassierende Krätze mit Schwefelsalbe behandeln wollen, und Unzer, die Nummer eins unter Altonas Ärzten, meldete gellenden Protest an: So würden ja die schlechten Säfte in den kranken Körper zusätzlich hineingepreßt und nicht, wie bei einer anständigen Schwitzkur, bei einem Aderlaß oder Klistier hinausgedrückt. Doch Struensee hatte Erfolg gehabt, die Kinder waren genesen, und sein Triumph schien vollkommen, als er später einige hundert Soldaten auf die gleiche Weise kurierte. Dennoch war Unzer der medizinische Papst Norddeutschlands geblieben, ein Weltmann mit besten Beziehungen zum Patriziertum und überdies noch sehr vermögend. Er führt nicht nur eine gutgehende Privatpraxis, sondern gibt auch unter dem Titel »Der Arzt« eine höchst erfolgreiche Zeitschrift heraus, in der er gleich auch Reklame für die von ihm erfundenen Heilmittel machen kann, vor allem für sein von zahllosen Patienten geduldig geschlucktes »Pilvis digestivus Unzeri«.

Vielleicht ist Unzer ein nicht ganz so schlechter Arzt, wie Struensee behauptet. Immerhin hat er einige Verdienste um die Lehre von der Reflexbewegung, und seiner Zeitschrift wird noch im nächsten Jahrhundert nachgerühmt, sie hätte sich »durch den feinen Ausdruck, die ungesuchte leichte Schreibart, das schalkhaft unbeleidigende Spötteln und den mannigfaltigen

Witz, der selbst bekannten Sachen eine neue Wendung gibt«, ausgezeichnet – alles Dinge, die auch Zeitschriftenherausgeber Struensee anstrebt. Vielleicht ist also auch Eifersucht im Spiel und nicht zuletzt ein gerüttelt Maß gekränkter Eitelkeit. Denn vergeblich hatte er seine ersten großen Aufsätze dem »Arzt«-Periodikum angeboten, er war auf ein mehr obskures »Gemeinnütziges Magazin« in Hamburg als Forum angewiesen geblieben, mit entsprechend geringerer Resonanz. Doch wie immer: In Unzer scheint sich aus Struensees Sicht alles auszudrücken, was er bei seinen Standesgenossen haßt.

Hier ist der Typ des scheinseriösen Arztes, der viel schlimmer ist als die kleinen Quacksalber und Eisenbarts auf dem Lande. Denn diese Stars ihrer Zunft geben sich hochmodern, sie scheinen alle wissenschaftliche Weisheit gepachtet zu haben, um dann in ihrem Schutz den Patienten das Geld um so sicherer aus der Tasche zu ziehen. Das sind nun die Feinde allen medizinischen Fortschritts, und gegen sie kann gar nicht scharf genug geschossen werden.

Doch Struensee ist machtlos. Schon die Hoffnung, mit seiner viel seriöseren und anspruchsvolleren Monatsschrift die pseudowissenschaftlichen »Arzt«-Platitüden gleichsam von selbst zu erledigen und das breite Publikum endlich auf die richtige Seite zu ziehen, erfüllt sich nicht. Struensee, der ebenso vergeblich gegen die weitverbreiteten »Volkskalender« mit ihren astrologischen Prognosen und anderem abergläubischen Brimborium ankämpft, muß auch im Fall Unzer erkennen, daß Qualität allein noch keine Waffe ist. Die Menschen blättern weiter hilfesuchend in den Volkskalendern, und sie lesen weiterhin den »Arzt«. Da tut es gut, wenn dem aufgeblasenen Unzer wenigstens in der »Monatsschrift« die Leviten gelesen werden. Struensee biegt sich vor Lachen. Denn diese »Lobrede auf die Hunde« schenkt sich wirklich nichts.

Unzers Wundermittel wird als gemahlener Hundedreck denunziert und sein Erfinder damit gleich doppelt getroffen. Denn Unzer liebt Hunde über alles und läßt in besinnlichen Momenten lyrisches Hundelob auch in seine »Arzt«-Artikel einfließen.

Hier werden aber die Lobsprüche für den »treusten Freund« so maßlos übertrieben, daß Unzers Tierliebe nur noch lächerlich wirkt und er samt seinem Wundermittel dazu.

So läßt sich nun diese »Lobrede« doch nicht drucken. Und Struensee greift zur Feder, glättet, ändert, streicht, mildert die barocken Schimpfkanonaden und läßt Voltaire-Zitate einfließen, bis diese Satire fast sein eigener Text ist. Ihr Gift wirkt um so ätzender, und der Triumph über den altbösen Unzer-Feind scheint sicher.

Wieder unterläuft Struensee ein typischer Fehler: Er überschätzt seine Freunde. Und er unterschätzt seine Feinde. Er zieht in beiden Fällen die für die Aufklärung sehr bezeichnenden Schlüsse: Ein guter Freund muß auch ein guter Mensch sein und ein dummer Mensch ein ungefährlicher Feind. Unzer kann aber sehr gefährlich sein. Und auch er hat gute Freunde, in Hamburg zum Beispiel, als Patienten und eifrigen Konsumenten seines Universalmittels den Hauptpastor Melchior Goeze. Goeze, neben dem sich Vater Struensee wie ein Ausbund milder Duldsamkeit ausnimmt, wird später als Spottgestalt eines christlichen Antisemiten in Lessings »Nathan der Weise« eingehen: »Der Jude wird verbrannt ...« Und schon seine Rolle im Fall Struensee nimmt die spätere Auseinandersetzung mit Lessing vorweg.

Dieser wackere Christ, der im Zeichen der Nächstenliebe den wahren Glauben so unerbittlich schützt, bis nichts mehr von ihm übrigbleibt, braucht wahrscheinlich Unzers klagenden Hinweis gar nicht mehr. Druckschriften, dazu noch liberal und aufgeklärt, sind ihm im Prinzip ein Greuel, und so eilt er zum Zensor hin, die Ausgaben der »Monatsschrift« in der wie stets geballten Faust. Sorglich hat er angemerkt, was dort alles gotteslästerlich ist, und legt auch gleich die jüngsten Richtlinien der Zensur bei: Ist es denn etwa keine Verspottung der Christenheit, wenn es heißt, man würde eher einem Hund einen Braten als einem Mönch seine Tochter anvertrauen? Oder wie überhaupt mit allen Werten umgesprungen wird, mit Gott und Königen, etwa in dem Epigramm »An die Fürsten«, dessen Verfasser jene Höflinge attackiert, die ihre Lakaien in die höchsten Stellen hineinhieven: »Ihr heißt mit Recht die Götter uns'rer Erde / Denn ihr erschafft – o schöne That / Ihr sprecht nur ein allmächtig: Werde / Schnell wird aus dem Lakai – ein Rat …«

Der Fall zieht gewaltige Kreise. In Kopenhagen wird selbst Minister Bernstorff von dieser »Lobrede auf die Hunde« aufgeschreckt und läßt nach dem anonym gebliebenen Autor suchen. Struensee leugnet zunächst strikt, etwas mit der Satire zu tun zu haben. Doch seine Zeitschrift kann er nicht mehr retten, sie wird verboten. Es siegt also nicht die Vernunft, es siegen Goeze und Unzer. Das Establishment triumphiert über den Außenseiter, die provozierten Konservativen über den progressiven Provokateur. Modellhaft zeichnet sich hier schon im kleinen der große »Fall Struensee« ab.

Noch fließt kein Blut. Nur Panning verliert sein kleines Vermögen, und Struensee ist ein erstes Mal gründlich gescheitert. Noch ein weiteres Mal versucht er eine Zeitschriftengründung, diesmal in Altona und mit dem Segen des wieder besänftigten Bernstorff versehen. Aber auch sie scheitert gleich an der allmächtigen Zensur, und Struensee ist als Publizist am Ende, ehe er recht begonnen hatte.

Doch bevor alles aus ist, kann noch einmal trotz schon ausgesprochenen Verbots eine Nummer der »Monatsschrift« erscheinen, und dort steht auch die Groteske von den austauschbaren Köpfen. Fast liest sie sich wie ein Programm. Denn bald darauf wird Struensee ein erstes Mal versuchen, seinen eigenen Kopf einem anderen gleichsam aufzupflanzen, um endlich zu vereinen, was so unvereinbar scheint, den Geist mit der Macht.

Über Rantzau hat Struensee auch dessen Vater kennengelernt, den alten Grafen Johann von Rantzau-Ascheberg. Auch der Vater hat eine recht bewegte Vergangenheit. Doch im Alter kümmert er sich nur noch um seine ausgedehnten Güter. Dort entwickelt er allerdings nahezu revolutionäre Ideen. Er hat die Leibeigenschaft abgeschafft, seinen Besitz parzelliert und untertänige Bauern zu seinen Partnern gemacht, immer getreu der Erkenntnis, daß einer nur dort fleißig sät, wo er später auch selbst ernten kann. Der Erfolg bleibt nicht aus: Die Rantzauschen Besitzungen gelten allgemein als Mustergüter, ihre Bauern flüchten nicht in die Stadt oder lassen sich fürs Ausland abwerben. Struensee ist hingerissen. Kräftig nickt er zur Grundsentenz des alten Edelmanns: »Die Quellen des verderbten, so respectablen Bauernstandes sind bloß in den ökonomischen Umständen zu suchen.« Das hätte auch in Struensees »Gedanken eines Arztes« stehen können. Es steht aber in der Abhandlung »Zur Verbesserung der Landwirtschaft«, und als Verfasser gilt allgemein Graf Rantzau.

1763 erscheint der Aufsatz ein erstes Mal und dann noch einmal 1767. Wahrscheinlich hat Struensee, der kundige Stilist, kräftig mitgewirkt. Und sicher geht auch die abermalige Veröffentlichung auf ihn zurück. Denn dahinter steht nun schon erkennbare Taktik. König Christian VII., im Jahr zuvor auf den Thron gekommen, soll auf die Rantzauschen Reformen aufmerksam gemacht werden.

Um diese Zeit weiß nur der engste Kreis, was es mit dem jungen König auf sich hat. In den Provinzen gilt er immer noch als die große Hoffnung auf eine neue Zeit. Und als er zur ersten traditionellen Rundreise durch seine beiden deutschen Herzogtümer aufbricht, scheint alles nach Plan zu gehen. An seiner Seite steht Reverdil, gemeinsam kommen sie zum Grafen Rantzau. Der König ist begeistert. So wie hier soll nun überall die Landwirtschaft reformiert werden. Mit diesem Versprechen verschwindet er wieder in Kopenhagener Ferne: Mylady wartet schon, die Peitsche in der Hand. Und in Sachen Agrarreform tut sich nichts. So rasch werden nun einmal nicht aus Königen brauchbare Leute.

Für Struensee schließt sich in diesem Jahr 1767 ein Kreis. Sein Weg in Altona ist ausgeschritten, seine Möglichkeiten sind erschöpft. Es bleibt das bittere Fazit, daß Struensees vor zehn Jahren so brillant begonnene Karriere in einen Leerlauf übergeht. Er ist der Außenseiter geblieben, der Entertainer für seine amüsierten Freunde, der freche Eindringling und unbequeme Neuerer für die Kollegen, der Störenfried für die Obrigkeit: Altonas Oberpräsident von Qualen gibt ihm das beim Startversuch seiner zweiten Zeitschrift in aller Deutlichkeit zu verstehen. Und seine Patienten, die Armen von Altona, die Bauern auf dem Lande? Sie mögen ihn achten, aber sie lieben ihn nicht. Vor allem können sie ihn nicht verstehen. So steht er denn weiterhin allein. Das Feld gehört den Unzers und Konsorten. Und Struensee erwägt schon, es seinem Freund Panning gleichzutun. Der war nach der »Monatsschrift«-Pleite in die Niederlande gegangen, um Holländisch zu lernen und dann nach Übersee auszuwandern. Am liebsten würde ihm Struensee folgen. Vielleicht braucht man in Ostindien einen guten Arzt …

Einstweilen sitzt er noch in seiner Altonaer Stube, wieder Papier vor sich. Diesmal geht es nicht um eine Satire, sondern um die Übersetzung eines Briefs und einer beigelegten Hymne, beides in französischer Sprache. Emphatisch hebt die Hymne an: »Warum großmüthger Prinz, zart und erhabne Seele / Warum dringt forschend in dies Dir so ferne Land / Dein Blick, zu sehn, ob Unrecht Unschuld drückt und quäle …« Wer dort so schwärmerisch angehimmelt wird, ist aber kein anderer als König Christian VII., und der Verfasser kein Geringerer als Voltaire.

In diesen Wochen erregt sich das gesamte protestantische Europa über einen Mordprozeß in Frankreich, bei dem zwei Hugenotten angeklagt sind, ihre zum Katholizismus neigenden Kinder umgebracht zu haben. Von der Schweiz her hatte sich Voltaire eingeschaltet und sein »J'accuse« herausgeschleudert, wie später im Fall Dreyfus sein Kollege Zola. Der alternde Philosoph hatte an alle Höfe geschrieben, auch an Christian VII., und in einer seiner jähen Launen hatte der König für die Verteidigung der Angeklagten eine beträchtliche Geldsumme überwiesen. Voltaires Brief und Hymne, die jetzt Struensee für den »Altonaer Merkur« übersetzt, sind Voltaires Dank an den jungen Herrscher: »Nur den allein erkennet die Wahrheit groß / Der glücklich macht und Herzen zwingt …«

Für Struensee, der schon häufig Voltaire-Texte ins Deutsche übertrug, dürfte diese Übersetzung nur eine Fingerübung sein, rasch erledigt, bald vergessen. Doch die Ironie in seinem Schicksal will, daß kein anderer seiner Texte für ihn selbst so wichtig wird. Denn in Kopenhagen will man jetzt wissen, wer die Voltairesche Huldigung so schön und schmeichelnd übersetzt hat. Die Antwort kommt prompt: »Der Stadtphysikus Dr. Johann Friedrich Struensee.« Und bald darauf trifft ein weiteres Schreiben ein, diesmal direkt an den Verfasser: Ob wohl der Herr Doktor Struensee dem König von Dänemark als Leibarzt für seine große Europa-Reise im nächsten Jahr zur Verfügung stehen wolle? Struensee will.

Er braucht nicht einmal bis Kopenhagen zu reisen. Die Majestät kommt ihm entgegen, bis zum Schloß Ahrensburg bei Hamburg. Dort trifft am 6. Juni 1768 Christian VII. mit seinem Gefolge ein, Es ist schon Abend. Der Arzt betritt das helle kleine Palais und wird zum König geführt. Mit tiefer Verneigung geht er auf die schmale Erscheinung zu, die halb verborgen zwischen schwellenden Seidenkissen auf einer Lagerstatt ruht und ihm die schlaffe Hand entgegenstreckt.

Die große Reise

Im flackernden Kerzenlicht neigt sich Johann Friedrich Struensee ein erstes Mal über die Hand seines Königs. Diese Hand kann also erheben und vernichten, kann mit einem Federstrich über das Schicksal vieler tausend Menschen bestimmen, über Glück und Unglück. Jetzt deutet sie nur müde an, der Arzt möge sich aus seiner Verneigung wieder aufrichten. Und Struensee mustert das Gesicht des Monarchen.

Es ist nicht unangenehm, nur etwas weich und ohne rechte Kontur, ein Kinderkopf eigentlich, und kindlich wirkt die gesamte Erscheinung Christians. Die Hofmaler haben denn auch ihre Mühe, ihm den Anflug herrischer Majestät zu geben. Auch die trotzig eingestemmte Hand, breite Schärpen und vorspringender Degenkopf können nicht den Eindruck verwischen, daß man es hier mit einem unreifen Knaben zu tun hat. Und der Arzt mag noch mehr sehen. Er mag in diesem flackernd unsicheren Blick, diesen fahrigen Bewegungen auch die Symptome eines Kranken erkennen.

Er wendet sich den anderen Herren zu, Bernstorff vor allem, dieser lebenden Legende, die im vergangenen Jahr in den Grafenstand erhoben wurde. Christians anfängliches Aufmucken gegen die Übermacht seiner Berater ist wieder abgeflaut, Bernstorff bleibt weiterhin der dänische Gesamtstaat in Person. Der Hausherr auf Schloß Ahrensburg tritt heran, ein Baron Schimmelmann, als frisch ernannter Finanzminister Verwalter der königlichen Reisekasse. Und schließlich steht Struensee vor dem Grafen Holck, über dessen eigentliche Bedeutung für den König nur gemunkelt werden darf. Offiziell fungiert er als Reisemarschall und ist damit für Struensees Berufung zum Reisearzt zuständig. Schon geht das Gerücht, Struensee sei sein besonderer Schützling.

Ansonsten hat man sich in dieser ersten Stunde noch nicht viel zu sagen. Denn wer sind diese Herren, und was dagegen ein

Doktor Struensee aus Altona! Der bessere Angestellte, kaum mehr als ein Lakai – man wird ihn zwar als einen der wenigen Bürgerlichen in diesem Kreis mit einem gewissen aufmerksamen Wohlwollen betrachten. Aber niemand nimmt ihn als mögliche neue Macht ernst.

Struensee wird denn auch nicht in die Kutsche als einer der ersten Höflinge oder gar in den königlichen Reisewagen gebeten. Für ihn ist ein Platz neben dem Legationsrat Helferich Peter Sturz reserviert, einem Sekretär Bernstorffs. Struensee hat nichts dagegen. Einmal kennt er nun schon die Welt des Adels gut genug, um sich in ihrer Hierarchie zurechtzufinden, und zum anderen hat er in Sturz den angenehmsten Reisegefährten, den sich ein anspruchsvoller Intellektueller wünschen kann. Denn im Schwarm der Höflinge ist der Legationsrat der mit Abstand gescheiteste, und sein später erschienener Bericht über diese Reise ist die amüsante Chronik eines kuriosen Unternehmens, bei dem ein ganzer Hofstaat quer durch Europa rollt.

So bricht er denn zu seiner Genesungsreise auf, der knabenhafte Prinz von Traventhal, wie sich Christian zunächst nennt. Gemächlich kommt man voran, zieht an Hamburg vorüber, dem Elbübergang bei Zollenspieker entgegen und weiter über Lüneburg und Celle bis nach Hannover. Menschen drängen sich am Wegrand, überall jubeln sie dem König zu. Denn natürlich ist sein Inkognito nur Farce. Jeder weiß, wer dort in schimmernder Kalesche über Niedersachsens ausgetretene Sandwege rollt. Und Christian schlürft dankbar diese Zustimmung. Großzügig revanchiert er sich bei jeder Rast mit üppigen Geschenken, und seufzend rechnet Finanzminister Schimmelmann aus, wie lange wohl die mit fünfzigtausend Talern pro Monat ohnehin schon üppig bestückte Reisekasse reichen wird, wenn Christian bereits im ersten Monat rund hundertsechzigtausend Taler ausgibt. Der König hört auf solche Worte nicht. Er genießt den Applaus der Menge.

Mancher staunt, wie populär dieser König ist. Aber gerade in seiner physischen Zerbrechlichkeit rührt er an und kann, wenn er nur will, so charmant sein, daß ihn später sein französischer

Kollege Ludwig XV. nur als »Christian den Liebenswürdigen«
bezeichnet. Und dann ist da noch die Sache mit den Hugenotten gewesen. Sie hat ihm in ganz Europa beträchtliches Ansehen gebracht. So fragt denn auch niemand, warum erst jetzt der
junge Mann zu seiner Kavalierstour aufbricht, die doch eher zu
einem Junggesellen paßt, und warum ihn dabei nicht seine rei-
zende junge Frau begleitet. Ein König zieht vorüber. Das genügt
dem Volk.

Der Zug gerät ins Stocken. Gerade noch hatte man bei Hannover in den Herrenhausener Schloßgärten einige vergnügte
Nächte durchgetanzt, als Christian plötzlich zu einem Alleingang startet, nur mit Holck und Bernstorff als Begleitern. Die
drei reiten nach Schloß Philippsburg zu Christians Schwester
Wilhelmine, angeblich seine einzige Verwandte, die er wirklich
liebt. Doch Wilhelmine hatte das Staatsverbrechen begangen,
sich mit seiner Frau anzufreunden, und der sich um Liebe immer betrogen fühlende Christian nimmt seine Rache, als er
Wilhelmine an den unbedarften Landgrafen von Hessen ver-
schacherte, den er selbst nicht leiden kann. Jetzt steht er vor
den beiden, sie wirken mehr verblüfft als erfreut. Inzwischen
kann aber in Köln, wo das übrige Gefolge auf Christian wartet, sein Reisearzt vierzehn Tage lang darüber nachsinnen, wie
wohl die launische Sprunghaftigkeit dieser jungen Majestät zu
deuten ist.

Endlich geht es weiter, über Amsterdam bis nach Calais. Dort
warten schon zwei Schiffe der britischen Marine und tragen ihre
königliche Fracht über den Kanal. Christian hat sein Inkognito
abgestreift und ist wieder ganz offiziell der König, der im
Buckingham Palace seinen lieben Vetter Georg III. herzlich in
die Arme schließt.

»Farmer George« hält sich nicht lange mit Fragen nach der
Schwester auf. Man weiß zwar, daß in ihrer Ehe einiges im ar-
gen liegt, aber jetzt kommt es darauf an, aller Welt die unzer-
trennliche Freundschaft beider Königreiche vor Augen zu
führen. Arm in Arm schreiten sie nebeneinanderher, der über-
zarte, hypernervöse Christian und der eher dumpf-behäbige

George, und niemand ahnt, daß beide einmal das gleiche Schicksal haben werden: Beide enden in geistiger Umnachtung.

Mit weiter Geste präsentiert der britische Monarch *merry old England* in seinem ganzen Glanz, und für Christian sind diese Wochen der einzige große Rausch. Nun ist er nicht mehr das geschundene Bübchen seiner schwarzen Jugendjahre. Jetzt braucht er sich nicht zu seinen kleinen Lastern in die dumpfe Schwüle obskurer Kneipen und Bordelle zu schleichen. Vor allem gibt es hier keine unerfüllte junge Königin, die schon durch ihr bloßes Dasein dem knäbischen Gemahl tagtäglich seine eigene Unzulänglichkeit vor Augen führt. In London darf der siebte Christian zum erstenmal in seinem Leben ganz und gar nur König sein, bejauchzt, gefeiert und als Ehrengast herumgereicht.

Englands Hochadel gibt sich die Ehre. Seine schwelgerischen Stadtpaläste und pompösen Landsitze öffnen sich für den königlichen Gast. Christian findet sich in einen nicht endenden Strudel immer neuer Festivitäten hineingezogen. Er nimmt Paraden ab, berauscht sich an Händels aufdröhnender Feuerwerksmusik und vermißt nur die echten Kanonenschläge, die einst bei der Uraufführung krönender Abschluß waren. Er läßt sich hin zum Landschloß Gunnersburg führen, das zu seinen Ehren vierzigtausend Kerzen illuminieren, und badet im Applaus, der in den Theatern zu seiner Loge hinaufschwappt. Und wieder revanchiert er sich, mit Geschenken, mit eigenen Festlichkeiten.

Schimmelmann seufzt nicht mehr. Er stöhnt nur noch. Jeder Tag London kostet runde sechstausend Taler, und noch einmal zwanzigtausend Taler wirft Christian für einen gigantischen Mummenschanz hinaus. Dafür wird es aber auch ein Fest der Feste, und jeder übertrumpft den anderen mit seinem prunkvollen Kostüm. Holck erscheint als Türke, von Kopf bis Fuß mit Diamanten übersät, Farmer George trottet als zottiger Bär in den Saal. Welche Maske Struensee trug, weiß man nicht.

Struensee schätzt nicht Maskeraden. Auch als königlicher Reisearzt bleibt er ganz er selbst. Man kann auch sagen: Der ungewohnt neuen Umgebung gegenüber noch unsicher, zieht er sich nahezu demonstrativ auf die Rolle des Profi zurück, der sich einzig um das Wohlergehen seines königlichen Patienten zu kümmern hat. Der Patient ist dabei für ihn ein Mensch wie jeder andere: Ob Struensee die Armen von Altona heilt, Soldaten von der Krätze kuriert oder die fragile Psyche einer Majestät abklopft – er zeigt die gleiche barsche Sachlichkeit, die man aus seiner Altonaer Zeit kennt. Und manch zartes Höflingsohr meint nicht recht zu hören: Was denkt sich eigentlich dieser kleine Bürgerarzt, wenn er Befehle gibt, als sei er hier der König? Struensee schert sich nicht darum. Er ist Arzt. Er tut seine Pflicht.

Ein Ausflug nach York ist angesetzt, Struensee läßt ihn absagen. Erst soll sich der König von einer Magenverstimmung erholen. Der Arzt weicht auch nicht der offenen Konfrontation mit seinem angeblichen Gönner Holck aus und sagt ihm recht deutlich seine Meinung, als des Königs oberster Zuhälter Christian wieder in die vertraut schlüpfrigen Vergnügungen hineinziehen will. Die anderen staunen wiederum. Weiß denn dieser Mann nicht, wer ein Holck ist? Und manche beginnen sich schon erste Gedanken über diesen seltsamen Doktor Struensee zu machen. Man wird ihn wohl etwas genauer beobachten müssen.

Aber auch Struensee beobachtet. Und er dürfte über die Moral in dieser Hofgesellschaft entsetzt sein. In Altona hatte er selbst den Ruf einen Lebemanns gehabt, doch was ist seine eigene Libertinage gegen die hier ganz offen gepflegte, gleichsam hochoffizielle Amoral? Sie bleibt nicht einmal Domäne eines Holck und ähnlichen Gelichters. Selbst ein Bernstorff, so unangreifbar fromm und sittenstreng, meldet ungeniert und nicht ohne Stolz im Unterton, in London hätten zwanzig ausgesucht schöne Mädchen für den Bedarf des Königs bereitgestanden.

Struensee verurteilt nicht. Auch hier geht es ihm nicht um Gut und Böse, allein um Richtig oder Falsch. In diesem Fall: um die richtige Behandlung seines Königs. Die Ausschweifungen eines Holck, der Alkoholkonsum hinter verschlossenen Türen, die schmuddeligen Rendezvous mit billigen kleinen Mädchen samt der Spezialbehandlung in der Art der Stiefelettenkatrin, die Streifzüge durch Londoner Kaschemmen, zu denen der Reisemarschall seinen König immer wieder zu animieren sucht – das alles ist Gift für den labilen jungen Mann. Dagegen schreitet Doktor Struensee ein. Er schafft sich keine Freunde.

Einer allerdings beginnt ihn zu bewundern: Christian selbst. Gerade was den Hof an Struensee verschreckt, fasziniert ihn. Hier ist einer, der seine Meinung sagt. Hier hat einer Mut und verschanzt sich nicht hinter gezierten Floskeln. Hier liebt ein Mann seinen Beruf und führt ihn mit aller Konsequenz aus. Das alles kennt Christian nicht. Er starrt auf den Bürger Struensee wie auf ein exotisches Wesen aus einer anderen Welt. So müßte man vielleicht selber sein, so selbstsicher, so professionell, so willensstark – und die eigene weiche Psyche beginnt allmählich bei der stärkeren des anderen Schutz zu suchen.

Struensee nutzt das nicht aus. Merklich hält er sich zurück und ist nicht häufiger mit dem König zusammen, als es seine ärztlichen Pflichten erfordern. Kommt es dabei aber zu privateren Gesprächen, wird nicht von Politik geredet, eher schon über den von beiden verehrten Voltaire. Der himmelt den Dänenherrscher weiterhin an, wie er einst den Preußenkönig angehimmelt hatte, und versteigt sich bei der Nachricht von Christians Europa-Reise zum Ausruf, der König suche wohl »in entfernten Gegenden ungerecht bedrückte Unglückliche auf, weil man in seinen eigenen Staaten keine solchen finden kann!«. Struensee, die Altonaer Erfahrungen vor Augen, denkt sich seinen Teil. Und dann plaudert er vom Werk des großen Philosophen, wie nur er zu plaudern weiß, in immer neuen überraschenden Wendungen und Pointen. Christian hört ihm so atemlos zu wie alle, die einmal in die Fänge des brillanten Causeurs geraten sind.

Gemeinsam ist ihnen auch die Vorliebe fürs Theater, und London ist die Theaterhauptstadt der Welt. Bachs Sohn Johann Christian beherrscht als Händels Nachfolger die Oper, im berühmten Drury Lane Theatre erlebt jedoch nach hundertfünfzigjähriger Verhunzung der Schwan von Stratford-on-Avon seine eigentliche Auferstehung. Hier wird Shakespeare gespielt wie an keinem anderen Ort Europas, und hingerissen starren alle auf den Mann, der dort im schwarzen Trikot des Hamlet auf der Bühne steht. Er ist nicht mehr jung, und nicht eigentlich schön. Doch wenn er seine Stimme schwingen läßt und mit unnachahmlicher Grazie nach Yoricks Schädel greift, scheinen sich Welten zu öffnen: David Garrick, Direktor des Drury Lane, ist einer der größten Schauspieler und allergrößten Stars, die das Theater und die Welt je gesehen hat.

Ihm erscheint es nur natürlich, daß nicht er zu diesem König, sondern dieser König zu ihm kommt. Huldvoll gewährt er denn auch Christian in seinem Landhaus Audienz und nimmt gnädig die goldene Dose entgegen, die ihm der König schüchtern reicht. Für Christian ist das alles viel aufregender als die Besuche in Museen und Bibliotheken, zu denen ihn gelegentlich sein Leibarzt animiert. Es beeindruckt ihn viel stärker als die Ehrenbürgerschaft von London, die Aufnahme in die Zunft der Goldschmiede oder die Ehrendoktorwürde, die ihm die Universität Oxford verleiht, und außer ihm noch, da sie nun einmal da sind, den Herren Bernstorff, Schimmelmann und Holck sowie dem Doktor Struensee.

Auch Struensee erschüttern solche Ehrungen nur in Maßen, wie er sich überhaupt in diesen ersten Wochen erstaunlich unempfänglich für den Glanz der großen Welt zeigt. Er sieht höfisches Gepränge, wie man es in Halle nicht einmal von weitem kannte. Er nimmt an Festlichkeiten teil, wie sie seine adligen Freunde in Altonaer Tagen nicht einmal im kleinsten Maßstab feiern konnten. Doch sein Blick bleibt kühl, seine Miene verschlossen. Die goldprunkende Fassade scheint ihn kaum zu interessieren. Lieber sieht er nach, was dahintersteckt.

Dort steht er jedoch vor einem Altona im großen. Er durchstreift verkommene Armenviertel, geht durch Gefängnisse und Irrenhäuser und sorgt dafür, daß bei Ausflügen die Route wie zufällig auch durch die großen Industriezentren führt. Denn auf den britischen Inseln ist die große Industrialisierung ausgebrochen, sie bringt riesigen Reichtum ins Land, und mit dem

Reichtum riesiges Elend. Das Land verödet, die Slums quellen von entwurzelten Menschen über. Struensee sieht seine »Gedanken eines Arztes« schlimmstens bestätigt.

Im Herbst 1768 wechselt die Szene. Von England wird nach Frankreich übergesetzt, von der ersten großen Industrienation in die klassische Hochburg des Absolutismus. Hier qualmen nicht die Schlote einer aufschäumenden Industrialisierung, hier liegt nach dem Schock des verlorenen Siebenjährigen Kriegs gelähmte Stille über einem Land, dem es eigentlich gut gehen müßte: Alle Welt möchte schließlich wie »Gott in Frankreich« leben. Doch Struensee sieht nur die riesigen Bettlerscharen, die auf der kurzen Strecke von Le Havre bis Paris bei jedem Halt die Kutschen umlagern: Also auch im konservativen Frankreich, kann er folgern, produziert das etablierte Macht- und Wirtschaftssystem nur immer neues Elend.

Für die Fremden öffnet sich Paris. Christian hat wieder ein Inkognito übergestreift und nennt sich »Graf von Gottorp«. Doch auch ohne verbale Vermummung würde sich Frankreichs Hauptstadt nicht weiter um den Potentaten aus dem Norden kümmern, der mit seinem Gefolge im Hotel York abgestiegen ist. Hier hält man es schon lange nicht mehr mit Königen, seit sich Ludwig XIV. in verächtlicher Geringschätzung von seiner Hauptstadt abwandte und den Regierungssitz nach Versailles verlegte. Versailles – das ist ein Synonym für alles, was veraltet und abbruchreif scheint. Die Philosophen in der Hauptstadt haben andere, wichtigere Gesprächsthemen.

Doch natürlich muß man dieses Versailles einmal gesehen haben, und so steht auch Struensee vor der Fassade dieses »Mannes mit dem zu kleinen Kopf und den zu langen Armen«, wie des Sonnenkönigs Finanzminister Colbert das Riesenhaus verspottet hatte. Stille liegt über der Monstre-Anlage, denn der Hof trägt gerade Trauer um die jüngst verstorbene Königin, und der trauernde Witwer Ludwig XV. hat sich zu den großen Herbstjagden nach Fontainebleau begeben. Struensee mag es jedoch so ergehen wie nach ihm noch vielen weiteren Millionen Besuchern dieser steingewordenen Legende. Sie begreifen nicht, was an dieser monumentalen »Kiste voll Geschichte« so schön oder auch nur außerordentlich sein soll. Und eine Anekdote erzählt von einer Dame, die auf die Frage, ob Versailles denn nicht zauberhaft sei, höflich gelächelt hatte: »Gewiß – wenn der Zauberer zugegen ist …« Der Zauberer: Das war natürlich Erbauer Ludwig XIV. gewesen, dieser größte König-Spieler aller Zeiten, dem es über Jahrzehnte hin gelungen war, seiner hochkünstlichen Schöpfung vermeintlich echtes Leben einzuhauchen. Seinen Nachfolgern gelingt das nicht mehr. Oder sie haben keine Lust dazu.

Besucher Struensee sieht auf diese Steinmassen wie auf das Abbild einer leer und tot gewordenen Monarchie, die ihre eigentliche Bestimmung längst vergessen hat. Es hatte allerdings einen Menschen gegeben, eine Frau und geborene Bürgerliche, die in einem nahezu heroischen Alleingang den Geist einer neuen Zeit zwischen die Mauern von Versailles tragen wollte. Durchdrungen vom Gedankengut der Aufklärung, Freundin Voltaires und Diderots, Förderin aller Dichter und Philosophen, hatte diese Madame Pompadour ernsthaft aus ihrem königlichen Liebhaber einen Philosophenherrscher machen wollen und aus Versailles, ausgerechnet, die Gralsburg aller aufgeklärten Strömungen.

In diesem Jahr 1768 ist die Pompadour schon vier Jahre tot, sie, der ausgeträumte »schöne Traum«, wie sie Voltaire in seinem Nachruf besang. Ein Traum nur für die Intellektuellen, während die Masse sie nur haßte und verachtete, in ihr einzig die verschwenderische Mätresse ihres Herrschers sah und ihr noch ins Grab unflätige Spottgesänge nachgrölte – Finale für diesen Versuch einer »Revolution von oben«, das Struensee zu denken geben könnte. Aber noch ist er ja nichts anderes als der Arzt des Königs. Noch will er auch nichts anderes sein. Geduldig trabt er an seiner Seite, als es hinaus nach Fontainebleau zur Höflichkeitsvisite bei Ludwig XV. geht.

Fontainebleau ist ein anderes Schloß als Versailles, keine aufgedonnerte Höflingskaserne, sondern wirklich noch das Haus der Könige: Franz I. hatte es gebaut, Heinrich II. die Säle mit den Initialen seiner um zwanzig Jahre älteren Geliebten Diana de Poitiers geschmückt. Schwedens abgedankte Königin Christine war hier Gast gewesen und hatte rasch noch zum Entsetzen ihrer Gastgeber einen vermeintlichen Verräter umbringen lassen. Jetzt tritt den Besuchern aus Dänemark über die berühmte Freitreppe der Erbe des Sonnenkönigs entgegen und zeigt sein müdes Lächeln, kein König-Spieler mehr wie der Herr Urgroßvater, eher schon dessen Parodie. Denn was soll noch dieses ganze Spiel um ein Gottesgnadentum, da doch kaum einer noch an einen Gott glaubt, der durch Könige herrscht.

Majestät gibt sich charmant. Untergehakt geht er mit dem Kollegen aus Dänemark durch die Säle von Fontainebleau, wo fast jeder Winkel von der Vergangenheit einer noch trutzig-selbstbewußten Monarchie erzählt. Man erweist sich wechselseitig Artigkeiten, und Christian zeigt sich in seiner besten Form, witzig und charmant. Sire geruht entzückt zu sein. Und dann kommt er auf das Programm für die Besucher zu sprechen: Große Feste hat er nicht zu bieten, doch bitte, der teure Cousin möge es sich in Paris nur so bequem wie möglich machen. Die Theater sollen spielen, was er sehen will, die Professoren der Sorbonne sollen ihn empfangen und auch die Herren des Parlaments. Und wenn sich Christian vielleicht am Anblick einer besonders schönen und ausgedehnten Hinrichtung erquicken möchte: Gerade wurde ein diebischer Abbé verurteilt, und an der Place de Grève, der traditionellen Hinrichtungsstätte, sind noch Fensterplätze frei …

Christian dankt. Um so häufiger geht er in die Oper und übersteht mit Fassung einen Empfang in der Académie française. Hier sitzen nun in würdigen Reihen die großen Geister dieser Zeiten, Diderot und D'Alembert voran. Der Dänenkönig gibt sich beeindruckt und lädt seinerseits zur Festtafel. Wieder ist er bester Form, die Philosophen, königstreu bis in die Tiefe ihrer reinen Herzen, sind begeistert und lassen sich nur gar zu gern erzählen, was ihnen zugeraunt wird: daß den jungen Herrscher Feste und Vergnügungen nur langweilen und er viel lieber, ließe man ihn nur, »mit den Schriftstellern Frankreichs in Ruhe und

Bequemlichkeit verkehren« möchte – so D'Alembert in einem Brief an seinen Freund Voltaire.

So scheint denn diese Reise tatsächlich dem König Heilung gebracht zu haben. Er ist lebhaft und schlagfertig, er scheint vor Lebenslust zu sprühen.

Dann kommen aber Augenblicke, von einem Moment zum anderen, da scheint alle Lebensfreude weggewischt. Christian sackt in sich zusammen, seine Arme hängen schlaff herab, er stammelt nur noch wirres Zeug. Sein Arzt rückt unauffällig näher: Stehen wirklich nur Überdruß und Langeweile in diesem plötzlich leer gewordenen Blick, in diesen plötzlich matten Gesten? Sind das nicht alles eher Anzeichen einer schweren seelischen Erkrankung? Denn daß er es bei Christian mit einem Kranken zu tun hat, ist Struensee schon lange klargeworden: all diese Zusammenbrüche, die Anfälle totaler Apathie, die Stimmungsumschwünge und jähen Launen …

Der heftigste Stimmungsumschwung findet im Dezember 1768 statt. Eben war man noch ein weiteres Mal nach Versailles gefahren und hatte sich am Wasserspiel der eigens für Christian angestellten Fontänen ergötzt, als der König erklärt, nicht weiterreisen, sondern schleunigst und auf schnellstem Weg nach Hause fahren zu wollen. Die anderen sind bestürzt, nur Schimmelmann dürfte erleichtert sein. Schon jetzt hat dieses Unternehmen anderthalb Millionen Taler gekostet, und erst sechs Monate der geplanten zwei Jahre sind vorüber. Doch alle fügen sich. Des Königs Wort ist immer noch Befehl. Und für Struensee scheint sein Gastspiel am königlichen Hof abgeschlossen.

Anfang Januar 1769 trifft er mit dem übrigen Troß in Altona ein. Doktor Struensee ist jetzt wieder der Armenarzt in einer Welt, wo geistreiche Gespräche darüber hinwegtäuschen müssen, daß man allem Geist zum Trotz in der Wirklichkeit nichts grundlegend verändern, nichts wirklich verbessern kann, nicht einmal die eigene Situation. Eine Privatpraxis zu gründen bleibt ihm verwehrt, dafür sorgen schon die lieben Kollegen mit Unzer an der Spitze, und Altona ist ohnehin von Ärzten überlaufen, Struensee selbst polemisiert gegen dieses Überangebot. So wird er denn Stadtphysikus bleiben und wird weiter all die kleinen Kränkungen schlucken müssen: Eine Hebammenschule, wie er sie angeregt hat, wird gebaut, aber die Leitung einem anderen übertragen. Und jetzt erwägen gerade liebe Mitbürger, das von Struensee so vorbildlich betreute Waisenhaus in eine Kleinfabrik mit kostenlosen Arbeitskräften umzuwandeln. Struensee protestiert, will kämpfen. Aber er weiß auch, daß dieser Kampf verloren ist wie so viele andere Kämpfe auch: Der Geist braucht Macht, will er wirken …

Die Wege von König und Arzt trennen sich. Man war mit Struensee nicht unzufrieden, selbst der kritische Bernstorff muß zugeben, daß er Christian bestens betreut hat. Struensee lächelt höflich zu den Komplimenten. Doch dann horcht er auf: Man bietet ihm den Posten eines königlichen Leibarztes an, bei tausend Talern Jahresgehalt, über das Zehnfache dessen, was der Stadtphysikus verdient. Und Struensee nimmt wieder seinen Platz in der Kalesche neben Helferich Peter Sturz ein: Vielen hatte er bisher gedient und allen dienen wollen. Jetzt dient er nur noch einem, und dieser eine ist ein König. Struensee setzt sich zurecht: Er fährt seinem unaufhaltsamen Aufstieg entgegen.

Königin Caroline Mathilde

IV. Teil

Ein unaufhaltsamer Aufstieg

Es ist ein schlüpfrig glatter Grund, auf den du dich begeben.
Lockend ist die Gunst der Könige, nach Ehre geizt die Jugend –
Laß dich den Ehrgeiz nicht verführen!

Friedrich Schiller, Maria Stuart

Ein Königshof im Norden

Gemächlich schiebt sich der Wagenzug Kopenhagen entgegen. In ihren Kutschen ziehen die Herren fröstelnd ihre Pelze zusammen. Draußen hängt klirrender Frost in der Januarluft, man reibt sich die blauroten Hände und denkt sehnsüchtig an den ursprünglichen Reiseplan zurück. Nach Frankreich hatte Italien an die Reihe kommen sollen, Holck hatte schon alles vorbereitet. Doch jetzt kehrt man also wieder nach Dänemark zurück, in ein Land, bei dessen Namen sich in Frankreich mancher höflich erkundigt hatte, ob denn dort die Leute überhaupt schon Christen seien. Da versinken denn die Herren in trübe Gedanken und starren düster in die frostige Weite hinaus. Am Horizont zeichnen sich die Türme von Roskilde ab.

Hier hatte drei Jahre zuvor Christian seine Braut empfangen. Diesmal ist es Caroline Mathilde, die ihn erwartet, neben sich Stiefmutter Juliane Marie. Aufmerksam betrachten die Damen den König, wie er sich aus der Kutsche schwingt. Er scheint reifer und ruhiger geworden zu sein und verstrahlt wieder die lachende Liebenswürdigkeit seiner besten Augenblicke. Graf Bernstorff, heißt es, hat den Wandel bewirkt. Doch hinter vorgehaltener Hand wird längst geflüstert, des Königs gute Verfassung gehe auf keinen anderen als Doktor Struensee und seinen Einfluß zurück. Dennoch streifen den neuen Leibarzt nur flüchtige Blicke. Caroline Mathilde mag ihn nicht, weil er ein Favorit ihres Hauptfeindes Graf Holck sein soll. Und Juliane Marie lehnt aus Prinzip jeden Neuling aus dem Umkreis ihres Stiefsohns ab.

Übel hat ihr Christian mitgespielt. Eben noch war sie die Herrin Dänemarks gewesen, vielleicht eine neue »Semiramis des Nordens« wie jene, die dort im Dom von Roskilde ruht. Eben noch hatte sie sich ihren beiden Schwestern ebenbürtig fühlen dürfen, die mit dem König von Preußen und dessen Bruder verheiratet worden waren. Doch mit dem frühen Tod ihres Säufergemahls endete auch schon alle Herrlichkeit. Juliane Marie fand sich als Witwe wieder, vom Stiefsohn nach Schloß Fredensborg abgeschoben – Christians Rache für alle angebliche oder tatsächliche Lieblosigkeit. So bleibt ihr nur die Hoffnung auf irgendeine Katastrophe, die Christian vom Thron vertreibt. Doch wirkt der König gesünder als je zuvor.

Der Wagenzug ruckt wieder an. Jetzt geht es zur Hauptstadt hin, und Kopenhagen empfängt den heimgekehrten Herrscher mit allem gebührenden Jubel. Für Freude ist dabei eigentlich kein Anlaß: Die Last der anderthalb Millionen Taler, die diese teuerste Einzeltherapie aller Zeiten verschlungen hat, muß das Volk tragen, auf das nun immer neue Steuern niedergehen. Doch für Augenblicke darf das vergessen sein. Zwei schöne junge Menschen fahren vorüber, und da steigt eben Begeisterung auf, jauchzt es in den Straßen, prasselt Feuerwerk in den Nachthimmel: In dieser Zeit müssen Feste gefeiert werden, wie sie eben fallen.

Die festliche Rückkehr ist nur ein Auftakt. Jetzt beginnt in Christiansborg die Wintersaison, und als Arrangeur königlicher Lustbarkeiten ist Holck in seinem Element. Die Maskeraden, Komödienspiele, Konzerte jagen einander. Hinaus geht es zur Schlittenfahrt im Fackelschein oder ins Theater, das Bühnennarr Christian gleich nach seiner Thronbesteigung oberhalb der königlichen Ställe hatte anlegen lassen. Stalldunst mischt sich dort mit schweren Parfümwolken, Fächer werden gespreizt, Komplimente oder auch Bosheiten geflüstert, und von den Marmorwänden hallen die Klänge jenes ewigen Menuetts wider, zu dem die *happy few* des dänischen Königshofs als ein Reigen scheinbar Seliger Tag um Tag durch die dreihundert Räume von Christiansborg wogen.

Neuling Struensee betrachtet das Schauspiel mehr verwundert als entzückt. Wieder zeigt sich der Pastorensohn allem höfischen Glanz gegenüber bemerkenswert immun. Er will nicht feiern, er will arbeiten. Er will sich amüsieren, aber auf die Weise, wie sie ihm gefällt, im geistvollen Gespräch mit einigen Freunden, an einer karg bestückten Tafel, wo die Bonmots und Pointen des Gastgebers viel besser munden als jedes noch so teure Konfekt.

Mit diesem nimmermüden Amüsierhunger einer sich selbst immer nur betäubenden Hofgesellschaft weiß er nichts anzufangen. Er mustert mit dem kühl sezierenden Blick des Arztes all das grelle Treiben und stellt rasch die Diagnose: Langeweile. Sie allein versteckt sich hinter all diesem prächtig funkelnden Mummenschanz. Langeweile ist das Hauptleiden an allen großen Höfen dieser Zeit.

Es ist langweilig, jeden Tag die gleichen Menschen zu sehen und sich in den immer gleichen Bahnen sich unentwegt wiederholender Zeremonien zu bewegen, nach immer gleichem Ritual. Langweilig sind auch die Gespräche über die immer gleichen Themen: Klatsch, Intrigen, die eigene Karriere. Und über allem wacht in steinerner Strenge die ehern festgelegte Etikette. Sie tötet jeden spontanen Impuls und nimmt dem Leben bei Hof auch noch seine restliche Vitalität. Da lechzt dann jeder nach irgendeiner Abwechslung, aber auch diese Abwechslungen, diese immer neuen Feste, noch so prunkvoll inszeniert, langweilen schließlich nur, bis man sich Masken überstülpt, um nicht die immer gleichen Gesichter zu sehen. Dahinter werden aber weiterhin die alten Scherze gemacht, der alte Klatsch weitergetragen, die alten Intrigen gesponnen. Der Intellektuelle Struensee unterdrückt ein Gähnen.

Mit der höfischen Welt noch nicht vertraut, kann er nicht die historische Konsequenz und innere Notwendigkeit dieses Kreislaufs erkennen, der eine nur logische Folge des absolutistischen Prinzips ist: Der alte Adel ist nicht mehr an der Macht, aber er ist noch immer da. Im Schatten des Throns zum politisch bedeutungslosen Hofadel abgesunken, will er in seiner dumpfen Passivität beschäftigt sein, und von einigen der völlig sinnlosen Kriege Ludwigs XIV. heißt es, der Sonnenkönig hätte sie nur deshalb vom Zaun gebrochen, um seinen Höflingen wenigstens den Anschein einer sinnvollen Existenz zu geben. Doch nicht immer ist Krieg. Im Frieden müssen andere Spiele gefunden werden, die Aristokraten halbwegs bei Laune zu halten.

In Dänemark ist es das Ämter- und Titelspiel in seiner ganzen betörenden Sinnlosigkeit. Es schafft eine künstliche Ordnung und verweist einen jeden an seinen Platz innerhalb der einzelnen Kasten, die wiederum ihre Unterkasten haben und jede Unterkaste wieder weitere Unterteilungen, bis schließlich auch noch die geringste Position bei Hof ihren genauen Stellenwert innerhalb der Gesamthierarchie hat. Alles ist innerhalb dieser Hierarchie geregelt: wer sich vor wem als erster verbeugen muß, wer wem den Vortritt zu lassen hat, wer sich zu erheben hat, wenn jemand den Raum betritt, und wessen Pferde am Schädel Federbüsche tragen dürfen oder nicht.

So glitzert denn der Titelreigen in exakter Abstufung vom Oberkammerherrn über den Kammerherrn, den Oberkammerjunker und Kammerjunker bis hinunter zum Hofklempner und Hofstallschneider, und jeder Rang bedeutet gleich auch ein kleines Privileg gegenüber dem nächstniedrigen Rang. Der Kammerherr muß dem Oberkammerherrn den Vortritt lassen, dafür hat er Vortritt vor dem Oberkammerjunker, so geht es weiter im ausgetüftelten Ritual, bis schließlich alles nur noch um sich selber kreist und von der Wirklichkeit draußen vor den Schloßmauern kaum noch ein Hauch in den abgeschlossenen kleinen Kosmos der absolutistischen Hofgesellschaft dringt. Sie ist eine Welt für sich.

Ein Struensee versteht das alles nicht: Warum zählen in dieser Welt Titel mehr als Verdienste, der äußere Rang mehr als Begabung und Persönlichkeit? Warum nimmt die Zahl der königlichen Kammerherren ständig zu, obwohl doch schon die jetzigen keinerlei sinnvolle Funktion haben? Doch geduldig fügt er sich ins neue Spiel, getreu seiner Maxime: »Man muß sich nach der Gesellschaft richten, in der man lebt.«

Vom 12. Mai 1769 an darf er sich »Wirklicher Etatsrat« nennen, das bestimmt seinen eigenen Platz in der Hierarchie. Viel äußerer Glanz ist damit nicht verbunden. Struensee bezieht einige bescheidene Räume in einem Seitenflügel des Schlosses, nicht üppiger möbliert als seine Wohnung in Altona. Denn äußere Pracht bleibt auch an den feudalsten Höfen den wenigen Prunkgemächern vorbehalten. Die meisten Höflinge haben sich mit dem abzufinden, was ihnen die Gnade ihres Herrn gerade noch zubilligt.

So kleidet sich denn der Herr »Wirkliche Etatsrat« Struensee so kostbar, wie es am Hof vorgeschrieben ist, und stellt seufzend fest, daß er jetzt zwar mehr Geld hat denn je, dafür aber auch ungleich mehr ausgibt. Er pudert sich die Haare und kämmt die drei vorgeschriebenen Lockenrollen seiner Perücke hoch. Der Arzt wird zum Höfling und geht mit der anbefohlenen Höflingsmiene heiterer Gleichgültigkeit zu den anderen Höflingen hinaus, die in den Winkeln der Salons lehnen und auf den endlosen Gängen herumlungern, immer in Erwartung des einen unverhofften Glücksfalls, der dann doch nie eintrifft. Langeweile steht auch in diesen glatten Gesichtern. Aber sie lächeln und verneigen sich. Sie harren aus im immer gleichen Spiel um Titel, Pfründe und Karriere. Einen anderen Sinn hat ihr Leben nicht. Ihre Blicke folgen dem neuen Leibarzt: Was ist das für ein Mann? Muß man ihn fürchten, soll man ihm schmeicheln? Und vor allem: Welchen Einfluß hat er auf den König?

Denn das ist die eigentliche Lebensfrage an allen Höfen dieser Zeit. Der Herrscher mag eine schwache oder starke Persönlichkeit sein, mag seine Umgebung zu willfährigen Kreaturen degradieren oder selbst nur Kreatur in den Klauen irgendwelcher Günstlinge sein – letztlich hängt doch alles von ihm ab, ist der Hof das Spiegelbild der Majestät. Ohne sie bricht das gesamte sorgsam ausgeklügelte System zusammen.

In Dänemark ist diese Entwicklung zur Struensee-Zeit gerade hundert Jahre alt. Zuvor war es auch hier zugegangen wie in den meisten anderen europäischen Ländern. In der Mitte seines Adels war der König ein Erster unter Gleichen gewesen, bestenfalls. Aber dann hatte in Frankreich der junge Ludwig XIV. seinen Ministern erklärt: »Jetzt ist Zeit, daß *ich* herrsche …«, und das Beispiel hatte in ganz Europa Schule gemacht.

In Dänemark hielt es König Friedrich III. um 1660 an der Zeit, endlich klare absolutistische Verhältnisse zu schaffen und nur noch selbst zu herrschen. Ein historischer Zufall kam ihm zu Hilfe, der Krieg zwischen Schweden und Dänemark. Die Truppen Karls X. hatten schon vor Kopenhagen gestanden und zum großen Sturm angesetzt, der Adel hatte sich auf seinen Gütern verkrochen. Aber die Kompanien der Bürger standen bereit, der Angriff war noch einmal abgeschlagen, die Stadt gerettet worden, und die Menschen stimmten ein Tedeum an. Der König sang kräftig mit. Jetzt fühlte er seine Stunde gekommen. Die Bürger huldigten ihm als ihrem absoluten Herrn, er war jetzt Dänemarks unabsetzbarer Erbkönig geworden, der überrumpelte Adel konnte das nur noch zur Kenntnis nehmen, und deutlicher noch als in Frankreich zeigt diese Entwicklung in Dänemark, was im Kern und seiner idealen Form der Absolutismus ist oder doch wenigstens sein könnte: eben jener klassische »Bund zwischen Thron und Volk«, das Bündnis gegen die feudalistische Adelsherrschaft.

Deren Grenzen galten nun nicht mehr. Das Land, bisher von den großen alten Familien kontrolliert, wurde in neue Distrikte eingeteilt, mit vom König bezahlten, von ihm abhängigen Beamten an der Spitze. Hier fing allerdings das Problem an. Denn woher sollten diese Beamten kommen, da doch die altadligen Geschlechter bewußt ausgespart bleiben mußten? In Frankreich hielt sich der Sonnenkönig an den neuen Adel und bezog von dorther seine große Ministergarnitur, einen Colbert, Louvois, Le Tellier. In Dänemark gab es einen solchen neuen Adel nicht. Friedrich III. und seine Nachfolger mußten ihre Mitarbeiter aus dem Ausland holen, aus Deutschland vor allem, und die Kette all der Bernstorff, Berckentin, Moltke, Plessen, Reventlow riß nicht mehr ab.

Das waren jetzt die neuen Herren, die im Umkreis des Throns den Ton angaben, und es war der vertraute Ton ihrer Heimat, in dem sie sich verständigten. Kaum einer hielt es für nötig, die Sprache des Gastlandes zu lernen oder gar sich ihrer zu bedienen. Deutsch war die Hofsprache, auf deutsch wurde die Armee befehligt und die offizielle Korrespondenz geführt. Deutsch hieß soviel wie adlig, das Dänische galt als bäurisch und gemein, und noch Christian VII. muß sich von der eigenen Großmutter auslachen lassen, weil er zuweilen dänisch spricht.

Diese Entwicklung hatte mancherlei Folgen, alle gleichermaßen bedenklich. Einmal entfernte nicht nur die hochkünstliche Struktur des Hofs, sondern auch seine Sprache die Krone immer mehr vom Volk. Der im dänischen Absolutismus ursprünglich verfolgte Gedanke, ein jeder Untertan hätte jederzeit Zugang zu seinem Monarchen, war eine Farce, denn wie hätte er eine Majestät erreichen können, die seine eigene Sprache kaum verstand? Und dann, wichtiger noch, gab es ein weiteres Problem.

Die Herren aus dem Ausland standen zunächst am Hof allein. Sie hatten keine Sippe, keine natürlich gewachsenen Bindungen an ihr Gastland. Sie mußten sich ihre Hausmacht selber schaffen. Und sie schufen sie sich, indem sie in frei werdende Positionen verläßliche Personen aus ihrem nächsten Umkreis, meist sogar aus ihrer Dienerschaft, stellten: »Schnell wird aus dem Lakai – ein Rat ...«, hatte Struensee in seiner »Monatsschrift« über diesen »Lakaiismus« gespottet, der in Dänemark nahezu ein Staatsprinzip geworden war. Und er hatte gleich auch einen weiteren Auswuchs nach sich gezogen: ein System umfassender Bestechlichkeit.

Denn die höfischen Ämter werden in der Regel miserabel honoriert, von wenigen Großverdienern einmal abgesehen. Die meisten müssen sich mit zwanzig Talern und weniger begnügen, was die Annahme von »Sporteln«, wie die Schmiergelder heißen, unumgänglich macht. Neben dem Lakaiismus blüht jetzt also auch die Korruption an diesem Hof, der auf den ersten Blick so offen und urban daliegt. Hinter seiner strahlenden Fassade verbergen sich jedoch die Verkarstungen eines vom Tode gezeichneten, in sich erstarrten Systems. Auch Struensee, so wenig er das will und merkt, wird Teil dieses Systems, sobald er erst das Tor von Christiansborg durchschritten hat.

Er wirkt so ganz anders als die anderen Höflinge. Aber auch er spricht kein Dänisch und wird es niemals lernen. Auch er ist von der Außenwelt weithin abgeschnitten und sucht seinen Weg durch eine Hierarchie, die nicht nur die Hierarchie der Ämter und Ränge ist. Darunter wuchert gleich auch noch eine andere, die der Cliquen, der Gruppen und Grüppchen: Wer weiterhin auf Bernstorff setzt, hält sich von Holck fern, die Holck-Gruppe meidet wiederum den Bernstorff-Kreis, jeder hat seinen Favoriten, jeder behält aber auch diesen Favoriten aufmerksam im Auge. Sinkt vielleicht sein Stern? Geht gerade ein anderer auf? Wer sichert den größten Einfluß, von wem kann man am ehesten eine eigene Pfründe erhoffen? So durchwispert und durchzischelt es diese Welt, so wird intrigiert und dem besten Freund in lächelnder Umarmung unauffällig der Todesstoß versetzt. Und Struensee steht in diesem Spiel allein.

Wie in Altona gewinnt er auch hier einige Freunde, den alten Hofarzt Berger zum Beispiel, der eigentlich sein Rivale ist. Doch finden sich die beiden auf der Basis wechselseitigen Respekts. Auch ein anderer Arzt, gleichfalls Berger geheißen, wird sein Freund, später, als Struensee seinen politischen Höhenflug angetreten hat, sein Nachfolger als Arzt des Königs. Aber eine Macht am Hof sind auch diese Herren nicht, ebensowenig wie sein Reisegefährte, der sympathische und gescheite Sturz. Der gehört wiederum zur Bernstorff-Clique, ebenso wie ein anderer Landsmann Struensees, der Dichter Friedrich Gottlieb Klopstock.

Eine ganze Generation hat sich am aufwogenden Pathos Klopstockscher Dichtkunst erbaut, auch Bernstorff gehört dazu. Er hat Klopstock nach Dänemark geholt und läßt auf seinem Schloß den Poeten, durch eine hohe Rente vor allen Unbilden der Wirklichkeit geschützt, die Rolle des ein wenig kauzigen Dichterfürsten spielen. Struensee, um zwanzig Jahre jünger, kann wie seine gesamte Generation mit dem Dichter des »Messias« nicht viel anfangen. Es geht ihm wohl so wie später den Romantikern mit Friedrich Schiller: Sie fallen bei der Lektüre der »Glocke« vor Lachen fast vom Stuhl. Und auch Struensee findet den »Messias« nur noch komisch und parodiert höhnisch dessen gestelzte Übertreibungen. Klopstock verübelt ihm das tödlich, Struensee schert sich nicht darum. Bernstorff, Klopstock, all diese alten Herren einer vergehenden Generation: Zu ihnen gibt es keine Brücke mehr.

Anders hätte es vielleicht bei einem anderen Mann aussehen können, bei Salomon-François Reverdil. Mit ihm verbindet Struensee manches: das gleiche geistige Niveau, ähnliche Interessen und Ansichten, die gemeinsame Bewunderung für Voltaire. Doch keine Spur von Reverdil: Der hatte etwas zuviel von der fälligen Landreform gesprochen und war in seiner geistigen Unabhängigkeit den anderen Herren bei Hofe ohnehin schon immer verdächtig gewesen. Glücklicherweise gibt es aber am Hof einen Holck, der sich auf die Kunst der Intrige wie kein anderer versteht, und Holck hatte auch gewußt, wie ein Reverdil am besten aus dem Weg zu schaffen ist. Denn er kennt den Punkt, an dem Christian am empfindlichsten ist. Er packt den König bei seiner ausgeprägten Eitelkeit.

Reverdil, läßt Holck Christian zuzischen, sei eigentlich der viel bessere Schauspieler als der König. Christian zuckt zusammen. Bei einer Laienaufführung hatte er mit Reverdil gemeinsam im Voltaire-Stück »Zaire« auf der Bühne gestanden, und Christian war auf sich als Dramenheld sehr stolz gewesen – sollte ihn sein Partner etwa an die Wand gespielt haben? Das heißt es künftig zu verhüten, und Reverdil, mit zehntausend Talern großzügig abgefunden, erhält seinen Abschied. Struensee lernt ihn nicht mehr kennen.

Vergeblich hält er nach Freunden Ausschau: Brandt, Rantzau, die großen Verbündeten und Gesinnungskumpanen aus Altonaer Tagen – wo sind sie geblieben? Doch senken sich die Stimmen, wird scheu zur Seite geguckt, wenn diese Namen fallen. Denn beiden widerfuhr, was an Höfen schlimmer als der Tod ist: Sie sind in Ungnade gefallen und aus dem Sichtkreis der Majestät verbannt. Und dabei hatte beider Karriere zunächst so glänzend angefangen.

Brandt, nach seinem Frankreich-Aufenthalt auf der Höhe aller Moden, schien schon auf dem besten Weg, Holck als Favoriten abzulösen. Zumindest meinte er das selbst und stolzierte bereits, mit dem Kammerherrentitel geschmückt, als der neue *maître de plaisir* einher. Er konnte schon Struensee als Reisearzt vorschlagen, er sah sich wohl schon selbst als Marschall des Unternehmens. Doch Holck war auf der Hut. Und so mußte Brandt nur noch einen kleinen Fehler machen und etwas zu vorlaut werden, um in Holcks feingesponnene Netze zu gehen: Abgang für Brandt – eine königliche Handbewegung weist ihn in die Provinz zurück, aus der er gekommen war.

Abgang auch für den Grafen Rantzau: Der hatte sich wieder einmal als Meister in der Kunst gezeigt, stets auf das falsche Pferd zu setzen, und sich an Kriegsminister St. Germain herangeschmeichelt. Die Herren waren sich bald einig: Gegen diese frechen Russen müsse endlich zu Felde gezogen werden. Rantzau läßt den Degen klirren und zählt schon wohlgefällig die Stationen seines kometenhaften Aufstiegs her, Beförderung zum Generalleutnant und Chef des Leibregiments der Königin im Sommer 1766, kommandierender General von Norwegen im April 1767 …

Bernstorff, größter Gegner St. Germains, betrachtet diesen Aufstieg aus den Augenwinkeln. Längst hat er sich mit der Zarin auf einen gemeinsamen Friedenskurs geeinigt, also fort mit allen Störenfrieden, fort mit St. Germain und gleich auch mit dem Grafen Rantzau – benommen findet sich der alternde Hasardeur auf seinen Gütern im Holsteinischen wieder, verschuldet wie zuvor, weiterhin vom Undank der Mächtigen verfolgt, die vergessene Größe. Nur noch Struensee erinnert sich an ihn. Doch vorerst braucht der Arzt selber Hilfe.

Er hat keine mächtigen Freunde am Hof. Dafür schafft er sich mächtige Feinde. Wieder einmal zeigt er dabei bemerkenswerte Ahnungslosigkeit. Zum Beispiel scheint er nicht zu wissen, warum an diesem Hof zwei Fremde eine so große Rolle spielen, der Russe Filosofow und der gebürtige Holsteiner Caspar von Saldern, eine eher obskure Erscheinung mit manch dunklem Fleck in ihrer Vergangenheit. Doch wagt ihn daran niemand zu erinnern. Denn Saldern ist jetzt ein ganz großer Herr. Gemeinsam mit Filosofow vertritt er die russischen Interessen, und wer sie großspurig dahinschreiten sieht, könnte sie für Dänemarks eigentliche Herren halten. In mancher Hinsicht sind sie es auch. Dafür sorgt schon Bernstorffs Rußland-Politik.

Im Zentrum steht, wie schon seit vierzig Jahren, die sogenannte Gottorper Frage, in ihrer ganzen Absurdität so recht ein Spiegel für die Kabinetts- und Erbschaftspolitik im 18. Jahrhundert: Gottorp, das winzige Herzogtum mitten im dänischen Bereich, war für Peter den Großen ein Angelpunkt seiner west-

wärts ausgerichteten Politik gewesen, so hatte er seine Lieblings-
tochter mit dem Gottorper Herzog verheiratet, eine Ehe, aus
der der halb wahnsinnige Peter III. hervorging, der seine Gottorper Heimat über alles liebte. Er hatte sie im Siebenjährigen
Krieg mit Gewalt zurückholen wollen. Durch seine Ermordung
war die Invasion im letzten Augenblick verhindert worden.

Witwe Katharina, nunmehr Zarin im Namen ihres noch un-
mündigen Sohns Paul, zeigte sich an Gottorp kaum interessiert.
Ihre eigene Politik zielte mehr nach Osten als nach Westen, der
Kampf mit den Türken ist ihr wichtigstes Problem. Also zeigt sie
sich verhandlungsbereit, Bernstorff gelingt 1767 der vermeintlich größte Triumph seines Lebens: Vertrag mit Rußland – Gottorp wird gegen einige andere dänische Besitzungen getauscht,
die Zarin verzichtet auf die Gottorper Ansprüche. Allerdings verzichtet sie im Namen ihres Sohnes. Und das macht diesen Vertrag weit mehr zu ihrem eigenen als zu Bernstorffs Triumph.
Friede mit Dänemark bedeutet Sicherheit im Westen, den
braucht die Zarin für den Türkenkrieg. Das Abkommen jedoch,
ein Provisorium, bis der junge Zar mündig ist, wird höchst wirkungsvoll als Damoklesschwert eingesetzt, und die Herren Filosofow und Saldern können sich verständnisinnig zugrinsen: Bis
der Vertrag nicht endgültig ist, müssen der ängstliche Bernstorff
und mit ihm der gesamte Hof nach der russischen Pfeife tanzen.

So fläzen sich die beiden in ihren Sesseln und führen das große
Wort. Sie bestimmen um diese Zeit, wer in Dänemark Karriere
macht oder nicht. Schon ist auf ihr Betreiben der alte Reventlow in Pension geschickt worden. Es folgt bald Frau von Plessen,
die Oberhofmeisterin der Königin. Denn beide hatten zu be-
merken gewagt, den Russen würde vielleicht doch etwas zu ser-
vil begegnet. Und nun könnte als nächstes Opfer auch Struensee an der Reihe sein.

Dem können die Russen sehr gleichgültig sein. Aber am Hof
gibt es auch eine gewisse Frau von Gähler, Struensees Bekannte
schon aus Altonaer Tagen und vielleicht so etwas wie die große
Liebe oder wenigstens die große Leidenschaft in seinem Leben.
Später wird er jedenfalls erzählen, neben seinem Ehrgeiz, sich

als exzellenter Arzt zu erweisen, hätte ihn auch eine »wollüstige Liebe« an den Hof gezogen, und diese namentlich nie genannte Liebe kann eigentlich nur Frau von Gähler sein. Im übrigen ist die Dame großzügig und beglückt neben Struensee und ihrem eigenen Mann auch noch eine Reihe weiterer Herren, darunter Filosofow. Und der Russe ist nicht der Mann, neben sich einen Rivalen wie den königlichen Leibarzt zu dulden. Es kommt zum Skandal, ausgerechnet im Theater, vor aller Öffentlichkeit.

Struensee sitzt in seiner Loge. In der Loge nebenan nimmt der Russe Platz. Böse Seitenblicke werden getauscht. Und dann spuckt Filosofow dem Arzt ins Gesicht. Noch meint Struensee, die Beleidigung ignorieren zu können, doch Filosofow, kein feiner Mann, spuckt ein zweites Mal. Jetzt steht Struensee auf und zieht den Rivalen in den Hintergrund. Er fordert ihn zum Duell, der kleine Bürgerliche den allmächtigen Diplomaten. Er muß unerhört mutig oder schon unerhört einflußreich sein, wenn er das wagt – oder er weiß schlicht nicht, daß ihn dieser Mann mit einer Handbewegung beiseite wischen kann.

Aber Filosofow wischt Struensee nicht beiseite, und auch das Duell findet nicht statt. Der Konflikt scheint beigelegt, und Struensee wendet sich wieder der Tagesordnung zu: Wen gehen solche Privatangelegenheiten schon an außer ihn selbst? Denn auch das weiß dieser Mann noch nicht: daß es an einem absoluten Fürstenhof keine Trennung zwischen Privatem und Offiziellem gibt und jede noch so private Geste zum Politikum wird. Für Struensee scheint immer noch zu gelten, was gleich zu Beginn seiner höfischen Karriere, noch auf der großen Reise, über ihn gesagt wird: »Struensee kennt weder die Höfe noch die Menschen und macht Fehler …« Und: »Dieser Mensch ist nicht bösartig, glaube ich, aber er ist recht unklug …« So Minister Bernstorff an seinen Neffen Andreas Peter.

Es wird lange brauchen, bis Bernstorff Struensee ernst nimmt. Für ihn bleibt er der kleine Arzt aus Altona, dessen Bitten um mehr Gehalt er leider abschlägig bescheiden mußte, und noch als Struensee längst zum unübersehbaren politischen Machtfaktor am Dänenhof geworden ist, wird er für ihn lediglich die »Wolke, die vorüberzieht« sein. Männer wie ihn hat Bernstorff kommen und gehen sehen. Der großmächtige Minister hat Wichtigeres zu tun, als sich über den Leibarzt seines Königs Gedanken zu machen.

Auch Struensees Gedanken beschäftigen sich in diesem ersten Jahr nur wenig mit dem Minister, von dem ihn Welten zu trennen scheinen. Der Struensee dieser ersten Zeit ist eine gänzlich unpolitische Erscheinung, der Leibarzt und sonst nichts. Die Ernennung zum Etatsrat öffnet ihm immerhin einige Türen. Er tritt ein in die Salons, darf mit Höflingen wie mit seinesgleichen plaudern. Er nimmt an den Spieltischen Platz, die überall aufgestellt sind: Das Glücksspiel ist eine weitere Seuche an den Höfen dieser Zeit und soll nicht allein die große Langeweile vertreiben.

Struensee, der Verstandesmensch, haßt eigentlich das Glücksspiel. Aber auch hierbei paßt er sich an und erlebt nun diese Gesellschaft, wie sie in aller Raffgier und Habsucht ihr wahres Gesicht zeigt. Wieder kann Struensee nicht wissen, daß auch dies, ebenso wie der übertriebene Aufwand mit Kleidern und Juwelen, im Absolutismus ein vom Sonnenkönig in Versailles vorexerziertes Politikum ist: Soll sich der Adel doch an den Spieltischen ruinieren, soll er doch ein Vermögen für immer prächtigere, teurere Roben hinausschleudern – um so tiefer gerät er in die Abhängigkeit zur Krone, um so gründlicher ist er auf die Pfründe angewiesen, die ihm der Herrscher gnädig zuweist. Struensee stellt nur betrübt fest, daß ihm von seinem Arztgehalt unter dem Strich weniger bleibt als einst in Altona.

So ist er denn in diese Welt hineingeglitten, hört ihren fremden Ton und schließt selber fest die Lippen. Der früher so Beredte wird von seinen Freunden nur noch »der Verschwiegene« genannt. Das ist nun seine Taktik, sich an diesem Hof zu behaupten und seine Gesetze auch ohne eigene Hausmacht zu bestehen. Und dann erhebt er sich und empfiehlt sich höflich aus der Runde. Doktor Struensee hat schließlich Pflichten. Er ist Arzt. Er muß nach seinem Patienten sehen.

Arzt und König

Dem Arzt schwankt eine Gestalt entgegen. Es ist der König. Struensee sieht in das grünlich verquollene Gesicht des jungen Mannes und atmet den Dampf der Alkoholwolke, die sein Patient verströmt. Er braucht nicht zu fragen, wo er diese Nacht verbracht hat. Er sagt nur ganz ruhig: »Wenn Euer Majestät es so weitertreiben, werden Euer Majestät innerhalb einer Jahresfrist bei den Ahnen von Roskilde ruhen ...« Das ist nicht die Sprache eines Höflings. So spricht ein Freund, ein großer Bruder. Christian sieht ihm bewundernd nach. »Freiheit war über sein ganzes Wesen gebreitet ...«, heißt es von Struensee in einem zeitgenössischen Bericht – eine Freiheit, wie sie Christian nie gekannt hat. Neidvoll seufzt er auf.

Aber auch sein Arzt hat Grund zum Seufzen. Dieser Patient ist ein Problem, und das Problem trägt den Namen Holck. Der steht jetzt im Zenit seiner Macht, und seine Position scheint unerschütterlich. Er weiß das und handelt entsprechend. Kräftig hat er sich auch schon aus der Staatskasse bedient und sich sein eigenes Palais zugelegt, sinnigerweise »Der Blaue Hof« genannt. Denn dieser Blaue Hof ist vor allem Schauplatz ausgiebigster Trinkgelage, und sein bester Gast ist Christian. Zwar schmollt der Königsknabe zuweilen seinem Hofmarschall, weil der sich nicht ausschließlich um ihn allein kümmert. Doch zum fröhlichen Umtrunk stellt er sich dann wieder ein.

Struensees medizinische Künste erreichen ihre Grenze. Kein Weg führt um Holck herum, und ohne Zweifel ist dieser Mann sehr geschickt, verdirbt es mit keiner Partei am Hof zur Gänze und weiß sogar den russischen Einfluß in seinem eigenen Interesse zu nutzen. Mit seiner Hilfe hat er die Plessen hinausintrigiert und seine eigene Schwester in die Position einer Oberhofmeisterin lanciert. Die Königin ist hilflos. Sie haßt Holck und muß sich doch seinem Einfluß beugen. Er intrigiert inzwischen in aller Ruhe weiter. Der alte Reventlow muß gehen und sein Neffe Sperling, ein früher Favorit des Königs. Jetzt müßte eigentlich Struensee folgen. Doch wohl auch Holck nimmt ihn nicht ernst. Dafür schwenkt er weiterhin den Becher in Christians Richtung: Es lebe unser guter König – soll er sich nur zu Tode saufen, gleich, was sein neunmalkluger Leibarzt dazu sagen mag …

Der Leibarzt meint inzwischen seinen Patienten zu kennen. Er weiß, daß Christians Vater Alkoholiker war, und braucht nur noch den Schluß zu ziehen, zu dem er schon bei seinen Besuchen in den Slums von Altona gekommen war: Trunksucht der Eltern ist häufigster Grund für geistige Erkrankungen der Kinder. Christian ist also geisteskrank und entsprechend zu behandeln.

Aber Struensee macht es sich nicht einfach. Er spürt sehr wohl, daß neben seiner unseligen erblichen Belastung der junge Mann Gaben hat, die geweckt und gefördert werden könnten. Christian kann sehr schlagfertig sein, er hat ein vorzügliches Gedächtnis. Er weiß zu reden und sich zu bewegen, wenn er erst einmal aus seinen Dämmerzuständen aufschreckt. Schon Reverdil hatte festgestellt: »Zu bedauern war es, daß man diese Gaben der Natur so sorglos hatte verwildern lassen …« Struensee denkt ähnlich. Zugleich zielt sein Röntgenblick noch weiter.

Hier geht es nicht allein um die »Verwilderung« einer Seele und ihrer Möglichkeiten. In dieser Psyche steckt noch etwas anderes, eine elementare Lebensangst, die sie in Traumzustände flüchten läßt wie hinter einen Schutzwall. Doch was fürchtet der König? Warum ängstigt ihn allein der Anblick einer Schildwache so sehr, daß er sich nur zitternd an ihr vorüberzuschleichen wagt? Warum jagt er einen Kammerdiener davon, um sich im nächsten Augenblick vor seiner angeblichen Rache irgendwohin zu verkriechen?

Dann die seltsam morbiden Spiele, die allgemeines Hofgespräch sind: Christian lädt zur eigenen Hinrichtung, ein Höfling muß der Henker sein und ihm mit einem zusammengerollten Stück Pappe auf den Nacken schlagen. Dann ächzt und windet sich der König in eingebildeter Todesangst. Struensee hat natürlich auch von der Stiefelettenkatrin gehört. Wieder

bleibt die Frage: Was treibt nur diesen Mann in seinen selbstzerstörerischen Masochismus?

Struensee sitzt beim König und hört zunächst nur zu, wenn
Christian von seiner Kindheit erzählt, vom Tag, da er fast ertrunken wäre, von seiner geliebten, gehaßten Stiefmutter, von
der eigenen, berühmt schönen Mutter, die für ihn nur ein
Schatten aus frühester Jugend war, und schließlich von der Frau,
die seine Frau, die Mutter seines Sohnes ist. »Zu blond« sei sie
ihm, zu brav und langweilig, deshalb funktioniere ihre Ehe
nicht, und die Erklärung hört sich ganz passabel an. Aber dann
bricht es aus Christian heraus. Dann stammelt er, er könne
nicht mit Caroline Mathilde schlafen, da sie doch eigentlich
seine Mutter sei – und Struensee, der doch meint, der Mensch
sei frei und nur dem eigenen Willen untertan, mag es in den Augenblicken dieser intimen Eingeständnisse insgeheim schau-
dern: Es gibt eben doch Dinge, von denen sich seine aufgeklärte
Schulweisheit nichts träumen läßt ...

Der König genießt jedoch diese Stunden. Sie sind etwas ganz
Neues für ihn. Zum erstenmal hört ihm einer zu und nimmt
ihn offensichtlich ernst. Ihm gegenüber ist er ein Mensch, nicht
die dressierte Königspuppe. So wächst denn Struensees Einfluß
unmerklich, und schon gilt nicht mehr für ihn, was noch kurz
zuvor der französische Gesandte bei Christian beklagte: »Keiner hat Ansehen oder Einfluß bei dem jungen König!« Doch
bleibt es zu diesem Zeitpunkt immer nur das Ansehen und der
Einfluß eines Arztes.

Doktor Struensee stellt die Diagnose: Ein Mensch ist hier auf
der Flucht, vor sich selbst und vor der Aufgabe, in die er hin-
eingeboren ist. Daher Christians Träume, nur nicht zu sein, was
er ist. Daher seine Sehnsüchte, einmal der größte Schauspieler
dieses Jahrhunderts, dann wieder der größte Feldherr aller Zeiten zu werden, eben alles eigentlich, nur nicht der König von
Dänemark, nur nicht Christian VII. Und das ist schließlich so
ganz unverständlich nicht. Denn was ist der König anderes als
die Marionette anderer? Christian, mit dem überwachen Blick
des Kranken, durchschaut das sehr wohl und geht mit grellen

Clownerien dagegen an: Sind sie auch Wahnsinn, so haben sie doch Methode.

Christian pustet seiner Großmutter Zucker ins Gesicht. Ihrem entsetzten Blick begegnet er mit kindlicher Unschuld: er sei doch ihr süßer Christian – protestiert hier nicht einer gegen die Verlogenheit vorgeblicher Verwandtenliebe? Oder die vom ganzen Hof bekicherte Geschichte, als Christian wieder einmal eine Unzahl überflüssiger Ernennungen unterschreiben soll: Hatte er da nicht vorgeschlagen, gleich auch noch seinen Lieblingsköter zum Kammerherrn zu machen? Die anderen sind schockiert und denken an Cäsar Caligula, der sein Pferd zum Konsul erhob. Parodiert aber Christians Ausspruch nicht sehr treffend den allgemeinen Lakaiismus? Struensee kann ihn also gar nicht so verrückt finden. Schade ist es nur um die echten Möglichkeiten eines Königs, die sich in diesen clownesken Narrenspielen erschöpfen.

Struensee geht jetzt zur Therapie über. Immer schon haben ihn geistige Erkrankungen besonders interessiert, und er belächelt den Aberglauben seiner Zeitgenossen, die bei Geisteskranken Satans Kräfte suchen. Es müssen andere Kräfte sein, gegen die auch keine wundertätigen Amulette helfen, wie sie noch zu Beginn des Jahrhunderts der bedeutende Mediziner Georg Ernst Stahl als Mittel gegen die Dämonen im Leib des Geisteskranken empfiehlt.

Struensee studiert die Schriften. Er liest von der schwarzen Galle, die angeblich ins Gehirn dringt und den Menschen in den Wahnsinn treibt. Er studiert das Gebaren von Geisteskranken in den »Tollkoben« des Hamburger Pesthofs und stellt Beobachtungen draußen auf dem Lande an, in den kleinen Flecken, wo der »Dorfidiot« eine vertraute Erscheinung ist. In London war er in das berüchtigte Irrenhaus Bedlam gegangen, wo sich an den Feiertagen die Schaulustigen wie vor den Käfigen exotischer Tiere drängen. Er weiß längst, daß ganz andere Heilverfahren praktiziert werden müssen. Er weiß, hierin hochmodern, vor allem das eine: daß sich die gesamte Einstellung sogenannter »Normaler« gegenüber Geisteskranken ändern muß.

Für ihn ist der Geisteskranke ein von unbestimmten Ängsten geprägtes und in seinen Wahn getriebenes Kind, dem zunächst einmal diese Ängste genommen werden müssen. Entsprechend behandelt er Christian. Er hört ihm zu. Er läßt ihn sprechen. Der König soll sich seine Kinderängste von der Seele reden. Und Struensee kommt hinzu, wie Christian in einem seiner selbstzerstörerischen Anfälle die eigenen Beine mit einem Feuerhaken malträtiert. Ein Kammerdiener will ihn daran hindern und steigert noch des Königs Raserei. Der Arzt hält den Mann zurück: Der König soll sich nur austoben – das Spiel wird ihm schon selber langweilig werden, wenn er damit keine Aufmerksamkeit bei anderen erweckt.

Das ist das eine Mittel Struensees: die Tollheiten seines Patienten gleichsam zu unterlaufen und ihn gemächlich zu sich selbst hinzuführen. Das andere, das Entscheidende aber, getreu seiner schon in Altona getroffenen Erkenntnis, Kranke müßten »unter Aufsicht zur Arbeit« angeleitet werden, »um sie von ihrem Leiden abzulenken«: Auch der König soll jetzt zur Arbeit angeleitet werden. Und er soll darin seinen Spaß finden.

Struensee wagt ein hohes Spiel. Gegen die Trinkgelage auf dem Blauen Hof setzt er Aufgaben und Verpflichtungen eines sich selbst ernst nehmenden Herrschers. Das ist in der Tat riskant, denn die Herren in ihren Ministerien sind mit diesem Herrscher gar nicht unzufrieden. Jeder kann in seinem Ressort ein kleiner König sein, und tritt zweimal in der Woche der Geheimconseil zusammen, braucht man sich nur vorher aufeinander abzustimmen. Vor fachlichen Einwürfen der Majestät kann man sicher sein. Sie weiß ohnehin nicht, worum es eigentlich geht. So macht Christian höchstens einige schüchterne Scherze über diese Runde von Obervätern unter ihren Riesenperücken und unterschreibt im übrigen alles, was man ihm vorlegt. Dafür nimmt man denn auch gelegentliche Narreteien der Majestät in Kauf.

Struensee wird später behaupten, die Minister hätten ihren König ganz bewußt in dumpfe Langeweile getrieben und alle Vorgänge so verzwickt dargestellt, daß er sie gar nicht hätte verstehen können. Das dürfte übertrieben sein. Doch kommen Männer wie Bernstorff oder Moltke gar nicht erst auf den Gedanken, in ihrem König Lust an Regierungsgeschäften zu wekken. Unter dem Vater war man gut mit der bisherigen Methode gefahren, beim Sohn ist es gleichfalls das einzig richtige Verfahren. Niemand sagt ihm, daß Macht auch ein Vergnügen, sinnvolle Arbeit auch eine Freude sein kann – bis eben Struensee kommt.

Schon auf der großen Reise hatte er des Königs Interesse auf Manufakturen und Bibliotheken gelenkt, und Christian hatte sich bei diesen Exkursionen viel weniger schläfrig gezeigt, als es seine Minister gerne glauben würden. Wieder schließen sich lange Gespräche zwischen Arzt und König an. Wieder darf sich Christian verstanden und ernst genommen fühlen. In solchen Stunden mag er auch von seinen alten, halb vergessenen Träumen sprechen, Dänemarks großer Bauernbefreier zu werden, und Struensee lacht nicht darüber wie andere, sondern legt seine eigenen Überlegungen dar.

Christian staunt: Das klingt anders als die ermüdenden Referate seiner Minister. Überhaupt: Was für ein anderer Mann ist doch dieser Struensee, jung noch, keine Vaterfigur, doch voll natürlicher Autorität, der Typ des älteren Freundes und Bruders, wie ihn sich jeder wünscht. Sein gutes Aussehen unterstreicht das noch: »Blond, vollkommen schön gewachsen, von regelmäßiger Gesichtsbildung außer einer etwas länglich scheinenden Nase, von liebenswürdig gefälliger Gestalt ohne weibisches Wesen, angenehmem Lächeln, Augen voller Lebhaftigkeit, Gewandtheit in körperlichen Übungen, doch ohne Anspruch, damit zu glänzen, von angenehmen freien Manieren ...«, beschreibt Falckenskiold den Freund. Christian mag noch anderes in ihm entdecken: Struensees entfernte Ähnlichkeit, mehr in seinen Worten und Gedanken als in seinem Äußeren, mit dem Preußenkönig Friedrich. In der Gestalt Struensees scheint Christians vergöttertes Idol in Reichweite herangerückt, ein Fridericus Rex zum Anfassen ...

Aber auch Struensee mag nach solchen Gesprächen seine eige-

nen Gedanken hegen. Er mag auf diesen unreifen Knaben sehen wie auf ein ungezogenes Kind und zugleich daran denken,
welche Macht doch dieses Kind besitzt. Behutsam macht er es
auf seine Möglichkeiten aufmerksam, das gehört zu seiner Therapie. Doch mag auch der Gedanke hinzukommen, was er wohl
selbst mit einer solchen Macht anzufangen wüßte, er, der doch
so vieles kennt und weiß, er, der doch so ganz und gar vernünftige Ansichten zur richtigen Lenkung eines Staatsgebildes
hat ...

So beginnt der eigentliche Aufstieg Johann Friedrich Struensees. Zuvor gilt es noch, das eine große Problem zu meistern,
vor dem auch der Arzt zunächst ratlos steht: Christians wirres,
wüstes Triebleben.

Struensee verordnet kalte Bäder gegen Christians maßlose
Masturbationsorgien, die am Dänenhof offenes Geheimnis
sind: Noch im nächsten Jahrhundert wird ein Geschichtsbuch
in treuherzigem Ernst versichern, sie seien der eigentliche Grund
für Christians geistigen Verfall. Aber Struensees Therapie zielt
wiederum weiter: Er weiß von den Ausschweifungen des jungen Mannes. Er erlebt aber auch seine plötzlichen Ausbrüche
von Zärtlichkeit, seine jäh aufflammende, gleich wieder ver-
rauchte Zuneigung gleich zu wem, zu einem kleinen Pagen,
einem Mohrenknaben oder einem jungen Tier. Es ist das vertraute Symptom: Einer ist gleichermaßen auf der Suche wie auf
der Flucht. Es zieht ihn zu Frauen, aber er haßt und fürchtet sie
auch. Er flieht vor ihnen in seine masochistischen Anfälle und
straft dabei seine Haßliebe am eigenen Leib, eingesperrt in das
Chaos der eigenen widerstrebenden Gefühle. Oder wie es sein
Schwager, der Landgraf von Hessen, ausdrückt: »Er hatte eine
maßlose Leidenschaft für die Weiber, ohne jemals einen Gegenstand gefunden zu haben, der seine Neigung hätte fesseln
können ...«

Ein solcher »Gegenstand« muß also gefunden werden, genauer: eine Frau, so stark und zärtlich, daß Holcks Zuhälter-
künste versagen. Und Struensee meint, eine solche Frau gefunden zu haben. Er braucht dabei nur auf die stattliche Reihe

seiner eigenen Eroberungen am dänischen Hof zurückzugreifen. Allerdings ist die gerade dreiundzwanzigjährige Brigitte Sofie Rosenkrantz kaum der Typ des leichtfertigen Dämchens. Schon mit fünfzehn an den wesentlich älteren Geheimrat Gabel verheiratet, gilt sie als ernsthaft und übersensibel, und der ernsthafte, sensible Struensee mag ihr wie die Erfüllung geheimster Träume vorkommen. Sein eigenes Spiel ist jedoch nicht frei von Zynismus, wobei seine tiefsten Absichten im dunkeln bleiben: Soll in seinem Auftrag die hübsche, empfindsame Frau von Gabel wirklich nur, wie später behauptet, auf eine Versöhnung zwischen König und Königin hinwirken, oder begibt sich nicht der Arzt eher auf das Holck-Niveau und will dem König eine Mätresse zuschanzen, die zugleich sein willfähriges Werkzeug ist?

Wie immer: Das Spiel mißlingt und könnte fast das Ende von Struensees höfischer Karriere sein. Denn noch im Sommer 1769 verstirbt Frau von Gabel, zuvor soll sie noch Struensees falsches Spiel durchschaut haben und darüber in tödliche Depression versunken sein. Doch auch eine andere meint jetzt Struensee zu durchschauen: Königin Caroline Mathilde. Für sie ist er jetzt vollends ein anderer, schlimmerer Holck, ein weiterer Zuhälter im Umkreis ihres Gatten. Und als in diesem Sommer der Hof wie jedes Jahr für einige Wochen nach Frederiksborg überwechselt, weigert sie sich, den Arzt ihres Mannes auch nur zu begrüßen.

Für alle übrigen sind die Wochen auf Frederiksborg die große Zeit des Aufatmens. Das Fußvolk der Höflingsschar ist zurück geblieben, die Etikette darf sich etwas lockern, die Lustbarkeiten sind weniger kostspielig und ermüdend als der ewige Festreigen auf Christiansborg. Man reitet aus, geht auf die Jagd, und Struensee, von den höfischen Vergnügungen tödlich gelangweilt, ist in seinem Element: »Ein fröhlicher Gesellschafter, guter Spieler, unermüdlicher Wanderer und Jäger«, wie ihn ein französischer Beobachter beschreibt, ist er täglich an der Seite seines Königs, ganz der fröhlich unbeschwerte Kamerad. Die Königin zeigt sich jedoch nicht.

Immer noch ist sie blutjung, zeigt jedoch schon das Verhalten einer alten Frau. Am Hof hatte sie sich in die winzige Clique ihrer wenigen Anhänger zurückgezogen, es ist der konservativste Kreis am Hof und denkbar weit vom Freidenkertum eines Struensee und Christian entfernt. Der König hat die Brutalität der ersten Ehemonate abgelegt. Er gibt sich jetzt der eigenen Frau gegenüber mit einer übertriebenen Höflichkeit, die in ihrer Kälte noch demütigender wirkt als seine früheren Eskapaden. Fröstelnd zieht sich Caroline Mathilde noch tiefer in sich zurück. Auf Frederiksborg kränkelt sie nur noch und fühlt sich schwach und elend. Ihre Umgebung stellt eine der üblichen Diagnosen dieser Zeit: Ohne Zweifel leidet Ihre Majestät an Wassersucht.

Christian hört davon mit schiefem Grinsen. Wieder einmal scheint die Zeit für einen seiner sadistischen Späße gekommen zu sein. In scheinbarer Besorgnis nähert er sich seiner kranken Frau: was er denn für sie tun könne, ob er ihr nicht den eigenen, so vorzüglichen Leibarzt schicken solle, den Doktor Struensee? Caroline Mathilde wehrt entsetzt ab. Christian amüsiert sich prächtig. Denn natürlich kennt er ihre Einstellung zu seinem Arzt. Und er treibt den Spaß noch weiter. Jetzt zwingt er Caroline Mathilde, sich von Struensee untersuchen zu lassen. Sie kann sich nicht länger wehren. Und es kommt der Tag, da Struensee ein erstes Mal über die Schwelle des königlichen Schlafgemachs tritt.

Er steht vor der Frau, die seine Feindin ist. Er mustert sie mit dem kühlen Blick des erprobten Frauenkenners. Allgemein wird Caroline Mathildes Schönheit bewundert, ihr fast weißes Blondhaar, der makellose Teint. Bilder zeigen eher eine nur durchschnittlich hübsche Frau, mittelgroß, zur Korpulenz neigend, mit zu kurzer Taille und kurzen Beinen. Die Unterlippe tritt zu kräftig hervor, der Ansatz zum Doppelkinn gibt schon dem Mädchen einen fast mütterlichen Zug. Struensee ist Raffinierteres gewohnt als diese verhuschte kleine Frau. Doch ist sie die Frau seines Königs und er zunächst nichts anderes als der vom König für sie abgestellte Arzt.

Er scheint die abweisende Kälte der Königin zu ignorieren und konzentriert sich ganz auf seine Diagnose. Sie fällt kurz und sachlich aus: Die Königin ist überhaupt nicht krank, wenigstens nicht physisch. Caroline Mathilde atmet auf. Jetzt wird ihr Blick schon wärmer, wohl auch erstaunter: Dieser selbstbewußte, zugleich so ritterlich zurückhaltende Mann ist so anders, als sie ihn sich vorgestellt hat, kein zweiter Holck, nicht der Typ des aalglatt schmarotzenden Höflings! Er spricht klar und bestimmt. Was er sagt, klingt sachlich und überzeugend. Und er kann zuhören. Caroline Mathilde dürfte es hierin kaum anders gehen als ihrem Mann. In Struensee hat sie endlich einen Menschen, der sie ernst nimmt. Und so mag sie ihm schon bald mehr über ihre Ehe und deren Misere erzählen, als ihr selbst bewußt ist. Struensee zieht seine Schlüsse.

Er begreift, daß zwei Kinder miteinander verkuppelt wurden, beide noch völlig unreif und ängstlich, eingeschüchtert von ihrer großen Aufgabe, wie niedergedrückt von der starren Langeweile ihrer Umgebung. Das eine flüchtet sich in seine Possen, das andere in seine eingebildeten Krankheiten. Beide scheinen eine Maske zu tragen, die Königin ihre wehleidige Bigotterie, der König seine gezierte Höflichkeit. Soll je ihre Ehe wirklich eine Ehe sein und Caroline Mathilde jener »Gegenstand«, der Christians Zuneigung derart fesselt, daß er das eigene innere Chaos überwindet, müssen beide sie selber werden.

Ein weiteres Mal schreitet Struensee zur Therapie. Seine Anweisungen klingen zunächst nur, als seien sie einzig auf das körperliche Wohlbefinden seiner Patientin ausgerichtet. Sie soll sich viel bewegen, möglichst in frischer Luft, sie soll gemeinsam mit dem König ausreiten. Caroline Mathilde schaudert es zunächst davor, sich auf Pferderücken zu schwingen. Struensee lächelt: Sie braucht ja dazu keine Hofgarderobe anzulegen. Sie kann ein bequemes Reitkleid tragen, vielleicht sogar einen Reitanzug wie ein Mann …

Am nächsten Morgen erscheint zum Ausritt eine junge Amazone, in Stiefeln, Männerperücke und Herrentracht, die Peitsche in der Hand, den Degen an der Seite. Christian kann die

Verwandlung kaum fassen. Das ist nicht mehr die fade Blondine, so provozierend in ihrer mütterlichen Weiblichkeit. Ein junger Mann scheint jetzt an seiner Seite zu reiten, ein Wesen ähnlich wie weiland die Stiefelettenkatrin. Zum erstenmal gefällt ihm seine Frau.

Auf diesen Effekt mochte Struensee gesetzt zu haben, in Erinnerung an eines der intimen Geständnisse Christians. Da hatte er dem Arzt seinen Frauentyp beschrieben, »groß, kräftig und stark ... sie ähnelte mehr einem Mann als einer Frau ...« So verwandelt denn Therapeut Struensee Christians eigene Frau in einen »Mann«, nähert sie dem weiblichen Idealbild ihres Gatten, und Christian legt sein geziertes Gehabe ab, wirkt seinerseits frischer, männlicher, in seiner Männlichkeit selbstbewußter denn je. Der Therapeut nähert sich seinem Ziel.

Doch wie so manche Kur hat auch diese ihre unverhoffte Nebenwirkung, und mit ihr hatte wohl auch Struensee nicht gerechnet. Nicht nur dem König gefällt seine Frau. Sie gefällt sich jetzt auch selbst. Schon bald braucht sie nicht mehr in ihren Pagenanzug gezwungen zu werden. Er wird ihre Lieblingstracht. Stolz reckt sie sich darin, und niemand in ihrer Umgebung ist so unhöflich, sie auf gewisse Nachteile ihrer Figur hinzuweisen, die in der männlichen Tracht zusätzlich unterstrichen werden, der allzu füllige Busen, die zu breiten Schenkel in den enggeschnittenen Hosen. Offensichtlich gern stellt sich Caroline Mathilde so zur Schau, ihrer königlichen Kollegin Marie Antoinette vergleichbar, die im Hameau zu Versailles ihren Gästen frischgemolkene Milch aus einer Porzellanschale anbietet, die ihrer eigenen Brust nachgebildet ist. Solche exhibitionistischen Spiele gehören in diese Zeit unablässiger erotischer Tändelei, in das Zeitalter der Hosenrollen, des koketten Geschlechterwechsels: Page Cherubino ist eigentlich ein Mädchen und als Mädchen eigentlich ein Junge, so flüchtet sich das Rokoko vor jedem ernsten Gefühl in silbern auflachende Unverbindlichkeit, wo alles nur ein Spaß und nichts entschieden ist. »Nun vergiß leises Fleh'n, süßes Kosen ...« – an diesen Refrain des großen Liebesspiels will man noch nicht denken.

Eine verschreckte kleine Betschwester war in den Sommer von Frederiksborg aufgebrochen. Eine selbstbewußte junge Frau kehrt in das herbstliche Kopenhagen zurück. Struensee wendet sich wieder seinen medizinischen Pflichten zu. Nach fast zwei Jahren, in denen er ausschließlich auf eine Person konzentriert war, darf er sich jetzt wieder um das allgemeine Wohl kümmern. Denn in Kopenhagen sind die Pocken ausgebrochen, über tausend Kinder sterben daran. Struensee drängt auf rasche Maßnahmen. Er setzt bei Christian eine Stiftung durch, mit der er vom 1. Dezember 1769 an mit zwei Kollegen systematisch Schutzimpfungen vornehmen kann. Und plötzlich steht die Königin vor ihm. Sie fleht um seine Hilfe.

Mit der ganzen Kraft ihres unerfüllten Gefühlslebens hatte sie sich in ihren ersten trüben Ehejahren an ihren kleinen Sohn geklammert, den Thronerben Friedrich. Jetzt zittert sie um sein Leben: Wenn er nun auch von den Pocken befallen würde, da er doch so klein und zart ist, ein nie ganz gesundes Kind, das eine schwere Infektion nicht überleben würde? Struensee kennt nur einen Rat: Auch Prinz Friedrich muß geimpft werden. Die Mutter stimmt zu. Und tatsächlich übersteht der Kronprinz die allgemeine Seuche ohne eigene Ansteckung. Jetzt schaut Caroline Mathilde zum Doktor Struensee wie zu einem Wundertäter auf. Und sie bittet abermals: Der Arzt soll das Kind nicht nur medizinisch betreuen. Er soll auch seine gesamte Erziehung übernehmen.

Struensee betrachtet den albinohaften kleinen Prinzen mit den rötlichen Augen unter farblosen Wimpern. Er ist ein Sorgenkind, immer kränkelnd, oft schreiend, überempfindlich. Doktor Struensee verordnet seine Art von Medizin: Zunächst einmal wird der kleine Junge vernünftig ernährt, mit Reis, Brot, Früchten, frischer Milch und klarem Wasser. Dann soll er in kühlen Zimmern schlafen, nur mit einer leichten Decke darüber. Er soll auch leichte Kleidung tragen, getrost barfuß gehen und zweimal in der Woche ein kaltes Bad nehmen. Die Erziehung eines Kronprinzen hat damit begonnen, sehr anders, als in jenem Jahrhundert üblich, mit den Prinzipien eines Rousseau als Anleitung.

Im Mai 1770 hat Struensee den Prinzen in der Abgeschiedenheit von Schloß Hirschholm geimpft. Der gleiche Mai bringt dem Hof noch ein anderes Ereignis, das nicht ganz so verborgen bleibt: Christians Großmutter Sophie Magdalena, die Witwe Christians VI., ist gestorben, und die Trauer ist nicht allzu groß. Denn nicht nur ihrem Enkel war diese legendär eitle, noch in ihren letzten Jahren wie eine aufgeputzte Vogelscheuche über das höfische Parkett segelnde alte Dame kräftig auf die Nerven gegangen. Doch war sie auch die letzte lebende Erinnerung an eine längst entschwundene Epoche, und viele strömen jetzt nach Christiansborg, einen Abschiedsblick auf dieses Denkmal der Vergangenheit zu werfen.

Feierlich liegt sie auf ihrem Paradebett aufgebahrt. In langer Reihe ziehen die Menschen vorüber, eher neugierig als erschüttert. Doch plötzlich wird ihre Neugier in eine ganz andere Richtung gelenkt: Die Türen fliegen auf, die Menge weicht zur Seite, hindurch schreitet, sehr stolz, sehr aufrecht, die Königin. Auch jetzt trägt sie ihr Reitkleid, das ist schon Sensation genug. Doch allen verschlägt es den Atem, als sie ihren Begleiter sehen. Es ist nicht ihr Mann, der König. Es ist Doktor Struensee.

Behutsam stützt er ihren Arm. Gemächlich führt er sie zum Totenbett. Gemeinsam verharren sie dort in kurzer Andacht, als seien sie beide gleichermaßen von diesem Trauerfall betroffen. Dann ziehen sie sich wieder gemeinsam zurück. Die Türen schwingen zu. Niemand kann fassen, was sich eben vor aller Augen abspielte.

Es stimmen also die schon seit Monaten kursierenden Gerüchte. Scheinbar über Nacht ist der Leibarzt des Königs zu einer neuen Macht am Thron aufgerückt. Und schon überall ist sein Einfluß zu spüren. Das wird gerade in den Wochen nach dem Tod der alten Königin deutlich. Denn diesmal wird nicht die offizielle Trauer um ein Mitglied des Herrscherhauses ins Endlose hinausgedehnt. Sie bleibt auf Kopenhagen beschränkt, in den Kirchen dürfen bald wieder die Orgeln spielen, und das eigentliche Begräbnis findet ohne übertrieben pompöse Zeremonien in fast schon unhöflicher Eile statt – alles auf Anordnung von Doktor Struensee.

»Nur vernünftig«, nicken die einen. »Nur *zu* vernünftig«, murmeln andere und grübeln nach, was wohl des Doktors so plötzlichen Einfluß bewirkt hat: Gibt am Ende dieser nahezu demonstrative Auftritt am Totenbett einen ersten Anhaltspunkt? Sind Königin und Arzt ein Paar? Und was sagt der König dazu?

Das aufgeregte Getuschel dieses frühen Sommers 1770 erreicht die drei nicht mehr. Einträchtig haben sie sich auf eine Reise begeben, in die südlichen Provinzen, nach Schleswig und Holstein; und einige wissen auch schon, was diese Reise eigentlich bedeutet: Es sind die Flitterwochen einer Ehe zu dritt, die im letzten Winter zwischen König, Königin und Arzt auf Christiansborg geschlossen wurde.

Struensee beim Schachspiel mit der Königin (von rechts nach links: Struensee, die Königin-Witwe Juliane Marie, Königin Caroline Mathilde, auf dem Sofa liegend König Christian VII.)

Ehe zu dritt

Erste Station wird Schloß Gottorp an der Schlei, dieser breit hingelagerte Riesenbau mit seinem Hauch milde besonnter, dezent verschlissener Vergangenheit. Denn die Tage, da hier, vom Reichtum der nahen Nordsee-Marschen genährt, die berühmte »Gottorper Kultur« in den leuchtendsten Farben glühen durfte, liegen nun schon ein rundes Jahrhundert zurück. Jetzt residiert hier als königlicher Statthalter der beiden deutschen Herzogtümer Christians Schwager Carl mit seiner Frau Wilhelmine, und beide stehen nicht weniger überrascht vor diesem Besuch als vor zwei Jahren auf Schloß Philippsburg.

Diesmal ist allerdings die Königin dabei, und Caroline Mathilde schließt die Schwägerin herzlich in die Arme. In ihrem ersten düsteren Ehejahr war Wilhelmine ihre beste Freundin geworden, der »kleine Kavalier«, und jetzt sehen sie sich wieder, unter sehr anderen Voraussetzungen. Erstaunt beobachtet Christians Schwester, welcher Wandel sich bei der Schwägerin vollzogen hat. Caroline Mathilde gibt sich fröhlich, nahezu burschikos, und Christian begegnet ihr mit der demütigen Liebe eines Kindes, das etwas abzubitten hat. Im Hintergrund lächelt unergründlich ein gewisser Doktor Struensee. Dem Landgrafen Carl ist dieser Mann spontan unsympathisch, er spricht nur vom« Feldscher«. Doch scheint dieser Feldscher bereits eine beträchtliche Macht am Hof zu sein.

Damals auf Philippsburg war er nicht dabeigewesen. Holck war noch der große Mann im Hintergrund. Er ist auch jetzt dabei. Doch scheint sich auch mit ihm ein Wandel vollzogen zu haben. Er ist nun nicht mehr der selbstzufrieden die Fäden ziehende Lieblingszuhälter Seiner Majestät, sondern schaut eher verkniffen drein. Und er hat allen Grund zu finsteren Gedanken.

Eigentlich ist diese Sommerreise in die Herzogtümer sein Einfall gewesen, der letzte tollkühne Versuch, die schwindende Gunst Christians noch einmal herbeizuzwingen. Doch schon

Struensees Anwesenheit durchkreuzt diesen Plan. Und dann die Königin: Zweimal hatte sie bei königlichen Reisen zurückbleiben müssen, bei der Grand Tour und schon zuvor bei der ersten Holstein-Reise des Königs, als Reverdil Christians Gefährte gewesen war. Inzwischen weiß sie sich durchzusetzen, mit einem unmerklich nickenden Struensee im Hintergrund. Holck ist machtlos. Und Caroline Mathilde streift sich ihre Männertracht über, sie schwingt sich in den Sattel, und die Menschen am Wegrand staunen: Das also ist die Königin, ein Mannweib, eine Amazone …

So flüstert es bald im ganzen Königreich. Caroline Mathilde ignoriert das. So stolz ist sie auf ihr frischgewonnenes Selbstverständnis, daß sie sich schließlich in der Offiziersuniform ihres Leibregiments malen läßt, und Kopien dieses Bildes kursieren in ganz Dänemark. Die Kopisten meinen es dabei nicht gut mit ihrer Königin. Ihre schlechten Drucke unterstreichen noch die körperlichen Nachteile des Modells, so daß die Betrachter ein kesser Vater anzulächeln scheint, ein dreister Dragoner, beunruhigend selbstbewußt und emanzipiert. Da können die schlichten Untertanen dieser Königin nur die Köpfe schütteln: Was wohl noch alles von einer solchen Frau zu erwarten ist, die ohne Scham ihren Körper zur allgemeinen Schau stellt!

Doch auf den Sommer in Gottorp fallen diese Schatten noch nicht. Hier sind König und Königin ganz die lachenden Naturkinder, die schon früh um fünf auf ihren Pferden in den taubedeckten Morgen hinauspreschen, ohne Etikette, fern allen höfischen Zwangs. Abends sitzt man dann im kleinsten Kreis zusammen, bei Schach oder dem unvermeidlichen Pharao, dem beliebten Glücksspiel des 18. Jahrhunderts. Natürlich ist auch der Leibarzt zugegen und rückt so selbstverständlich wie in Altonaer Tagen in die Mitte der kleinen Gesellschaft. Plaudernd lehnt er sich zurück, seine klingende Stimme füllt den Salon, und die anderen hören zu, der König beeindruckt, die Königin hingerissen. Die Stunden verfliegen im Nu. Schon ist es elf, höchste Zeit, sich zurückzuziehen, denn am nächsten Morgen geht es wieder ganz früh hinaus auf die vergnügte Hatz. Im Schloß wird es still.

Auch Struensee hat sich zurückgezogen. Aber er schläft noch nicht. Ganz leise erhebt er sich wieder, dreht behutsam den Türknauf und geht auf Zehenspitzen den Gang hinunter, zum Schlafzimmer der Königin. Dort erwartet ihn bereits voll Gier und Sehnsucht Caroline Mathilde ...

So will es jedenfalls schon bald die Umwelt dieser beiden wissen, das kleine Heer von Kammerjungfern, Pagen, Kammerdienern, Friseuren und Hoffräulein, dem niemand an diesem Hof entrinnt. Jeder Schritt, jeder Blick, fast jeder Atemzug werden registriert und ausführlich ausgedeutet. An einem absoluten Fürstenhof bleibt eben nichts geheim, schon gar nicht das Liebesleben seiner Fürstlichkeiten. Zwar sind die Zeiten, da sich noch der erste Beischlaf zwischen König und Königin vor den Augen des gesamten Hofs vollzog, vorbei. Doch am Prinzip hat sich wenig geändert.

Der Friseur hebt schnuppernd die Nase. Seine Königin mag eigentlich nicht Parfüms und wohlriechenden Puder. Doch plötzlich benutzt sie diese Kosmetika, und der kundige Fachmann meint auch gleich die Marke zu erschnuppern. Das gleiche Parfüm benutzt auch ein gewisses Fräulein Eyben, von dem jeder weiß, daß sie eine der Geliebten Struensees war. Der Arzt schätzt also offenbar gerade diese Duftnote.

Die Kammerfrauen stoßen sich an. Tief im Ausschnitt der Königin, vor den Blicken fast verborgen, hängt ein Granatkreuz, und niemand weiß, wer es ihr geschenkt haben könnte. Caroline Mathilde lacht nur, wehrt jede Frage ab: An diesem Kreuz hingen manche »Sentiments«, ist ihre einzige Antwort, wie wohl auch an jenem goldenen Etui, das sie ständig bei sich trägt. Auch bei Struensee will man ein solches Etui gesehen haben und darin sein eigenes Bild sowie ein Porträt der Königin. Und dann funkelt neuerdings auch noch ein Brillantring an seiner Hand. Der ist ganz eindeutig ein Geschenk der Königin. Zwar hatte sie gleichzeitig auch ihrem Mann einen solchen Ring geschenkt. Doch dessen Stein ist viel kleiner als der Diamant an Struensees Finger.

Die Kammerdiener sind empört. Sie dürfen nun nicht mehr

den Kaffee servieren oder das Geschirr hinaustragen, wenn sich Struensee bei der Königin aufhält, ja, sie dürfen dann überhaupt nicht mehr den Raum betreten, sondern müssen sich weitab außer Hörweite aufhalten. Da können sie nur den Kopf schütteln und aufmerksam zur Uhr spähen: wieviel Zeit diese Besuche brauchen, zwei Stunden wenigstens, und in welchem Zustand sich danach die Königin befindet, hochrot im Gesicht, das Haar zerzaust, meist nur in ein hauchdünnes Negligé gehüllt.

Einer hat sogar noch mehr gesehen, den großen blauen Fleck am Hals der Königin, als hätte daran jemand gesaugt. Und dann die zerknitterten Laken, der Abdruck schmutziger Männerstiefel auf dem königlichen Bett, der zurückgelassene Hut, von dem niemand sagen konnte, wem er eigentlich gehört, und schließlich jener Tag, da trotz Verbots ein Kammerdiener das königliche Schlafgemach zur Teestunde betrat und seine Herrin in enger Umschlingung mit ihrem Arzt antraf, beide auf einem Sofa, die Beine lässig auf ein kleines Taburett gelegt: Arzt-Visiten sollen diese Besuche sein, da kann jeder doch nur höhnisch lachen, wie schon im letzten Winter, als Struensee seiner Patientin gegen eine böse Bronchitis Einreibungen verschrieben und diese Einreibungen gleich selbst vorgenommen hatte, auf der bloßen Brust der Königin, ohne jeden anderen Zeugen: Wie aufopfernd besorgt dieser gute Doktor doch ist …

Jetzt will man es genau wissen. Das große Spionieren hebt an, schon in Frederiksborg, später auf Christiansborg, Gottorp und Hirschholm. Eine Tür führt vom Schlafzimmer der Königin hinaus auf einen Gang, über den es direkt zum Zimmer Struensees geht, und nur die Königin besitzt für diese Tür einen Schlüssel. So wird denn dieser Schlüssel unauffällig in Wachs getaucht, und siehe, am nächsten Morgen ist die Wachsglasur verschwunden. In der Tür hatte aber ebenso unauffällig ein Papierschnitzel gesteckt, der liegt jetzt am Boden. Und über den Boden hatten die sorgsamen Spione ein wenig Puder gestreut, darin zeichnen sich nun deutlich Männerstiefel ab. Es steht also fest: Der Arzt der Königin ist zugleich ihr Favorit.

Sorgsam werden alle Details zusammengetragen und liebevoll ausgemalt. Schließlich füllen sie viele Seiten in dem Protokoll, das die Richter dem Angeklagten Struensee entgegenstrecken werden. Struensee zuckt zunächst zusammen, dann faßt er sich wieder und nickt nur: So erdrückend sei die Beweislast, daß es eigentlich schon gleich sei, ob er nun wirklich mit der Königin geschlafen hat oder nicht. Und dieses Wort liefert immer noch den sichersten Schlüssel zur Frage, wie intim das Verhältnis zwischen Arzt und Königin wirklich war. Denn wir wissen nicht, ob Struensee wirklich der Liebhaber Caroline Mathildes war. Wir können es nur hoffen.

Entscheidend ist allein, ob sie alle Welt für ein Liebespaar gehalten hat. Denn darauf kommt es in dieser Zeit an, wie auch fast zwanzig Jahre später bei der berüchtigten Halsband-Affäre um Frankreichs Königin Marie Antoinette. Bände sind mit Beweisen gefüllt worden, daß die Königin tatsächlich nichts mit dieser trüben kleinen Geschichte um einen eitlen Kardinal, eine gerissene Hochstaplerin und ein millionenschweres Halsband zu tun hatte. Entscheidend wurde, daß alle ihrer Königin zutrauten, eines teuren Schmucks wegen sich einem Galan hinzugeben. Das gilt im gleichen Maße für die Gerüchte um Arzt und Königin am Dänenhof: Ist ein Hof so verlottert, daß dort ein Holck und die Stiefelettenkatrin ein und aus gehen, ist auch seiner Königin zuzutrauen, daß sie ihre Lagerstatt mit einem kleinen Bürgerlichen teilt und ihrem königlichen Ehegemahl die Hörner aufsetzt.

Jedoch sind Struensee und Caroline Mathilde an dieser Entwicklung nicht unschuldig. Denn beide scheinen es geradezu darauf anzulegen, daß sie alle Welt für ein Paar hält. Caroline Mathilde in ihrer kindlicher Unbedacht, indem sie lauthals von einem »Bürgerlichen« schwatzt, mit dem sie am liebsten außer Landes gehen würde, und auch mit ihrer Eifersucht, die sie schon unruhig werden läßt, wenn Struensee auf einem Hofball mit einem der jüngeren, hübschen Hoffräulein nur zu tanzen wagt. Struensee selbst scheint wiederum weniger unbedacht als raffiniert, wenn er seine enge Beziehung zur Königin wie beim

Besuch am Totenbett von Sophie Magdalena so überdeutlich, nahezu demonstrativ herausstellt. Er, der Außenstehende und Einzelgänger am Dänenhof, will damit ganz offenbar seine Machtposition unterstreichen und allen zeigen, wer mit seinem ganzen Einfluß hinter ihm steht, eben die Königin. Und wohl auch deshalb hat er sich bei der Aussöhnung des königlichen Ehepaares so engagiert: Nach dem König muß die Königin die einflußreichste Persönlichkeit sein. Hinter der Königin steht aber Struensee.

Der Kreis dieser seltsamen »Ehe zu dritt« scheint sich zu schließen, mit dem nach allen Seiten lächelnden Arzt als ihrem heimlichen Regisseur, dem nun kein Holck oder Bernstorff, kein Saldern oder Filosofow etwas anhaben können. Die Beziehung zur Königin, wie intim auch immer, ist seine taktisch wichtigste Waffe, wichtiger noch als der Einfluß auf den labilen Christian. Für ihn wie für seine Frau spielt Struensee gleichermaßen die Rolle des großen Verführers. Sie scheint ihm angeboren.

Seltsam steht es bei diesem Mann um seine Beziehung zu Frauen. Schon sehr früh, noch als Student in Halle, scheint er erste Erfahrungen gesammelt zu haben, die Frauen machen es ihm nicht schwer und er nicht ihnen. Der Reigen setzt sich in Altona fort. Hier hat er im Grafen Rantzau den um zwanzig Jahre älteren und erfahreneren Mentor. Struensee wird ein gelehriger Schüler des trainierten Roué. Sein Geschmack verfeinert sich, seine Ansprüche wachsen. Jetzt sind die Damen auf den großen Adelssitzen seine bevorzugte Beute, meist ältere, schon verheiratete Frauen, und Struensee ist ein diskreter Liebhaber. Nie erfährt der Gatte, daß ihm gerade Hörner aufgesetzt worden sind.

Er ist eben ein *homme à femme,* einer, der Frauen liebt und braucht. Doch zugleich scheint er jede tiefere Bindung zu scheuen. Einmal, in Altona, ist von einer Verlobung die Rede, mit der Tochter des Apothekers und »Hunde«-Autors Nebelung, eine erkennbar »gute Partie«, auch sie aus taktischen Karrieregründen angestrebt. Doch kommt sie nicht zustande. Struensee eilt weiter von Blüte zu Blüte und wird in seinen letzten Tagen halb prahlerisch, halb sachlich bekennen, Frauen hätten vor ihm schon »fliehen« müssen, wollten sie nicht seiner« List« erliegen. Es ist ein verräterisches Wort.

So spricht keiner, der wirklich Liebe will und sucht. Ein Technokrat des Eros ist am Werk, ein Don Juan, ein Narziß auch, der im Partner mehr das eigene Spiegelbild sieht und im Reigen seiner Eroberungen die permanente Bestätigung seiner nie versagenden Verführungskünste. Und damit paßt Verführer Struensee in seine Zeit. Denn dies ist schließlich das Jahrhundert Casanovas, sind die Jahrzehnte, in denen Mozart seinen »Don Giovanni« schreibt, die abgründige Apotheose des großen Verführers, der in seine erotischen Beziehungen nur Gefühle, nie Gefühl investiert, dahinhetzend auf der vergeblichen Suche nach dem einen wahren, ebenbürtigen Kommunikationspartner, der ihm erst im Tod, im Bild des Steinernen Gastes entgegentritt – fast das Schicksal Struensees, der gleichfalls nie den einen Partner findet, schon gar nicht in einer der zahllosen Frauen seines Lebens.

Deren Reigen hatte sich in Kopenhagen munter fortgesetzt. Hier war der gutaussehende, charmante Ankömmling zusätzlich noch vom Reiz des Neuen umgeben, und Struensee hatte weiterhin mitgenommen, was sich ihm anbot. Seine Frau von Gähler war ihm wiederbegegnet, sodann die Damen Gabel und Eyben, Struensee hat die freie Wahl. Und schließlich steht er vor der höchsten aller Frauen, der Königin selbst.

Sie ist Ehefrau und Mutter. Sie darf sich Königin von Dänemark nennen und weiß, wie sie einen Raum zu betreten hat oder einen Höfling mit einem Blick in eine Verbeugung zwingt. Denn das sind die Künste, in denen solche Prinzessinnen von Kindheit an unterwiesen werden, eine Caroline Mathilde ebenso wie die ihr in manchem wesensgleiche Marie Antoinette. Sonst wissen diese Mädchen nichts. Erschrocken treten sie die Flucht an, Caroline Mathilde in die übertrieben zärtliche Beziehung zu ihrem kleinen Sohn oder, auch hierin Marie Antoinette vergleichbar, in die halberotischen Beziehungen zu anderen Frauen. Hat die eine in ihren ersten unerfüllten Ehejahren mit dem täppischen Ludwig XVI. ihre Lamballe und Polignac, so die andere ihre Frau von Plessen oder Wilhelmine, den »kleinen Kavalier«. Die große Sehnsucht bleibt, das Warten auf den einen Traumhelden, der zugleich Freund, Bruder, Liebhaber sein kann. Marie Antoinette findet ihn im Schwedengrafen Fersen, auch hier wissen wir nicht, wie intim diese Beziehung wirklich war. Caroline Mathilde hat ihren Struensee, und dabei ist es für die Gesamtkonstellation ebenfalls gleichgültig, wie nahe sie sich körperlich gekommen sind.

In jedem Fall hat sich hier ein Paar gefunden, Caroline Mathilde selig-verliebt, Struensee bald schon verdrossen und gereizt. Denn auch das gehört zum Bild des Don Juan, die rasch aufkommende Langeweile, der Verdruß an jeder über den Tag hinausreichenden Beziehung. So fährt er denn seine mutmaßliche Geliebte an, als sie einmal wegen schlechter Gesundheit einen Theaterbesuch absagen will. Er schreibt ihr vor, was sie anzuziehen hat und wann sie beim Kartenspiel setzen soll. Aber er kann sich auch nicht von ihr trennen: Don Juan ist erstmals zu schmerzlicher Treue verurteilt. Denn einmal braucht er den Einfluß der Königin für sein eigenes Spiel. Und dann kommt noch etwas anderes hinzu: der beispiellose Triumph für den gebeutelten Armenarzt von Altona, nun als Liebhaber einer Königin zu gelten. Neben solchen Wonnen mögen alle sexuellen Freuden verblassen. Sie findet Struensee auch anderswo.

Sorgsam nimmt der Pastorensohn aus Halle im Kreis der von ihm arrangierten *menage à trois* Platz, und ein Maler hält dieses Idyll auf einem Bild fest. Es gelingt eine wahrlich köstliche Momentaufnahme: Im Hintergrund rauscht, gütig lächelnd, Juliane Marie vorbei, und dies dürfte künstlerische Zutat sein. Denn des Königs Stiefmutter lächelt alles andere als gütig, wenn sie an das Idyll auf Christiansborg denkt. Im Vordergrund sitzen Königin und Struensee beim Schach, fast schon das altgediente, voneinander leicht angeödete Ehepaar. Auf einem Diwan aber, mit dem Rücken zu den beiden, räkelt sich ein Knabe und spielt mit seinem Papagei. Er könnte fast ihr Sohn sein, so schmal und jungenhaft wirkt er. Doch ist es Christian, der dritte in dieser *menage à trois,* ihre eigentliche Rätselgestalt.

Wir können davon ausgehen, daß ihn wie jeden anderen am Hof die Gerüchte um Struensee und seine Frau erreicht haben. Wir können sicher sein, daß er sie glaubt. Und wir dürfen vermuten, daß er nichts dagegen hat. Im Gegenteil: Schon Bräutigam Christian hatte erklärt, ein moderner Ehemann zu sein und eine »offene« Ehe führen zu wollen. Jetzt führt er sie, befreit von den Ängsten, seiner Frau auch erotisch Partner sein zu müssen. Und dabei schwingt denn auch gleich noch ein anderer Unterton mit.

Oft heißt es, Christian sei eigentlich homosexuell. Gewiß flüchtet er sich sein Leben lang vor den eigenen Komplexen in die Arme vermeintlich guter Freunde wie Sperling oder Holck. Struensee ist nun *der* Freund, *der* große Partner, die leibhaftige Erlösung aus allen sexuellen Nöten. Darüber wird, auch ohne unmittelbar sexuelle Komponente, das homoerotische Moment in beider Beziehung unübersehbar: Christian bietet sich dem Freund in seiner Frau dar und haßt zugleich die Frau, die ihm der Freund vorzieht. Struensee, unergründlich wie so oft, dürfte dieses emotionale Wechselspiel durchschaut haben. Er läßt es sich gefallen. Auch als der Freund, dem Freundschaften so rasch und mühelos zufallen, ist er ein großer Verführer, der Maskenträger, der Liebe nicht gibt, sondern benutzt, hierin dem vom König so angehimmelten Preußenherrscher Friedrich ähnlich. Ihn liebt Christian in Struensee. Auf ihn ist er eifersüchtig. Und es kommt zu jener grotesken Episode, da Christian seinem an den Hof zurückgekehrten Erzieher Reverdil anvertraut, seine Frau schlafe jede Nacht mit einem anderen, mit dem König von Preußen. Verdutzt fragt Reverdil, wer denn dieser Preußenkönig sei. Christian kreischt vor Lachen: »Struensee natürlich …«

Im lavendelfarbenen Zwielicht dieser zutiefst widersprüchlichen und chaotischen Beziehung nimmt sich Struensee wie der ruhende Pol aus. Aber seine Ruhe täuscht. Er hat hoch gespielt und viel gewonnen. Doch er selbst dürfte am besten wissen, wie wenig abgesichert seine ganz auf vagen Gefühlen aufgebaute Position am Hof ist. Er braucht seine Hausmacht, seine Clique. Und wieder scheint ihn das Gefühl zu befallen, nicht viel Zeit zu haben. Ein volles Jahr lang ist er der große Verschwiegene gewesen, dessen geheime Absichten niemand erraten konnte. Jetzt webt er um so eifriger am Freundesnetz, das ihm etwas Sicherheit geben soll. Und im Sommer auf Gottorp scheint es geknüpft.

Das erste Opfer wird Graf Holck. Er geht durch die Gänge von Gottorp, als ihm plötzlich ein nur allzu vertrautes Gesicht entgegengrinst. Enevold Brandt steht vor ihm. Holck erbleicht. Brandt lächelt nur: »Sie fürchten Gespenster, Graf?« Holck hat sich wieder gefangen. Er grinst zurück: »Nein. Nur Gespenster, die wiederkehren …« Doch Ironie hilft ihm nicht mehr. Sein Sturz ist längst beschlossen und geht mit einer leichthändigen Beiläufigkeit über die höfische Szene, als sei der Graf nie einer der wichtigsten Männer um den König gewesen. Und da man gerade dabei ist, wird gleich auch mit der ganzen Holck-Clique aufgeräumt. Es verschwindet seine Schwester Frau von Lühe, die bisherige Oberhofmeisterin der Königin. Es verschwindet das geschwätzige Fräulein von Eyben, das sich Struensee gegenüber den Luxus einiger heftiger Eifersuchtsszenen geleistet hat. Zwei zuverlässige Damen, Brandt und Struensee in alter Liebe verbunden, treten jetzt an ihre Stelle, Frau von Bülow und Frau von Gähler. Der eigentliche Triumphator dieser Tage heißt aber Enevold Brandt.

Vor nur zwei Jahren war er wie eine lästige Fliege davongescheucht worden. Doch ebenso rasant, wie er fiel, steigt er wieder auf. Er darf sich Leiter der königlichen Schauspieler nennen, ist oberster Aufseher aller königlichen Kunstkammern und Gemäldegalerien und schwelgt bereits in der Vorstellung einer ganz neuen Ära höchster Kultur und feinster Lustbarkeiten, über deren Arrangement allein sein erlesener Geschmack wachen wird. Struensee gönnt dem Freund seine Träume. Er hat schließlich Brandt nicht ohne Eigennutz an den Hof zurückgeholt. In seinem Spiel um die Macht fällt dem Höfling eine ganz präzise Rolle zu, wie mit dem Rechenstift erklügelt.

Struensee mag sich zuweilen überschätzen. Aber zugleich weiß er doch recht genau, wo seine Grenzen sind. Vom Pomp eines Hofs, von dem scheinbar durch nichts zu ersetzenden Reigen an Festen und Maskeraden versteht er nichts und ist als höfischer Entertainer à la Holck völlig ungeeignet. Diese Rolle fällt nun Brandt zu und gleich noch eine weitere dazu: Er soll den König ablenken, ihn zerstreuen und unterhalten, wenn Struensee jetzt an sein großes Reformwerk geht. Denn dazu scheint er nun entschlossen, der Arzt wechselt über in die Politik. Doch wieder steht er an einer Grenze: Er versteht nicht das geringste von Außenpolitik. Hierfür muß ein anderer her, ein weiterer zuverlässiger Freund. Struensee erinnert sich an den Grafen Rantzau.

Es geht dem alten Hasardeur nicht gut. Zurückgezogen lebt er auf seinem Gut Ascheberg bei Plön, stiert in leere Kassen und spielt sich selbst die Rolle des *grand old man* vor, des zu Unrecht gescheiterten *elder statesman* großen alten Stils, über dessen große Pläne aller edlen Absicht zum Trotz eine junge Generation hinweggetrampelt ist. Doch scheint sich diese Generation seiner wieder zu entsinnen. Briefe treffen in Ascheberg ein, mit einem vertrauten Absender: Struensee schreibt an den alten Freund, von Schloß Traventhal aus, wohin der König inzwischen übergesiedelt ist. Noch durchschaut Rantzau nicht ganz, was dort auf Traventhal gespielt wird. Doch seufzend geht er daran, für seinen König ein großes Fest auszurichten, ein Luxus, den sich der abgebrannte Graf eigentlich gar nicht leisten kann. Die Antwort kommt prompt: Christian nimmt die Einladung an. Und in Kopenhagen schreckt Minister Bernstorff hoch.

Bis Traventhal hatte er den königlichen Zug begleitet und immer deutlicher gespürt, wie er in diesem neuen Kreis um Christian zum kaum noch ernst genommenen, insgeheim belächelten Fossil einer dahinschwindenden Ära geworden ist. Er kehrt in die Hauptstadt zurück, der Sorgen voll. Und nun fällt auch noch der Name Rantzau. Bernstorff ist alarmiert. Denn wenn der geschworene Russenfeind Rantzau zurückkehrt, ist die gesamte Friedenspolitik mit dem Zarenreich gefährdet. Bernstorff befällt milde Panik. Schon bekommt sein zu einer Kur aufgebrochener Freund Filosofow den diskreten Wink, sich ja nicht zu weit zu entfernen. Man wüßte nicht mehr, was noch alles in den nächsten Wochen geschehen kann.

Vielleicht weiß um diese Zeit Struensee selbst noch nicht genau, auf welch gefährliches Spiel er sich eingelassen hat. Mit beträchtlichem Leichtsinn überhört er das Knirschen im Räderwerk der ganz großen Politik, das nun in Gang gesetzt ist und so rasch nicht mehr aufgehalten werden kann. Dieser Sommer 1770 ist so schön, so erfüllt von Lebensfreude und der großen Hoffnung auf eine neue Zeit. Da mag sich auch ein Struensee für Augenblicke dieser unbeschwerten Stimmung überlassen. Und weiter geht es von Traventhal aus in den Süden, der Elbe zu.

Jetzt hat man vollends auf Gefolge und schwerfälligen Troß verzichtet. Man schwingt sich aufs Roß und reitet hinunter nach Altona, Struensees einstiger Wirkungsstätte. Dort hat er das Vergnügen, seine einstigen Feinde sich vor ihm bis auf den Boden verneigen zu sehen. Und auch nach Hamburg reitet man hinüber, geht dort ins Theater, wie schon einmal, als Christian mit Reverdil in die Hansestadt gekommen war. Damals hatte man sich eine Tyrannentragödie Corneilles angesehen, wohl auf Betreiben Reverdils, als Warnung und Belehrung für den König. Jetzt bestimmt Struensee den Spielplan. Er wählt »Minna von Barnhelm« aus, auch dies ein Lehrstück für Könige, die über das Glück und Unglück anderer zu bestimmen haben. Der König darf lächeln und Struensee sich im Halbdunkel seiner Loge erhebenden Betrachtungen hingeben: Was haben ihm die letzten beiden Jahre alles gebracht! Was war er davor, und welche Rolle spielt er nun …

Tatsächlich ist es eine denkbar merkwürdige Rolle, die ihm das Schicksal zugespielt hat. Der Doktor Struensee: Der hätte ein hervorragender Arzt werden können, ein vorzüglicher Journalist oder vielleicht ein Dichter. Doch fällt seine Rolle völlig anders aus. Der Pastorensohn tritt ein in die Galerie der großen

Favoritengestalten dieses Jahrhunderts. Auch sie gehören in diese Spätzeit, deren Herrscher müde werden und die eigentliche Macht um so bereitwilliger in die Hände ihrer Günstlinge gleiten lassen, aus welchen Gründen auch immer.

Frankreichs Ludwig XV. hat seine Pompadour und Dubarry, Zarin Katharina ihren Orlow und Potemkin. Auf Polens Thron nimmt mit dem schönen Stanislaus Poniatowski ein weiterer ihrer Günstlinge Platz. In Dresden stößt man auf Graf Brühl, in Weimar auf den Herrn von Goethe. Württemberg hat in der ersten Jahrhunderthälfte seinen Skandal um den fast allmächtigen Hofjuden Süß-Oppenheimer. In Spanien wird gegen Ende des Jahrhunderts der Günstling Godoy die Macht übernehmen, in Portugal regiert der Günstling Pombal. So unterschiedlich wie ihre Herkunft ist das Wesen dieser Favoriten, raffsüchtig die einen, reformeifrig die anderen. Unterschiedlich auch die Motive, warum ihnen ihre Herren die große Gunst geschenkt haben: Gemeinsam ist nur diese schwankende, immer gefährdete, von unberechenbaren Wechselfällen abhängige Gunst, die Favoriten aufsteigen und stürzen lassen.

»Es ist ein schlüpfrig glatter Grund, auf den du dich begeben«: Schiller läßt das in »Maria Stuart« den alterfahrenen Paulet zu seinem Neffen Mortimer sagen. Auch Struensee spürt jetzt diesen Grund zu seinen Füßen. Noch fühlt er sich darauf sicher. Und so setzt nun der Favorit von König und Königin auf dem Höhepunkt seines unaufhaltsamen Aufstiegs zu seiner großen Revolution von oben an.

V. Teil

Revolution von oben

Gehn Sie Europens Königen voran.
Ein Federzug von dieser Hand, und neu
erschaffen wird die Erde.
Geben Sie Gedankenfreiheit.

Friedrich Schiller, Don Carlos

Auf Befehl des Königs: Staatsstreich

Altona ist eigentlich die Endstation dieser Flitterwochen im Sommer 1770. Doch vor dem Spiegel ihres Ankleidezimmers steht die kleine Königin und streift sich seufzend ihren Reitdreß über. Denn bevor es nach Kopenhagen zurückgeht, muß noch ein Besuch abgestattet werden. In Lüneburg wartet Carolines Mutter, die verwitwete Prinzessin von Wales.

Nicht zufällig ist die alte Dame eigens über den Kanal gereist, und nicht zufällig geht ihre Tochter der Begegnung so lange wie möglich aus dem Weg. Denn natürlich weiß Caroline Mathilde, warum sie die Mutter so dringend sprechen möchte. Der Hofklatsch macht längst seine internationale Runde. Überall raunt es von den seltsamen Veränderungen am dänischen Königshof. Was hieran wahr ist und was nur Gerücht, was für Folgen sich abzeichnen – davon will sich die Mutter selber überzeugen.

Sie drängt. Sie mahnt. Die Tochter stellt sich taub. Eine erste geplante Begegnung in Braunschweig sagt sie angeblicher »Unpäßlichkeit« wegen ab. Nun kommt ihr die Mutter bis Lüneburg entgegengereist, da hilft keine Ausrede mehr. Caroline Mathilde, in Männertracht wie stets, steigt in den Sattel.

Wieder wird zu Pferd aufgebrochen, wieder auf ein großes Gefolge verzichtet, als gehe es lediglich auf einen kurzen Jagdausflug. Nur der König ist dabei, selbstverständlich Struensee und schließlich der Kammerjunker Warnstedt, letzter aus der verscheuchten Holck-Clique, den man später unauffällig, aber bestimmt in die Armee abschieben wird. So traben denn die vier auf Niedersachsens alte Salzstadt zu, die einstige Metropole der Welfen, die ihre große Zeit längst hinter sich hat. Und Struensee erzählt vom einzigen nennenswerten Schatz in Lüneburg, der »Goldenen Tafel« in der Michaeliskirche. Sie war geraubt, die Diebe aber rasch gefaßt und hingerichtet worden. Genüßlich schaudert es den anderen, als der Arzt brillant wie stets von ihrer Vierteilung plaudert.

Lüneburg ist erreicht. Mutter und Tochter stehen sich gegenüber. Es wird eine seltsame Begegnung. Hier ist nun Augusta, geborene Prinzessin von Sachsen-Coburg, auch sie ein Opfer höfischer Heiratspolitik, hineingepreßt in das Chaos ihrer Ehe mit dem haltlosen Prinzen von Wales. Der Tochter hatte sie zur Vermählung einen Ring übergestreift. »Bring me happiness« stand darauf eingraviert. Nun scheint er Caroline Mathilde tatsächlich Glück gebracht zu haben. Sie wirkt so strahlend selbstbewußt wie noch nie, und die Mutter ahnt, daß dieser Wandel kaum am fahrig wie immer in einer Ecke lehnenden Ehemann Christian liegt.

Sie beginnt zu sprechen, auf englisch. Die Tochter unterbricht sie. Man möchte sich doch auf deutsch unterhalten, damit jeder ihrer Unterhaltung folgen kann. Die Mutter staunt. Sie weiß, daß Christian ein recht gutes Englisch spricht. Ein anderer beherrscht allerdings die Sprache nicht, und das ist der höfliche Herr namens Struensee, der gleichfalls zugegen ist – warum soviel Rücksicht auf den Arzt des Königs? Ist er eben doch, wie alle Welt zu wissen meint, für die Königin weit mehr als nur ein Arzt?

Die Begegnung wird kurz. Schon am nächsten Tag verläßt der kleine Trupp Lüneburg wieder. Augusta weiß, daß sie nichts ausgerichtet hat. Die Tochter, früher so folgsam, hat sich einen Freiraum erobert, aus dem sie niemand mehr zurückholt, auch die eigene Mutter nicht. Denn dort steht Struensee, der Große Bruder mit seiner fast hypnotischen Wirkung auf die junge Frau. An ihn klammert sie sich, nur auf ihn hört sie noch und wird später die mahnenden Briefe des englischen Hofs nicht einmal öffnen. Die alte Prinzessin versinkt in grämliche Nachdenklichkeit.

Es sind nicht mütterliche Sorgen. Wieder geht es nur um Macht und Politik. Denn in diesem Jahr 1770 beugen sich die politischen Auguren gerade wieder einmal über das Schachbrett internationaler Diplomatie und setzen ihre Figuren: große Rochade in der Mitte Europas – dort heiratet Österreichs Marie Antoinette Frankreichs Ludwig, ihre »Ehe des Jahrhunderts« besiegelt die Aussöhnung der Häuser Habsburg und Bourbon. Beider Feind heißt England. Für dessen Bindung an Dänemark steht die Ehe Christians mit Caroline Mathilde. Scheitert sie nun, etwa an einem Struensee, könnte das gesamte europäische Kräfteverhältnis ins Wanken geraten. Christian wäre frei für eine neue Bindung, mit Frankreich vielleicht, das bereits mit einem Bündnis wider England lockt. Und dann ist da noch die dänische Rußland-Politik: Sie lenkt das neutrale Land so angenehm von allem anderen ab. Für diese Politik steht Bernstorff. Stürzt er, was plötzlich möglich scheint, wäre sein gesamtes politisches Konzept in Gefahr. Bernstorff also, um Himmels willen, muß bleiben …

Johann Hartwig Ernst Bernstorff gehört zu den in der Politik gar nicht so seltenen Phänomenen, die jedermann für große Männer hält, ohne daß jemand sagen könnte, was eigentlich ihre Größe ausmacht. Ihr Grundzug ist Beharrlichkeit, ihr Prinzip strikter Konservatismus. Sie sind die großen Harmonisierer bestehender Verhältnisse, und gerade das in seinen Wertvorstellungen aufgescheuchte, in seinen Grundfesten wankende 18. Jahrhundert scheint besonderen Bedarf an diesem Typ Politiker zu haben. Frankreich hat in der ersten Jahrhunderthälfte seinen Kardinal Fleury, in Dänemark gibt es den Grafen Bernstorff. Bedächtig, mehr zuverlässig als einfallsreich, lenkt er zwanzig Jahre lang Dänemarks Geschicke. Doch auch schon vor Struensees Auftritt geht seine Zeit zu Ende. Er spürt es selbst: Dänemark braucht neuere, frischere Impulse als seine Neutralitätspolitik. Der nach außen so glänzende Vertrag mit Rußland hat das Land in den bedrohlichen Zustand fast unbegrenzter Erpreßbarkeit gebracht. Schon können die Russen Bernstorff einen weiteren Pakt abringen, ein Bündnis gegen Schweden, wo bei eventueller Änderung der dortigen Verhältnisse jederzeit eine gemeinsame Intervention möglich sein soll. Die Russen kostet der Bund fast nichts und spielt der Zarin nur ein weiteres Damoklesschwert in die Hand, das man nun über dem Haupt des alten Erzfeindes Schweden baumeln lassen kann. Die Kosten trägt allein Dänemark. Es muß aufwendige

Truppen an den Grenzen postieren und im übrigen eine Verstimmung der gerade erst versöhnten Schweden in Kauf nehmen. Kurz: Seine Rußland-Politik droht dem alten Staatsmann in ihren Folgen immer weiter über den Kopf zu wachsen.

Aber der Minister, nahe Sechzig und regierungsmüde, muß ausharren, zumindest bis der endgültige Vertrag mit Rußland abgeschlossen ist. Dieses Ziel hat er sich gesetzt, bevor er sich in die Stille seines herrlichen Landsitzes zurückziehen und dort in Ruhe seine sechstausend Taler Jahrespension verzehren kann. Jetzt aber legt sich über dieses letzte große Projekt der Bernstorff-Ära der drohende Schatten Rantzaus. Dieser Russenhasser und persönliche Feind der Zarin – das könnte Krieg mit Rußland heißen. Das schlecht gerüstete Dänemark stünde dann gegen das Riesenreich im Osten, wie schon einmal, als Zar Peter mit der Invasion gedroht hatte.

Bernstorff ächzt auf. Seine Friedensliebe ist nicht nur Taktik, sondern entspricht seiner tiefreligiösen Auffassung vom Krieg als größtem aller Übel. Diesen Krieg nicht verhindert zu haben: Es wäre die Todsünde, mit der Bernstorff ins Grab sinken würde. Zugleich weiß er sehr genau, wie schlecht es um die Militärmacht seines Landes steht. Nie wäre Dänemark dem Ansturm zaristischer Truppen gewachsen. Aber schon spürt der Minister seinen Einfluß schwinden. Rantzaus Schatten wird zum Menetekel an der Wand. Der Minister überwindet sich. Er tritt den Canossa-Gang nach Ascheberg an, wo sein alter Feind gerade mit trübem Blick sein Geld zählt. Das tagelange Fest für den König, all die Bälle und Maskeraden, das große Turnier, zu dem die gesamte Landbevölkerung geladen war – das alles hat er sich eigentlich gar nicht leisten können. Auch Rantzau, der Großsporn, der sich einst mit Banknoten seine Pfeife ansteckte, ächzt tief. Er ist bankrott.

Jetzt steht Bernstorff vor ihm, der Allmächtige, der bislang noch jeden mit einem Achselzucken aus dem Weg geräumt hatte, der sich ihm entgegenzustellen wagte. Rantzau hört ihn bitten, geradezu flehen: Der Graf möge sich doch gedulden und mit seiner Rückkehr an den Hof noch warten, ein Jahr vielleicht, höchstens anderthalb. Dann sei das Vertragswerk mit Rußland perfekt und der Frieden endlich sicher. Rantzau bleibt sehr ruhig und höflich. Er wehrt fast erschrocken ab: Der Minister mache sich völlig unnötige Sorgen. Gewiß, er würde an den Hof zurückkehren, sein König wünsche das so. Aber mit keiner Silbe würde er sich in die russisch-dänischen Verhandlungen einmischen. Sein Gebiet sei ganz allein die fällige Reorganisation der Militärverwaltung.

Das klingt nach Burgfrieden, und Bernstorff könnte aufatmen. Doch der erfahrene Menschenkenner ahnt wohl schon, daß allen Beteuerungen zum Trotz diese Partie endgültig verloren ist und mit ihr er selbst. Fast monarchisch war in den letzten zwanzig Jahren sein Selbstverständnis als Minister gewesen, sogar einen Kronerben hatte er sich herangezogen, seinen Neffen Andreas Peter. Jetzt schreibt er an den jüngeren Bernstorff voll grimmiger Resignation: »Ich habe die Schlacht verloren. Die Opposition ist zu stark geworden. Sie ist mit dem Sieg ausgegangen …« Aber auch diese Opposition, sprich Graf Rantzau, ist so blendender Laune nicht.

Lebenslange Kämpfe und Abenteuer, immer neue Demütigungen und Niederlagen haben den alten Glücksspieler verschlissen. Er will nur noch seine Ruhe haben. Diese neue Zeit ist ebenso wenig die seine, wie sie die Zeit eines Bernstorff ist. St. Germain, inzwischen in seine französische Heimat zurückgekehrt – das war sein Mann gewesen. Ihm hatte er sich ebenbürtig gefühlt. Aber ein Brandt, ein Struensee, diese wilde Meute, all diese Dilettanten, die Politik betreiben wie ein Geplauder beim Tee, ein frischvergnügtes Gesellschaftsspiel? Da murmelt ein Graf Rantzau nur: »Mit einem großen Mann bin ich begraben worden. Mit Straßenjungen muß ich nun auferstehen …« Doch wieder starrt er in seine leeren Kassen. Das einzige, was er noch besitzt, sind Schulden, wie seine Nachbarn spotten. Ihm bleibt keine Wahl. Struensees Lockruf kann die letzte Rettung sein.

So spinnen sich denn Ahnungen, Befürchtungen und Mutmaßungen unterschiedlichster Art um jene jungen Leute, die im sanften Licht des Spätsommers 1770 der dänischen Hauptstadt entgegenziehen. Sie selbst erfüllt noch der Rausch dieses Sommers, der prickelnde Reiz ihrer letzten Ferienwochen, bevor es wieder Ernst wird mit Macht und Politik. Vor allem auf Traventhal war es hoch hergegangen, nachdem der alte Griesgram Bernstorff der vergnügten Truppe den Rücken gekehrt hatte. Abend für Abend strahlten die Kerzen hinter den hell erleuchteten Fenstern, und von Gottorp her hatte Landgraf Carl grimmig auf die Orgien hinübergestarrt, die dort offenbar gefeiert wurden. Doch waren es Orgien des Geistes gewesen. Struensee, jetzt gar nicht mehr verschwiegen, hatte alle seine Pläne zur gründlichen Reform des Landes ausgebreitet, unter dem begeisterten Applaus des Königs. So war denn nächtelang in Worten und Gedanken geändert, erneuert und alles natürlich viel besser gemacht worden als bisher. Doch auch über dieser Runde graute irgendwann der Morgen. Was er bringen wird, weiß niemand, auch Struensee nicht. Er weiß nur, daß sich jetzt zeigen wird, was seine junge Macht bedeutet.

Am 24. August 1770 kehrt der König in seine Residenz zurück. Keine zwei Wochen später unterzeichnet er gleich drei Erlasse, von denen jeder einzelne wie ein Fanfarenstoß wirkt, in Dänemark und weit darüber hinaus. Der Kontinent horcht auf. Ein Revolutionär in Purpur scheint in seine Hauptstadt zurückgekehrt, ein anderer Friedrich II. Und nur sehr Scharfblickende erkennen im Hintergrund die Silhouette Struensees, der seinem König mit sanftem Nachdruck die Hand führt.

Gegen das Titelunwesen richtet sich einer der Erlasse. Das betrifft nicht nur den Hof, sondern das gesamte Land. Denn ganz Dänemark ist in diesem Jahrhundert von der Titelsucht befallen: Erst ein Titel macht den Menschen aus, erst der Titel sichert ihm seinen Rang in der entsprechenden Kaste, und diese Titel sind käuflich, mit Geld wird man ein anderer Mensch. Damit soll jetzt Schluß sein. In ein Amt gelangt nur noch, wer sich dafür eignet. Er soll Prüfungen ablegen, Zeugnisse vorweisen: freie Bahn dem Tüchtigen also, fort mit dem jahrzehntelangen Schlendrian, mit der Schwemme an Orden und Titeln, mit den

Posten und Pöstchen für Leute, die nur den Staat belasten und ihm nicht dienen. Das ist die Richtung, die Struensee gleich mit diesem ersten Erlaß einschlägt, und Christian nickt dazu wohlgefällig: Dem allgegenwärtigen Lakaiismus ist nun der Kampf angesagt, und noch eine der letzten Bestimmungen Struensees wird verfügen, daß kein Lakai mehr von seinem Herrn in eine Position hineinmanövriert werden darf. Auch damit ist der König einverstanden.

Er greift zum nächsten, vom Leibarzt sorgsam vorbereiteten Erlaß und setzt auch darunter seine Unterschrift: Jede Zensur ist abgeschafft. Jeder kann schreiben und drucken, was er denkt. In Dänemark herrscht jetzt die totale Pressefreiheit. Freie Bahn der Wahrheit also: Sire gibt jetzt Gedankenfreiheit, und für seinen großen Freund im Hintergrund ist das ein ganz persönlicher Triumph. Wie hatte gerade er unter der Zensur gelitten, sie hatte ihm die bislang empfindlichste Niederlage seiner gesamten Laufbahn eingebracht. Nie mehr wird das möglich sein. Ein Federstrich aus der Hand der jungen Majestät entscheidet das, der Wille eines Königs, der sich sein Freund nennt und immer mehr sein Geschöpf wird. Das Spiel mit den vertauschten Köpfen, in Altonaer Mußestunden rasch skizziert – hier wird es Wirklichkeit und scheint zu funktionieren: Auf einmal sind alle vernünftige Leute …

Es bleibt der dritte Erlaß. Er stimmt Struensee nicht so euphorisch. Denn hier geht es um keine fällige Reform, sondern um das gefährliche Gebiet der Außenpolitik. Es geht um Bernstorff. Manches spricht dafür, daß Struensee seinen Sturz gern umgehen würde. Er ist nicht der Freund des Ministers, aber auch nicht sein Feind. Über alle Gegensätzlichkeit hinweg gibt es durchaus Gemeinsamkeiten, die ein Arrangement zwischen diesen beiden Männern möglich machen könnten. Beide wollen den Frieden, Bernstorff aus Prinzip, Struensee aus Vernunft. Er hat schließlich die Folgen des Kriegs in seiner Altonaer Zeit erlebt. Im übrigen wüßte Struensee auch keine Alternative zur Bernstorffschen Neutralitätspolitik. Außenpolitisch wird er nie die Ambition zu eigenen Konzepten zeigen. Bernstorff müßte sich also mit Struensee arrangieren können, wie er sich schon einmal mit dem Günstling eines Königs arrangiert hat, mit dem Grafen Moltke. Aber im Hintergrund zischt Rantzau: Bernstorff muß fallen. Und Struensee meint immer noch, auf den Grafen angewiesen zu sein.

Aber Bernstorff ist kein Holck. Er verschwindet nicht auf eine unwillige Handbewegung hin. Man braucht den gewichtigen Anlaß. Tragischerweise liefert ihn der Minister selbst, ausgerechnet mit einer der wenigen kriegerischen Aktionen seiner Laufbahn.

Es war im Frühjahr jenes Jahres gewesen, als Bernstorff zu einer Strafexpedition zu rüsten beschloß. Das Piratennest Algier soll ausgeräuchert, seinem Fürsten, dem Dei, als immer frecherem Störenfried der Handelswege auf dem Mittelmeer das Handwerk gelegt werden. Für eine Seefahrernation wie die Dänen scheint das nur eine Kleinigkeit zu sein: Schließlich ist man so stolz auf seine Flotte und gibt dafür Unsummen aus – da genügen zwei Schiffe, dieses freche Gesindel zu züchtigen.

Doch kommt alles ganz anders. Am Ende steht nicht der gedemütigte Dei, sondern das gedemütigte Dänemark, und das gesamte Unternehmen hat dem Land außer zwei Millionen Talern Kosten nur das Hohngelächter der übrigen Welt eingebracht: Dieses Dänemark, Heimat der Wikinger, das große Seefahrervolk – jetzt sind seine Schiffe nicht einmal einem Kleinunternehmen wie dieser – dilettantisch vorbereiteten und durchgeführten – Strafexpedition gewachsen gewesen. Der Verantwortliche aber ist Bernstorff.

Auf königliches Geheiß hin wird eine Untersuchungskommission eingesetzt. Allein das ist schon eine Kampfansage als deutliches Mißtrauensvotum gegenüber einem Mann, dessen Taten bisher niemand auch nur zu tadeln wagte. Alles weitere läuft dann wie automatisch ab. Es genügt eine verächtliche Bemerkung des Ministers über Rantzaus Russenfeindlichkeit, sein Gegner sieht den Burgfrieden gebrochen und beschwert sich beim König – und Christian setzt seinen Namen unter ein weiteres Dokument: Am 15. September hält Bernstorff seine Entlassung in der Hand. Helferich Peter Sturz, sein Sekretär, ist zugegen. Er hört seinen äußerlich ganz ruhigen Herrn nur leise seufzen: »Allmächtiger, segne das Land und diesen König!« Bald seufzt allerdings auch Struensee.

Spätestens von Bernstorffs Sturz an muß sich die Richtigkeit seiner so brillant erklügelten Taktik zeigen. Brandt statt Holck, Rantzau statt Bernstorff; sie nehmen ihm alle Sorgen um die Hofhaltung und die Außenpolitik ab, während er sich in Ruhe seinen innenpolitischen Reformwerken widmen kann als die eigentliche Macht im Staat, der große Verschwiegene im Hintergrund. Das will Struensee auch weiter bleiben, es drängt ihn nichts hinaus in die Öffentlichkeit, und sehr zufrieden kann er sein, daß bei der Sensation um Bernstorffs Entlassung die wenigsten von ihm sprechen, sondern allgemein Rantzau als der große Drahtzieher gilt. Ihn selbst kennt über den Hof hinaus kaum einer. Leider kennt ihn aber bald auch sein früherer Freund nicht mehr.

Rantzaus erster Schock hat sich gelegt. Er tritt wieder mit der Großspurigkeit früherer Tage auf. Er hat das Denkmal Bernstorff gestürzt, er steht jetzt wieder in der Gunst des Königs, auf ihn ist das Land angewiesen, es geht eben nichts ohne ihn. Wie? Dieser Struensee soll damit zu tun haben? Der meint, den Weg für ihn geebnet zu haben und daraus sogar Ansprüche ableiten zu dürfen? Der Graf schnauft verächtlich. Dem Pillendreher wird man zeigen, wie sehr ein Rantzau auf ihn angewiesen ist, auf den Viehdoktor seines Vaters. Da kann getrost vergessen sein, wie man in früheren Tagen einmal zusammensaß, tafelte und im Gespräch die Welt verbesserte. Jetzt wendet man sich wieder höheren Dingen zu, und dabei hat ein Struensee nichts zu suchen. Jetzt wird erst einmal knallharte Politik gemacht.

Dänemarks neuer Außenminister blickt feurig in die Runde: Struensee bangt um die Rußland-Politik? Er will den Bernstorff-Kurs fortgesetzt sehen und hat schon einen Boten an den Zarenhof mit der Versicherung gesandt, es würde sich nichts an der dänischen Friedensliebe ändern? Rantzau lacht böse auf:

Typisch für einen kleinen Bürgerlichen, diese Vorliebe für schwammige Neutralität – von dem wird man sich gewiß nicht seine Außenpolitik vorschreiben lassen. Also nichts hier mit Bündnissen und Neutralität, im Gegenteil: Jetzt wird man es dieser Zarin zeigen. Rache an Katharina heißt die Parole. Und Rantzau breitet im Staatsrat die reichen Schätze seiner außenpolitischen Erfahrungen aus: Man könnte zum Beispiel ein Bündnis mit Frankreich schließen und vielleicht auch mit Schweden. Das würde zwar England zum Todfeind machen und Preußen gleich dazu, doch um solche Kleinigkeiten kümmert sich Rantzau nicht. Er will gegen Rußland ins Feld ziehen. Das bedeutet nicht das geringste Risiko, die Russen sind vom Kampf mit den Türken geschwächt, ein Feldzug würde in wenigen Wochen zu Ende und der Sieg sicher sein. Dann weiß die Zarin endlich, wen sie damals beleidigt hat.

Der Funke springt über. Wahrer Kriegstaumel greift um sich. Auch den König packt dieses Fieber. Er sieht seinen Kindertraum erfüllt, ein großer Feldherr zu werden, der Bezwinger aller Reußen. Und hat auch Dänemark die schlechtestgerüstete Armee auf dem gesamten Kontinent – man wird eben das königliche Tafelsilber zur Schmelze bringen wie schon der große Friedrich während des Schlesischen Kriegs.

Die Katastrophe scheint schon beschlossen, als sich bei Struensee ein anderer guter alter Freund meldet, Seneca Otto von Falckenskiold. Der hat im Jahr zuvor auf russischer Seite gegen die Türken gekämpft, ist nun Oberst und Träger des St. Georgskreuz, und die Zarin höchstselbst hat ihm für seine Verdienste handschriftlich gedankt. Doch nicht davon spricht jetzt Falckenskiold. Er appelliert auch nicht an allgemeine Friedensliebe. Er rechnet nur kalt und nüchtern vor, daß Dänemark niemals einen Krieg gegen Rußland gewinnen kann. Struensee begreift gerade noch rechtzeitig, daß sich Dänemark auf dem besten Weg zu seinem eigenen Untergang befindet.

Schleunigst wird der größenwahnsinnige neue Außenminister wieder abgelöst. Das Dilemma, wer nach Bernstorff Dänemarks Außenpolitik leiten soll, bleibt allerdings. Denn Struensee gibt sich keinen Illusionen hin. Er weiß, daß er als Bürgerlicher auf dem vom Adel beherrschten Parkett der europäischen Diplomatie nichts ausrichten kann. Er braucht also für dieses Feld einen Aristokraten, und wieder einmal rächt sich seine Ahnungslosigkeit gegenüber der Aristokratie. Denn Adolph Siegfried Graf von der Osten, den er schließlich zum Außenminister beruft, ist eine kaum bessere Wahl als Rantzau.

Dabei hat es Struensee so gut gemeint. Von der Osten gilt als Bernstorff-Feind, müßte also für Struensee ein verläßlicher Mitarbeiter sein. Und dann ist er selbst einmal russischer Minister gewesen und hatte der Zarin bei ihrer Liebschaft mit dem Polen Poniatowski unschätzbare Kupplerdienste geleistet. Der Graf dürfte also der beste Mann sein, die verfahrene Beziehung zum Zarenhof wieder einzurenken.

Struensee kann nicht wissen, daß es zu Mütterchen Katharinas Eigentümlichkeiten gehört, sich abgelegter Günstlinge nie mehr zu erinnern, schon gar nicht, wenn sie in irgendwelche Affären verstrickt waren, an die die Hohe Frau nicht mehr gemahnt sein möchte. Das galt für Rantzau, und das gilt für den Grafen von der Osten. Kühl wird den Dänen beschieden, jede Verhandlung sei aussichtslos, solange von der Osten Außenpolitik betreibt und ein Rantzau noch am Hof ist. Doch Struensee vertreibt den einstigen Freund nicht. Er findet auch keinen Ersatz für den Außenminister. Und Russenfreund Falckenskiold, den er gern in einem hohen Amt sehen würde, läßt ihn wissen, er sei nur Militär und möchte das auch bleiben.

Dennoch bleibt Struensees einzige außenpolitische Aktion seiner gesamten Laufbahn nicht ganz erfolglos. Die Macht der Russen am dänischen Hof ist jetzt wenigstens eingedämmt, und kein Saldern oder Filosofow können länger drohen, mit den Ministern des Königs gegebenenfalls »mit dem Stock in der Hand« umzuspringen. Keiner dringt auch ungebeten zum König vor. Dafür sorgt Struensee, indem er alle Gesuche ausländischer Gesandter zunächst schriftlich einreichen läßt. Seine eigentliche Niederlage in dieser gesamten Angelegenheit bleibt der Bruch mit Rantzau.

Er mag jetzt erkennen, welchem Schwadroneur er seinerzeit aufgesessen ist. Sein Weltbild, typisch für die Aufklärung, wird damit widerlegt: Ein guter Freund ist auch ein guter Mensch und ein guter Mensch ganz automatisch ein guter Politiker. Nach diesem Prinzip hatte sich schon die Pompadour ihre schlimmsten Niederlagen eingehandelt, und ihm erliegt auch Struensee. Zugleich zeigt sich der frischgebackene Machtpolitiker als arger Dilettant: Er hat zwar Rantzau gestürzt, aber er weigert sich, ihn zu vernichten. Er hält an dieser Freundschaft fest. Er duldet, daß der Freund bei Hofe bleibt, und schadet damit der Rußland-Politik wie auch sich selbst. Denn in bemerkenswerter Verkennung der menschlichen Natur meint er den angeschlagenen Rantzau mit dem Posten eines norwegischen Statthalters trösten zu können. Der Graf dankt ihm mit wütender Feindschaft. So nahe war er wieder an der Macht gewesen, und dann wurde sie ihm aus der Hand geschlagen, von einem Bürgerlichen dazu, von diesem Pillendreher Struensee, der doch ohne ihn ein Nichts wäre. Und jetzt will ihn auch noch dieser falsche Freund scheinheilig mit einem Posten von seinen Gnaden trösten, irgendwo in der Provinz. Da kann ein Rantzau wieder einmal auf nichts anderes als Rache sinnen.

Der Fall Rantzau zeigt gleich noch ein anderes Dilemma auf: Struensee steht allein am Königshof. Die Adligen weigern sich, mit dieser neuen Macht zusammenzuarbeiten. Der Bernstorff-Neffe Andreas Peter erteilt ihm ebenso eine höhnische Abfuhr wie St. Germain, den er nach Dänemark zurückholen möchte. Struensee muß sich Männer seines eigenen Standes als Mitarbeiter suchen, und er holt seine zwei Brüder an den Hof, vor allem den hochtüchtigen Carl August, der bisher an der Ritterakademie von Liegnitz Mathematik und Philosophie lehrte. Er macht seinen ältesten Freund David Panning zu seinem Privatsekretär. Er kann auch noch andere in seinen Kreis ziehen und wird später in seiner Verteidigungsschrift nicht ohne Stolz betonen, unter ihnen sei kaum ein Versager gewesen. Das gilt für ihr fachliches Können. Aber eine Macht können diese Bürgerlichen an einem bisher vom Adel bestimmten Hof allesamt nicht sein. Die einzige Macht, auf die sich Struensee weiterhin stützen muß, ist der König.

In diesen Tagen dürfte Christian gerade die glücklichste Zeit seiner Regierung durchleben. An seiner Seite steht der große Freund. Seine Ehe scheint halbwegs kuriert. Seine ersten Erlasse haben ihm den Beifall des gesamten liberalen Europa gebracht, und der greise Voltaire sendet zur Aufhebung der Pressezensur abermals Glückwünsche. Aber nun wird der König unsicher. Bernstorff ist gestürzt. Doch was soll nach Bernstorff kommen? Ängstlich sieht Christian zum Freund auf und könnte wie später Ludwig XVI. angesichts der vor Versailles aufmarschierten Massen fragen: »Was soll ich tun?« Struensee antwortet, wie dem Franzosenkönig geantwortet werden wird: »König sein, Sire!«

König sein – das heißt in Dänemark dem Buchstaben nach: »Dänemarks und Norwegens absoluter Erbkönig soll hiernach von allen seinen Untertanen gehalten und geachtet werden für das oberste und höchste Haupt hier auf Erden über alle menschlichen Gesetze …« So steht es in der Lex Regia von 1665, und Struensee nimmt ihre Buchstaben jetzt wörtlich. Er muß es tun. Mit der Entlassung Bernstorffs hat er einen Schritt in eine Richtung getan, aus der nichts mehr zurückführt. Er muß jetzt selbst regieren. Und er muß es durch den König tun. Beider Regiment braucht also eine Form, die aus dem Kern der Macht alle weiteren Kräfte ausschließt.

Noch immer gibt es den Geheimconseil als oberste Macht im Staat. Er muß jetzt fallen, wie Bernstorff gefallen ist. Mit Christian hat Struensee leichtes Spiel: Wie haßt der König die Perückenköpfe! Wie sind ihm die Sitzungen im Conseil zuwider! Und wie überflüssig wurden sie, da es nun einen Struensee gibt, den großen Berater, den alleswissenden Freund, der das meiste viel besser macht als diese Moltkes, Reventlows und wie all die Gespenster aus seinen verquälten Kindertagen heißen mögen. Struensee braucht dem jungen Mann nur noch das zur Unterschrift bereite Blatt zu reichen, sorgsam aufgesetzt wie stets. Voll Emphase setzt Christian seinen Namenszug darunter: Fort mit den Gespenstern, endgültig – der Geheimconseil ist abgeschafft.

Dieser 27. Dezember 1770 ist das eigentliche Datum Struenseescher Machtergreifung. Und es ist zutiefst ein Staatsstreich, auf Befehl des Königs durchgeführt. Kein Edikt, keine Anordnung, die nicht durch Christians Hände läuft – der Absolutismus wird nun wieder beim Wort genommen. Im Hintergrund steht aber Struensee, am 18. Dezember des gleichen Jahres zum »Meister der Berichte« ernannt. Das heißt: Er sichtet, wählt aus, bestimmt und läßt den König unterschreiben, was er für richtig hält, mit der Majestät so eng verbunden, als seien Christian und er eine Person. Dabei will es Struensee gerne belassen. Tief eingetaucht in den Schatten des Throns, für alle übrigen fast verborgen, weiterhin der große Unbekannte, will er das Spiel der austauschbaren Köpfe spielen. So nimmt er denn an seinem Schreibtisch Platz, Dänemarks heimlicher Herrscher.

Johann Hartwig Ernst Bernstorff

Der heimliche Herrscher

Morgenlicht fällt in das Kabinett. Im Schlafrock sitzt der junge Mann an seinem Arbeitstisch und zupft nervös an den Manschetten. Aus übernächtigten Augen starrt er auf all die Papiere vor sich, wühlt darin, seufzt tief und tut sich leid: »Klagen, nichts als Klagen! Bittschriften, nichts als Bittschriften …« So läßt Gotthold Ephraim Lessing seine »Emilia Galotti« beginnen: ein junger Prinz in seiner Welt, in den Händen jede Macht, doch von seinen Pflichten völlig überfordert. Am Ende will er dann »recht gern« ein Todesurteil unterschreiben – ein absoluter Herrscher an seinem Arbeitsplatz …

Auch Struensee sitzt jeden Tag an seinem Schreibtisch und wühlt in den Papieren. Aber er ist kein Prinz von Guastalla. Er stellt sich seinen Pflichten. Er regiert. Und nichts wird von ihm nur nebenbei und »recht gern« unterschrieben, schon gar nicht Todesurteile. Im Gegenteil: Immer wieder ermahnt er die Richter, sich an den altrömischen Grundsatz »In dubio pro reo« zu halten und nur zu verurteilen, wenn eine Schuld wirklich bewiesen ist.

Längst ist er nicht mehr der Arzt des Königs. Immer neue Titel waren auf ihn niedergegangen: Schon im Frühjahr 1770 vor der Abreise nach Gottorp war er Kabinettssekretär der Königin und Vorleser des Königs geworden. Im Juni überläßt er das Amt des Leib- und Hofmedicus seinem Kollegen Johann Justus Berger. Er selbst hat jetzt anderes zu tun. Und spätestens seit der Abschaffung des Staatsrats ist er als »Meister der Berichte« die eigentliche Macht im Königreich. Doch bleibt er Arzt. Nur ist jetzt sein Patient der Gesamtstaat Dänemark.

Kein Laut dringt in seine Welt. Nichts soll ihn bei seiner Arbeit stören. Draußen am Tor vor Christiansborg hängen nicht mehr die Ketten, mit denen noch der menschenscheue Christian VI. das Volk aus seiner Residenz aussperren wollte. Bürgerkönig Friedrich V. hatte sie zum Zeichen seiner Volkstümlichkeit wieder forthängen lassen und auch die Zahl der Wachen vermindert. Doch unsichtbar hängen die Ketten noch immer am alten Platz, Christiansborg bleibt das von der Außenwelt isolierte Zentrum absoluter Königsmacht, und in seinem Mittelpunkt sitzt nun der Bürger Struensee.

Nie ist ihm die Begegnung mit dem sogenannten »gemeinen Volk« ganz leicht gefallen. Doch in Altona oder auf der großen Reise hatte er sich dazu gezwungen. Da war er noch durch die Slums gegangen und über Land geritten, auch wenn sich ihm beim Gestank der Armenviertel die Magennerven zusammenzogen und ihn vor der dumpfen Beschränktheit der bäurischen Bevölkerung ekelte. Hier in Dänemark schenkt er sich jeden Lokaltermin. Seine Welt bleibt die glitzernde Fassade der Schlösser von Christiansborg, Frederiksborg und Hirschholm.

Er versteht auch die Sprache nicht und faßt all seine Befehle auf deutsch ab, selbst auf die Gefahr von Mißverständnissen hin. Später wird es heißen, er hätte Deutsch ganz offiziell zur Kabinettssprache erhoben, was so nicht stimmt, da sich auch schon vor ihm am Hof nur auf deutsch und zuweilen, mit Rücksicht auf den frankophilen Bernstorff, auf französisch verständigt worden war. Doch erst bei Struensee fällt das auf. Denn noch nie gehen so viele Befehle auf das Land nieder wie in diesem seinem Regierungsjahr 1771. Und so regiert er denn, in dahinjagender Hast: Die Folter wird abgeschafft, die Strafe für Kindsmörderinnen gemildert, die staatliche Vorratskammer geöffnet, der Brotpreis gesenkt …

Ordre um Ordre geht hinaus, und nach jedem Erlaß ist Struensee auch schon beim nächsten Thema. Er weiß alles und das meiste besser. Nichts gibt es, worum er sich nicht kümmert, und so erinnert der Struensee dieser Zeit tatsächlich an den jungen Friedrich II. in seinen ersten Regierungswochen. Nur jauchzt in ihm nicht der Rausch, endlich an der Macht zu sein. Eher treiben ihn die Furien seiner lebenslangen Angst, keine Zeit zu haben: Zehn Jahre war er in Altona gewesen und hatte so wenig erreicht. Wer weiß, wieviel Jahre ihm als heimlichem Herrscher bleiben? Keine Sekunde darf ungenutzt bleiben, kein einziger Augenblick. Also bleibt auch keine Zeit, Dänisch zu lernen oder über Land zu reiten. Die Erkenntnisse von Altona müssen genügen.

Doch geht Doktor Struensee nicht leichtfertig vor. Der Arzt studiert den Kranken genau. Er beugt sich über Landkarten, studiert die Gutachten seines Bruders und holt Prognosen ein, um sich endlich wissend zurückzulehnen: Das ist also sein Patient. Das ist der Gesamtstaat Dänemark in der zweiten Hälfte des 18. Jahrhunderts.

So übel sieht der Patient nicht aus, zumindest auf den ersten Blick nicht. Gewiß hat Dänemark seine ganz große Zeit hinter sich. Sie versank im Dunst des Mittelalters, als noch Herrscher wie Waldemar der Große und die schwarze Margarethe ihr nordisches Imperium schaffen wollten. Als dann 1749 das Haus Oldenburg sein 300. Regierungsjubiläum feiert, ist von dieser einstigen Größe nur ein Rest geblieben. Doch nimmt er sich immer noch recht stattlich aus. Vom Nordkap bis zur Elbe zieht sich der Gesamtstaat hin und umfaßt drei Völker und Sprachen, im Norden Norwegen, im Süden die deutschen Herzogtümer und in der Mitte als Stammland Dänemark. Ökonomisch scheint damit fast ein Ideal gegeben: Norwegen liefert Fische, Erz und Holz, Dänemark alle übrigen Naturalien, und in Schleswig und Holstein zeichnen sich die ersten Spuren zaghafter Industrialisierung ab. In der Mitte dieses von sechzig Städten und zwanzig Festungen durchsetzten Staatsgebildes erhebt sich aber als leuchtende Metropole die Hauptstadt Kopenhagen.

Der Glanz dieser Stadt, der Prunk ihrer Hofhaltung brauchen keinen Vergleich mit anderen Metropolen dieses Zeitalters zu scheuen. Und die Ausländerpolitik der Könige gibt dem Hof von Kopenhagen noch einen zusätzlichen Reiz: Nicht nur fremde Staatsmänner und Militärs zieht es hierher, auch ausländische Dichter, Künstler, Wissenschaftler. Ein Kulturverständnis scheint sich darin zu spiegeln, das noch frei ist von aller nationalen Engstirnigkeit, und nicht zufällig ist es gerade Dänemark, wo der preußische Sachse Struensee seine ganz große Karriere macht. Sein Blick verklärt sich allerdings nicht, wenn er auf diesen Gesamtstaat fällt.

Anders als der Sonnenkönig sind Dänemarks Herrscher nicht hinaus in ein eigenes Versailles gezogen. Sie bleiben in ihrer Hauptstadt. Aber dafür haben sie aus ganz Kopenhagen ihr Versailles gemacht. Es gilt das Gesetz des Absolutismus: Sonne fällt nur auf den, der in der Nähe seines Königs steht, und so drängt alles in die Hauptstadt. Die Provinzen veröden darüber. Und Kopenhagen, fast gewaltsam von seinen Königen zur alleinigen Metropole erklärt, ist dem Ansturm nicht gewachsen. Auch hier entstehen Elendsquartiere. Auch hier starren die Straßen von Schmutz. Es fehlt an Kranken- und Waisenhäusern, an Heimen für Invalide. Es fehlt an einem umfassenden Gesundheitswesen. Nur die Polizei ist allgegenwärtig, kann zu jeder Zeit in jedes Haus dringen, und über der vermeintlich so strahlenden Metropole hängt noch immer der Dunst von moralinsaurer Sittenschnüffelei und lauerndem Denunziantentum.

Das ist das trübe Erbe Christians VI., als der Pietismus in all seiner ethischen Rigorosität nahezu Staatsreligion wurde. Von da an geben die Pfarrer den Ton an, und was ihrer Vorstellung entspricht, wird Gesetz. Unzucht gilt als das fast schlimmste aller Verbrechen, Ehescheidungen werden praktisch unmöglich gemacht, Ehebruch als öffentliches Laster behandelt. Die Moralapostel sind mit diesem Dänemark zufrieden. Hier herrscht noch Zucht und Ordnung bis in die Schlafstuben der Bürger hinein, und daß niemand dagegen aufbegehrt, besorgt schon die allgegenwärtige Zensur.

Draußen auf dem Lande mag man toleranter sein. Doch im übrigen sieht es dort noch schlimmer aus als in den Städten. Zwar wurde die Leibeigenschaft im ursprünglichen Sinn schon zu Beginn des Jahrhunderts unter Friedrich IV. abgeschafft. Doch Freiheit hatte das den Bauern nicht gebracht. Sie bleiben »schollegebunden« von ihrem vierten Lebensjahr an, das heißt: Sie müssen auf dem Flecken bleiben, wo sie geboren sind, Gnade und Ungnade ihrer Gutsherren ausgeliefert. Viele finden dennoch Wege, dieser Knute zu entkommen. Sie strömen in die Städte, wo es weder Brot noch Arbeit gibt, und verschwinden im anonymen Grau der Armenviertel. Oder es zieht sie über die

Grenzen, sie siedeln sich im Ausland an. Dort weiß man diesen Zuwachs zu schätzen und geht ganz gezielt auf Menschenfang: Allein in Schleswig und Holstein wirbt binnen weniger Jahre Zarin Katharina fünfzigtausend Menschen für ihre Besiedlungspolitik an der Wolga an.

Das Land blutet aus. Die Geburtenzahl sinkt unablässig. Wer ausharrt, folgt dumpf der alten Bahn und versinkt in lustlos starrer Resignation. Und über allem wacht der Gutsherr: Er kassiert den Zehnten, legt willkürlich den Pachtzins fest, der Bauer untersteht seiner Gerichtsbarkeit, sein Herr kann ihn sogar schlagen, ohne daß sich irgendwelche Richter darum scheren. Und zur Not haben diese Herren immer noch das eine Mittel zur Hand. Sie sind für die Rekrutierung von Soldaten zuständig. Mit dieser Drohung im Hintergrund ist jede Erpressung möglich.

Sehr stolz sind Bernstorff und sein Kreis auf ihre Friedenspolitik. Doch hat sie ihren Preis. Dänemark führt zwar fast ein Jahrhundert lang keine Kriege. Aber dieser Frieden will geschützt sein. Fast drei Millionen Taler verschlingt in jedem Jahr das Landheer, noch einmal eine knappe Million die Flotte, und allein im Siebenjährigen Krieg hatten die Abwehrmaßnahmen an den Grenzen weitere acht Millionen Taler gekostet. 70 000 Mann standen damals unter Waffen, doch auch im Frieden sind es immer noch vierzigtausend Mann, über deren Schlagkraft schon in den frühen sechziger Jahren Christians Schwager Carl geurteilt hatte: »Unsere Armee war zur Hälfte geworbenes Militär, zur Hälfte Miliz. Die Ersteren desertierten zahlreich, die anderen waren treu, aber wenig zum Manövrieren gemacht ...«

Das also ist in Wahrheit Dänemarks militärische Gloria, ein mit einigen Garderegimentern prunkendes, unaufhörlich geldverschlingendes Monstrum, zusammengekauft aus ausländischen Söldnern, zusammengepreßt aus tumben Bauernhorden, und draußen verödet das Land, werden die Äcker nicht bestellt, weil niemand mehr im Leben auf dem Lande ein sinnvolles Dasein sieht.

Hier helfen nur umfassende Reformen. Falckenskiold steht schon bereit, das Konzept eines modernen, schlagkräftigen

Volksheeres zu entwickeln, Struensee selbst wendet sich der fälligen Agrarreform zu. Doch zunächst einmal sitzt er vor den Abrechnungen der Staatskassen. Ihre Bilanz fällt niederschmetternd aus. Nur sechs Millionen Einnahmen im Jahr steht eine jährlich um fast eine Million wachsende Staatsschuld von inzwischen dreiundzwanzig Millionen Talern gegenüber, und nirgends scheinen sich Möglichkeiten abzuzeichnen, diesen Haushalt wenigstens halbwegs in Ordnung zu bringen. In vergangenen Jahren hatte sich die Krone damit beholfen, Staatsgüter zu verschleudern. Es hatte ganze vier Millionen Taler gebracht und die Lage auf dem Land noch verschlimmert. Denn die Käufer dieser Güter, meist windige Spekulanten ohne das geringste Interesse an Agrarproblemen, pressen nun das Land noch ärger aus als die alteingesessenen Gutsherrn. Und die Ausgaben steigen weiter an.

Zu den großen Nachteilen des Absolutismus gehört, daß er ungleich teurer ist als das auf dem mittelalterlichen Lehensprinzip beruhende und sich praktisch selbst finanzierende Feudalsystem. Vom Staat besoldete Beamte, ihre Apparate, ein direkt der Krone unterstehendes, von ihr entlöhntes Heer – das alles will bezahlt sein, von den kostspieligen Hofhaltungen mit ihrer schmarotzenden Höflingsschar ganz abgesehen. Der absolutistische Staat braucht also noch andere Einnahmequellen als die Landwirtschaft, und schon hundert Jahre vor der eigentlichen Industrialisierung klammert sich alle Hoffnung an den neuen Abgott Industrie.

Wieder geht Frankreich als Beispiel voran. Jean-Baptiste Colbert wird der große Schrittmacher des Kronkapitalismus oder »Merkantilismus«, der schon bald als »Colbertismus« bezeichnet wird. Seine Devise ist einfach: Alle Macht der Krone, auch auf ökonomischem Gebiet – und wieder schimmert das ursprüngliche Konzept des Absolutismus durch, der Bund zwischen Volk und Thron, wobei das »Volk« die selbstbewußten Bürger in den Städten, nicht die Bauern sind. Zusammen mit ihnen werden nun neue Industriezweige geschaffen, neue Handelshäuser, die großen Compagnien, eingerichtet, und vor allem

Luxusgüter werden in diesen staatlichen oder halbstaatlichen Manufakturen hergestellt. Zugleich senken sich an den Grenzen die Zollschranken: Nichts soll mehr importiert, möglichst viel exportiert werden. Es darf bald keine Ware mehr geben, die nicht im Lande selbst hergestellt wurde.

Gebannt wie immer starrt in dieser Zeit das übrige Europa auf Frankreich, wo Finanzmagier Colbert für einige Jahrzehnte eine Scheinblüte wirtschaftlicher Prosperität zaubert, und so wie in diesem Jahrhundert auch noch der unbedeutendste Duodezfürst den Glanz von Versailles zu kopieren sucht, kopiert man auch blindlings das Wirtschaftssystem, das diesen Glanz möglich zu machen scheint. Der Colbertismus wird ökonomische Staatsreligion im gesamten absolutistischen Europa, und nirgends betet man seine Litaneien so fleißig nach wie in Dänemark.

Auch zwischen Kap und Elbe senken sich die Zollschranken, zur Freude der Schmuggler. Seide, Wolle und Baumwolle dürfen nicht mehr importiert werden, hier hat der Staat das Monopol, und schließlich sind über hundertfünfzig Handelsgegenstände strikte Importverbote verhängt: Auch Getreide wird nicht mehr eingeführt. Um so mehr wird nun im eigenen Land produziert, obwohl der Agrarstaat Dänemark nicht die geringsten Voraussetzungen für eine Industrienation hat.

Bernstorff, ökonomisch ahnungslos, holt ausländische Unternehmer ins Land, Handelsgesellschaften entstehen, Industrien werden gegründet, voran die Seidenindustrie mit allein sechzehn Fabriken. Sehr stolz ist man auf diese Manufakturen, ungeachtet der vielen Millionen Zuschüsse, die sie den Staat alljährlich kosten, ohne viel Gewinn zu bringen. Der fromme Bernstorff traut auf Gott und bittet die Pfarrer, für die Manufakturen zu beten. Doch nützen die Gebete nichts. In Dänemark reicht es nicht einmal zu einer Scheinblüte, und die gesamte vom Staat forcierte Luxusgüterproduktion bleibt das riesige, das Land weiter dem Bankrott entgegentreibende Zuschußgeschäft.

Nun ist es nicht so, daß den leitenden Herren diese permanenten Fehlschläge ihrer katastrophalen Wirtschaftspolitik nicht auffallen. Männer wie Bernstorff und Moltke sinnen schon von der Jahrhundertmitte an auf Reformen. Sie halten am Merkantilismus fest, doch soll er nun ein Neumerkantilismus werden, wie immer der ausschauen mag. Sie könnten es einfacher haben. Sie brauchten nur über die Grenzen zu schauen, in die Hansestädte vielleicht oder in die Niederlande. Dort ist man dem Autarkiewahn des Colbertismus nie verfallen und hält es mit Freizügigkeit, freier Marktwirtschaft und gesundem Wettbewerb. Dort blüht die Wirtschaft. Aber dort sind es auch Bürger, die regieren, und von ihnen wenden sich die Aristokraten naserümpfend ab: Was könnte schon ein Mann von Adel bei diesen Bürgerlichen lernen? Den Preis ihrer Politik zahlt inzwischen die Landwirtschaft.

Das große Bauernelend, das im 18. Jahrhundert das gesamte absolutistische Europa überzieht, ist nicht nur ein Auswuchs des Absolutismus, sondern unmittelbare Folge seines Konzepts, die Macht des alten Feudaladels zu brechen. Die großen Güter, die von ihren Besitzern in dumpfer Hörigkeit gehaltenen Bauern, die gesamte Landwirtschaft: Das ist die Basis des Feudalismus gewesen. Die neuen Mächtigen zerstören sie nicht geradezu. Vor diesem ökonomischen Selbstmord scheuen auch sie zurück. Aber sie kümmern sich nicht darum.

Das Schulwesen auf dem Lande, gerade in Dänemark, ist eine einzige Katastrophe oder findet gar nicht erst statt: Nun gut, dann bleiben die Bauern eben dumm und begehren nicht gegen die Obrigkeit auf. Sie bauen gerade so viel an, wie nötig ist: Das reicht, solange sie zu künstlich niedrig gehaltenen Preisen den Städten und ihren Industrien Lebensmittel liefern. Damit schließt sich der Teufelskreis: Immer mehr Elend auf dem Lande, immer weniger Zufuhr für die Stadt, Not hier wie dort – und die Geburtenzahlen sinken weiterhin, ein Volk stirbt aus ...

Struensee ist ebenso wenig Ökonom wie Bernstorff. Aber er hat in seinem ökonomisch und verwaltungstechnisch versierten Bruder einen tüchtigen Berater und zudem seine Erfahrungen der Altonaer Zeit. Sein Postulat bleibt: Das lebenswichtige Wachstum einer Nation hängt unmittelbar mit einer intakten Agrarstruktur zusammen. Und sie will er nun schaffen.

Seine »Gedanken eines Arztes« halten schon 1763 fest: »Die Vermehrung der Einwohner ist eines der vornehmsten Stücke, das die Staatsverständigung anitzt in Bewegung setzt.« Und weiter: »Der Nutzen, den ein Land von der Menge seiner Einwohner ziehet, und die allgemeine Abnahme der Menschen in Europa machen dieses nothwendig. Diese ist so augenscheinlich, daß beynahe in allen Ländern Klage darüber geführt und ihre Ursachen sorgfältig untersucht werden. Besonders ist sie auf dem Lande merklich … Doch sind die Landleute die wahre Pflanzschule und der Ackerbau der Erhalter des menschlichen Geschlechts …« Wie aber diese »Pflanzschule« erhalten, da die Menschen doch einzig die Hörigkeit gegenüber ihren Gutsherren an ihre Scholle bindet und deshalb gerade auf dem Lande die Bevölkerungszahlen sinken? Struensee legt den Finger auf die Wunde: »Die Frohndienste, die Leibeigenschaft, die vielen Abgaben, die Furcht, zu Kriegsdiensten gezwungen zu werden, nötigen den Bauern, den Pflug zu verlassen … Die zurückgebliebenen bauen, aus Mangel an Arbeitern und Aufmunterung, nicht mehr an, als was sie zu ihrem Unterhalt nothwendig bedürfen. Die Nahrungsmittel werden seltener und kostbarer, der gemeine Mann kann sich weniger und später verheiraten, aus Furcht, seine Kinder nicht ernähren zu können …«

Es mindert nicht die sozialökonomische Qualität dieser Feststellungen und Gedankengänge, daß ihnen um diese Zeit nicht allein der Arzt aus Altona nachhängt. Auch die Musterhöfe des alten Rantzau, die ihn vor allem zu seinen Überlegungen inspiriert haben mochten, stehen im Dänemark dieser Jahre nicht einzig da. Schließlich sind die Großgrundbesitzer nicht allesamt blindwütige Dummköpfe und knutenschwingende Tyrannen, die lediglich verprassen, was sie aus ihren Bauern herauspressen. Auf den großen Herrensitzen hat allgemein das Nachdenken eingesetzt, und viele ziehen erste Konsequenzen.

Männer wie die Grafen Stollberg und Moltke, wie der gebürtige Franzose Jean-Henri Desmercieres, wie auch Bernstorff selbst und manche andere mehr versuchen bereits auf ihren eigenen Besitzungen eine Art privater Bodenreform. Sie befreien ihre Bauern vom Frondienst und Zehnten, parzellieren ihr Land und schaffen, wie beispielsweise Bernstorff auf seinem Gut bei Kopenhagen, »selbständige, hofdienstfreie, erbliche Höfe«. Wie beim alten Rantzau sind ihre Besitzer Partner und nicht mehr die Untertanen ihrer Herren. Und schon in den fünfziger Jahren geht Moltke so weit, für alle Schriften über die Notlage der Landwirtschaft und Möglichkeiten zu ihrer Verbesserung nicht nur die Zensur zu mildern, sondern sogar die Druckkosten vom Staat tragen zu lassen. Im Bernstorff-Kreis schreibt aber der Arzt und Botaniker Georg Christoph Oeder seine »Bedenken über die Frage, wie dem Bauernstande Freiheit und Eigenthum verschaffet werden können«.

Hier knüpft Struensee an. Bereits im November wird der eigentlich schon in Pension gegangene Oeder einflußreiches Mitglied der »Generallandwesenskommission«, die endlich eine Agrarreform großen Stils einleiten soll. Sie ist gleichsam der große Orchesterklang im Hintergrund und auf lange Sicht geplant. Doch Struensee ist ungeduldig. Während sich noch die Kommission beratend zusammensetzt, setzt er kraft seiner vom König abgesegneten Befehlsgewalt die ersten nachhaltigen Akzente. Sie scheuchen das Land aus seiner Friedhofsruhe auf und werden zunächst noch vom ungeteilten Beifall der Landbevölkerung begleitet: In Kopenhagen scheint ein Wundermann am Werk zu sein.

Wieder folgt Struensee einem klaren Konzept. Die Formel lautet schlicht genug: Das Leben auf dem Land muß attraktiv werden. Also werden jenen Prämien gezahlt, die auf dem Land ansiedeln wollen. Sie bekommen Zuschüsse und Unterstützung in Naturalien. Struensee holt Siedler über die Grenzen, ungeachtet ihrer Herkunft und Religion. Auch Herrenhuter Pietisten aus dem Kreis des Grafen Zinzendorf sind darunter, und zu Rendsburg schlägt Vater Struensee, persönlicher Feind des Grafen, wieder einmal die Hände über dem Kopf zusammen. Den Sohn an seinem Kopenhagener Schreibtisch interessiert das nicht. Ihn interessiert allein der Erfolg.

So geht der »Meister der Berichte« gegen die verkrusteten

Feudalstrukturen auf dem Lande an, mildert den Zehnten, setzt die Fronarbeit herab und entzieht die Bauern der gutsherrlichen Gerichtsbarkeit. Das sind nur erste Schritte. Doch zeichnet sich jetzt schon jene allgemeine große Bauernbefreiung ab, wie sie sich einst Christian erträumte, und voll Bewunderung starrt der junge König auf den großen Freund: Der arbeitet mit Hammerschlägen, wo andere nur zu hüsteln wagen! Bei dem vermodern Reformvorschläge nicht in irgendeinem Aktenschrank! Und will jemand etwas von Christian wissen, zuckt der mit den Achseln: »Fragen Sie Struensee …« Der Teufelskerl hat auf alles eine Antwort.

Paukenschläge haben sein Regime eröffnet. Denn gleich im Winter 1771 steht Dänemarks heimlicher Herrscher der ersten großen Herausforderung seines Regimentes gegenüber. Im Sommer zuvor hatte es eine große Mißernte gegeben, überall auf dem Kontinent droht eine Hungersnot. In Dänemark packt nun Struensee zu, mit kühnem, entschiedenem Griff. Für Getreide gibt es ein Importverbot? Das wird aufgehoben. Und das eigene Getreide soll möglichst im Ausland verkauft werden? Das wird verboten. Struensee läßt die königlichen Speicher öffnen und zweitausend Tonnen Korn zu Niedrigstpreisen an alle Bedürftigen verkaufen. Zugleich werden für kommende Notzeiten Vorratshäuser angelegt, für Torf, Steinkohle und Flachs, für zehntausend Tonnen Getreide. Und gleich auch führt Struensee, wie in Altonaer Tagen, einen seiner Kreuzzüge durch. Immer schon hatte er gegen den Alkoholismus als eine Hauptwurzel allen Übels gewettert. Jetzt, im Zeichen der Hungersnot, wird kurzerhand verboten, aus kostbarem Getreide billigen Fusel zu brennen.

Wie überhaupt in manchem die Zeit von Altona zurückgekehrt zu sein scheint, unter neuem, glücklicherem Vorzeichen, ohne demütigende Obrigkeit. Obrigkeit ist jetzt Struensee selbst. Er kann befehlen, wo er früher nur bitten und anregen durfte. Ihre größte Präzision erreichen diese Befehle zwangsläufig im Gesundheitswesen. Der Doktor Struensee ist wieder am Werk.

Die Pockenschutzimpfung wird Pflicht. Eine Hebammenschule wird geschaffen. Die Ausbildung von Veterinären, auch dies schon ein Anliegen Struensees in Altonaer Tagen, wird geregelt. Der neu berufene Stadtphysikus von Kopenhagen hat als Erster Beigeordneter des Magistrats fast so große Befugnisse wie der Bürgermeister selbst. Krankenhäuser entstehen: ein Quarantänehaus für Pestkranke aus Übersee, eine geschlossene Abteilung für Geschlechtskranke in der Kapelle des Friedrichshospitals. Vor allem entsteht aber ein Findelhaus.

Kein Mädchen soll mehr die Frucht einer unerlaubten Beziehung abtreiben oder umbringen müssen: Am Tor des Hauses glänzt in Goldbuchstaben die Inschrift »Rettung unglücklicher Kinder«. Davor liegt eine kleine Matratze. Darauf kann die Mutter, wenn sie ihr Kind nicht selbst aufziehen kann oder will, den Säugling legen, und wenigstens für sein äußeres Wohlbefinden ist gesorgt. Vielleicht gehört er dann später zu jenen hundert Kindern, die in jedem Jahr einen Freiplatz auf dem Lande bekommen, auch das ein Einfall Struensees.

Solche Maßnahmen gehen weit über das Gesundheitswesen hinaus. Hier soll nicht nur der Körper, sondern die allgemeine Moral geheilt und von ihrer doppelgesichtigen Heuchelei kuriert werden. Struensee hatte sie gleichfalls in seinen »Ansichten …« attackiert: »Allein, ein Mädchen, das ein Kind gebiert, wird öfters härter bestraft als eine liederliche Weibsperson, die sich jedermann preisgibt und die Früchte ihrer Ausschweifungen austeilt. Die Schande, womit jene überhäuft wird, nötigt sie nicht selten, dieser ihrem Beispiel zu folgen …« Und Struensee legt nun fest, daß unehelich geborene Kinder nicht ehelichen gegenüber zurückgesetzt werden dürfen. Er erleichtert die Bestimmung bei Heiraten zwischen Blutsverwandten. Ehebruch ist jetzt eine Angelegenheit, die nur die Betroffenen etwas angeht, und nur der betroffene Ehemann darf Klage erheben. Den Ehebrechern wird auch nicht mehr verwehrt, nach der Scheidung sich neu zu verheiraten.

Der Staub von Jahrzehnten wirbelt auf. Struensee will eine helle, fröhliche Welt, ohne pietistisches Duckmäusertum. Auch sonntags darf ins Theater gegangen werden, auf den öffentlichen Plätzen spielen Musikanten auf, und der Park um Schloß Rosenborg öffnet sich für das Publikum. Bis Mitternacht brennen dort entlang der Kieswege die Laternen, und der verdutzte Bürger steht plötzlich vor einem neu eröffneten Kaffeehaus. Ärger noch: Ihm ist eine Spielbank angeschlossen. Sie soll allerdings weniger die allgemeine Lebensfreude als die staatlichen Einnahmen steigern.

Der Reformer braucht Geld. Denn seine Maßnahmen sind teuer, und der Bruder warnt davor, die Steuern zu heben: Das ausgepowerte Volk zahlt schon mehr, als es eigentlich kann. Vor allem die Salzsteuer ist eine unerträgliche Last. Struensee schafft sie ab. Dafür werden nun ein erstes Mal die Reichen belastet, mit Steuern auf ihre Luxuspferde und Glücksspiele. Doch vor allem wird die Staatslotterie eine wichtige Einnahmequelle.

Struensee hat sie nicht erfunden. Schon lange vor ihm ist sie die große Hoffnung aller in Zeiten immer größerer Not, und selbst den alten Moltke hört man seinen Schöpfer in den höchsten Tönen preisen, als ihm sein Schicksal einen beträchtlichen Lotteriegewinn beschert. Struensee ist auch in Sachen Lotterie kein Freund des Glücksspiels. Aber er kann auf diese Einnahmen nicht verzichten, sosehr die Lotterie von gellendem Protestgeschrei der Moralapostel begleitet wird. Dieser Protest verstummt übrigens bald wieder. Da gibt es zwar noch immer die Staatslotterie. Aber es gibt dann keinen Struensee mehr, der um jeden Preis zum Verderber des Volkes gestempelt werden soll.

Von den Einnahmen kann Struensee sein Findelhaus finanzieren und manch andere karitative Einrichtung mehr. Doch bleiben diese Einkünfte im Rahmen des zerrütteten Gesamthaushalts nur ein Tropfen. Aber auch Struensee kann die Einnahmen nicht von einem Tag zum anderen steigern. So sucht er wenigstens die Ausgaben zu senken. Struensee wird zum großen Sparapostel Dänemarks.

Beim königlichen Hof fängt er an, dessen aufgedonnerter Prunk ihn nie hat blenden können. Jetzt wird sein Blick vollends kühl und kritisch: Wie, siebenhundert Pferde stehen im königlichen Marstall? Hundert tun es auch. Und was sollen kostspielige Garderegimenter, die doch nur martialische Verzierung sind? Sie werden abgeschafft. Und all der Aufwand mit Kleidern und Juwelen, während andere nicht einmal das Nötigste zum Leben haben? Am Dänenhof trägt man jetzt schlicht, und selbst die Königin muß sich ermahnen lassen, in ihren Roben bescheidener zu sein. Und dann wendet sich Struensee der vielhundertköpfigen Höflingsschar zu. Nur Staffage ist sie und viel zu teuer für ein armes Land.

Über das quirlend bunte Durcheinander einer typisch barocken Hofhaltung bricht das große Strafgericht herein. Alle werden gewogen, die meisten für zu leicht befunden. Wozu braucht es das Geschwader adretter Pagen bei der königlichen Tafel, wo ihre Dienste einige abkommandierte Seekadetten genauso gut besorgen können? Was soll der Schwarm aufgeputzter Hofdamen? Auch ein hochbezahlter Hofmarschall ist nicht nötig, auch nicht der Zeremonienmeister, da die Etikette ohnehin auf ein Minimum geschrumpft ist. Schließlich all die Kammerherren – rund hundertachtzig werden eingespart. Und Struensee läßt sich die endlose Liste aller Pensionen und Ehrengehälter vorlegen, die der Hof ohne irgendwelche Gegenleistung an alle nur möglichen Personen zahlt. Er streicht jetzt einen Posten nach dem anderen, und selbst Dichter Klopstock, tief empört, muß seine Bezüge vom dänischen Hof offenlegen.

Über Christiansborg breitet sich schlagartig Stille aus. In den Gängen und Sälen stehen die Höflinge mit bleichen Gesichtern und starren sich benommen an. Sie fassen einfach nicht, was ihnen über Nacht widerfahren ist. Der Hof: Das ist doch für Leute ihres Standes seit je die große Milchkuh, die sich beliebig melken läßt. Damit soll jetzt Schluß sein? Und dann? Am Ende erwartet dieser Pillendreher noch, daß man arbeitet. Wie hatte doch neulich dieser schreckliche Mann allen Ernstes gesagt? Wer faulenzen will, soll es gefälligst draußen auf dem Lande tun und nicht am Hof ...

So nickt man sich denn vielsagend zu: Hier ist eben ein Prolet am Werk einer, der die Süße dieses Daseins nie geschmeckt hat.

Einem solchen Typ macht es nichts aus, die Nächte durchzuarbeiten und auf allen Luxus zu verzichten, diesem Mann, dem Fachgespräche über Landreform und Sozialgesetze wichtiger sind als der schönste Hofklatsch. Bei einem solchen Plebejer kann es auch gar nicht wundern, wenn er sich jetzt an dem Prunkstück des dänischen Markantilismus vergreift, an der königlichen Seidenmanufaktur mit ihren über hundert Webstühlen.

Struensee hat ihre Bilanz studiert. Gegenüber verschwindend geringen Gewinnen stehen runde 20 Millionen Subventionen, die das Prestige-Unternehmen gekostet hat, und weder mit ihm noch mit den anderen Manufakturen hat, wie ursprünglich geplant, ein Gegengewicht zur alldominierenden britischen Wirtschaft geschaffen werden können. Darunter zieht Struensee den Schlußstrich. Lieber greift er einen anderen Gedanken auf und erwägt die Anlage eines Freihafens. Denn frei und geschmeidig soll die dänische Wirtschaft werden, offen für die Strömungen von außen, ohne Außenzölle, von denen lediglich Schmuggler profitieren, ohne staatliche Monopole, auch ohne die Zünfte, die das Handwerk in hermetisch abgeschlossene Kasten gliedern. Allerdings tun es Unterschriften unter immer neue Erlasse allein noch nicht.

In den rund anderthalb Jahren Struenseescher Alleinherrschaft mag es Augenblicke geben, da sich dieser Mann sehr müde fühlt und sehr allein. Denn eigentlich braucht er ein kleines Heer geschulter Beamter, um alles durchzusetzen, was er binnen weniger Monate in Angriff nimmt, die grundlegende Verwaltungsreform, die grundlegende Justizreform, die grundlegende Schulreform, die Neuorganisation der Wirtschaft, die umfassende Erneuerung des Gesundheitswesens. Doch dieser Beamten ist er nicht so sicher, wie er sein müßte. Darüber wird er nervös. Er gliedert die Ministerien neu, schafft alte Ämter ab und andere neu, er entläßt und stellt ein – und schafft eine umfassende Unsicherheit: Wer ist nun wieder betroffen? Wessen Ämter und Pfründe werden diesmal kassiert? Und durch die Straßen reitet ein Bote auf einem Falben, einem apokalyptischen

Reiter gleich. Er bringt nicht Pest und Krieg, wohl aber Entlassungen, Umbenennungen, Einsparungen. Die Menschen sehen ihm erbebend nach: Zu wem reitet der Bote jetzt? Wer ist diesmal an der Reihe? Der Falbe wird geradezu ein Sinnbild für das gesamte Struensee-System.

Der einsame Mann hinter seinem Schreibtisch von Christiansborg scheint die feinen Schwingungen nicht zu spüren, die von Anfang an in die Fundamente seines Reformwerks erste kleine Sprünge graben. Weiterhin entwirft er Erlaß um Erlaß, die der König gegenzeichnen darf. Schließlich werden es rund 1800 Verordnungen sein, die mit dem Namen Struensee verbunden sind, in weniger als sechzehn Monaten.

Das mag auch einen Rausch auslösen. Denn zeigt nicht jeder Erlaß die Tüchtigkeit dieses Bürgers? Sollen ihn die anderen nur einen Plebejer nennen, auf ihn als kleinen Pillendreher aus Altona herabsehen. Der Tüchtige an diesem Hof ist er, der Nachkomme von Tuchmachern aus Struvensee, auch ohne Titel, Prädikate, ohne endlos lange Ahnenkette. Und jeder Tag, jeder neue Erlaß werden das bestätigen. Doch jenseits solcher Glücksgefühle mag Struensee, anfangs noch ganz der dynamisch vorwärtsdrängende Erneuerer, auch ein Getriebener werden. Es geht ihm ein weiteres Mal wie damals, als der Arzt seine Position am Hof taktisch zu sichern suchte.

Er hatte Leute wie Brandt und Rantzau zurückgerufen und damit Prozesse ausgelöst, die weit über die ursprüngliche Absicht hinausführten. Das eine hatte das andere mit sich gezogen, Rantzaus Berufung Bernstorffs Sturz und Bernstorffs Abgang wiederum die Auflösung des Geheimconseils, bis sich Struensee, vor wenigen Monaten noch kaum anderes als der Arzt des Königs, als Dänemarks heimlicher Herrscher wiederfindet. Der Vorgang wiederholt sich jetzt: Der heimliche Herrscher beginnt zu reformieren, aber das eine zieht das andere mit sich. Er hatte ein Staatswesen reformieren wollen und rebelliert nun schon gegen die Grundfesten des absolutistischen Regimes. Ob daraus auch eine Revolution werden kann, eine tatsächlich grundlegende Erneuerung des Alten, muß sich noch zeigen. Struensee, isoliert von allen anderen, eingepackt in immer neue Arbeit, weiß es wohl selbst nicht mehr.

Die Frage bleibt bei diesem Mann, ob ihn ein Konzept geleitet hat und sich hinter all dem Papierwust seiner zahllosen Einzelmaßnahmen eine konkrete staatsmännische Utopie verbarg oder sich lediglich ein politischer Feuilletonist der Flut brillant glänzender Einfälle hingab, zutiefst dilettantisch in seinem hektischen Bemühen, alles auf einmal durchzusetzen und gleichsam über Nacht ein neues Dänemark zu schaffen.

Führt man die Linien aller Einzelerlasse weiter, ergibt sich durchaus das Gesamtbild eines Staates, das sehr vertraut berührt. Denn bis ins Detail trägt es ureigene Züge von Struensees Persönlichkeit. Denn auch das gehört zum Wesen eines absolutistischen Regiments: daß die Länder die Wesenszüge ihrer Herren annehmen. Das Frankreich Ludwigs XIV. wirkt in seiner Struktur so trocken-übersichtlich und methodisch, wie es der Sonnenkönig selber ist. Das Preußen Friedrichs wird nie ganz die hochkünstlich-verkrampfte Staatsdisziplin seines größten Herrschers verlieren. Und auch das Dänemark, dessen Vision durch alle Struensee-Edikte schimmert, ist ein Spiegel seines Schöpfers.

Der Bürger will den Bürgerstaat, frei von allen religiösen Zwängen, unter denen er selbst von Kindheit an gelitten hat. Seine Menschen sollen sich in ihrem privaten Umkreis so frei fühlen, wie stets auch Struensee für seine persönliche Lebensführung jede Freiheit beansprucht hat, also ohne Kontrolle durch eine Polizei, die nicht mehr beliebig in Privathäuser eindringen darf, ohne Sittenschnüffelei und moralinsaure Anstandsvorschriften.

Vor allem soll aber der Bürger jede Chance haben, wie auch Struensee seine Chance gesucht und schließlich bekommen hat. Also keine Privilegien für den Adel mehr, keine Vorrechte, hinter denen kein Verdienst steht: Alle sind jetzt Bürger, die Menschen in der Stadt wie die Bauern auf dem Lande. Und sie alle sollen ihre Chance auch nützen können, ausgestattet mit angemessenem Bildungsrüstzeug: daher die Schulreform, daher der

Erlaß, daß nicht mehr Lateinisch, sondern Dänisch gelehrt wird, der besseren Verständigung untereinander wegen. Danach mag dann diesen Bürger ein frei gefügtes Staatsgebilde aufnehmen, das ihm wirklich Heimat ist, ohne eine in alten Pfründen erstarrte Verwaltung, ohne ein verkarstetes Wirtschaftssystem, ohne eine Gesellschaftsform, die den Titel über den Menschen stellt. Struensee, mit sich selber als Modell eines frei denkenden, sich frei fühlenden Menschen, will in der Konsequenz ein neues Menschenbild: *Stellen Sie der Menschheit / Verlornen Adel wieder her. Der Bürger / Sei wiederum, was er zuvor gewesen / Der Krone Zweck – ihn binde keine Pflicht / Als seiner Brüder gleich ehrwürd'ge Rechte* ...

Fünfzehn Jahre nach Struensees Tod und zwei Jahre vor der Französischen Revolution fallen diese Worte auf der Bühne des wiederbelebten Deutschen Nationaltheaters in Hamburg. In Friedrich Schillers »Don Carlos« spricht sie Marquis Posa zu König Philipp II. Er ringt mit dem alten Monarchen um »der Freiheit entzückende Erscheinung«. Er wagt sich bis zur wahrhaft tollkühnen, bis heute schockierenden Forderung vor: *Wenn nun der Mensch, sich selbst zurückgegeben / Zu seines Werts Gefühl erwacht – der Freiheit / Erhabne, stolze Tugenden gedeihen –/ Dann, Sire, wenn Sie zum glücklichsten der Welt / Ihr eignes Königreich gemacht – dann ist / Es Ihre Pflicht, die Welt zu unterwerfen* ...

Man weiß nicht, ob sich Schiller je mit dem Fall Struensee beschäftigt hat. Doch zweifellos haften an diesem Mann Züge von Schillers Marquis Posa, dieses Taktikers des Humanen, der Menschen bis über die Grenze des Zynismus hinaus im Dienst der Menschheit einsetzt – oder doch im Dienst jenes Bildes, das sich ein Posa wie ein Struensee von der Menschheit machen. Beiden ist dafür die Monarchie das Werkzeug: *Ein Federzug von dieser Hand, und neu erschaffen wird die Erde* ...

Der König als der gekrönte Revolutionär, gesteuert von Sitte und Vernunft, wie sie ein Marquis Posa verkörpert: Hier auf der Bühne entsteht noch einmal diese letzte Utopie aus der Spätzeit des Absolutismus. Struensee sucht sie in der Wirklichkeit. Auch er sieht in der Monarchie und monarchischen Mitteln die einzige Möglichkeit, die Menschen von sich selbst zu erlösen und ihre Welt von Grund auf zu erneuern. Allerdings: Er hat es nicht mit einem Philipp zu tun, einem Monarchen von Format. Die Monarchie, die er sich bei seinem Freiheitstraum zum Partner wählt, trägt die Züge eines neurotischen Knaben und einer verliebten jungen Frau. Und so kommt denn der Tag, da sich die Illusion, Christian VII. sei Dänemarks Erneuerer, nicht länger aufrechthalten läßt. Struensees einziger wirklicher Partner ist Struensee selbst.

Der heimliche Herrscher tritt vor und gibt sich zu erkennen. Die Menge schweigt, in Ehrfurcht und Entsetzen. Alle blicken zu ihm hin. Er lächelt königlich. Und auf seiner Brust funkelt unübersehbar ein Orden. Struensee auf der Höhe seiner Macht, mit prasselndem Feuerwerk im Hintergrund: Es ist der 29. Januar 1771 …

An diesem 29. Januar 1771 wird der König zweiundzwanzig Jahre alt, und Sparapostel Struensee hat ausnahmsweise seine Prinzipien vergessen. Enevold Brandt darf aus dem vollen schöpfen. Er ist in seinem Element.

Die Reitbahn vor Christiansborg wird freigeräumt und eine Fontäne errichtet. Weißer und roter Wein sprudelt, Herolde werfen Münzen in das scharenweise herbeigeströmte Volk. Das Bild des Königs prangt darauf, mit seinem Wahlspruch »Gloria ex amore patriae«. Begeistert applaudiert die Menge: Dieser 29. Januar scheint Christians eigentliche Thronbesteigung zu sein, der gute König lebe hoch! Und dann drängt sich alles zu den Feuern mit den gebratenen Ochsen, den Hammelkeulen und geröstetem Geflügel. Drei Tage lang dürfen Kopenhagens Menschen im höfischen Himmel sein.

Im Hintergrund schreitet der Hof zu einer weiteren Feier. Dort werden Orden überreicht, und im Mittelpunkt steht eine strahlende Caroline Mathilde. Sie verleiht nicht den populären Danebrog-Orden oder die erlesenste dänische Auszeichnung, den Elephantenorden. Die Königin hat ihre eigene Auszeichnung gestiftet, den Mathildenorden, und in würdiger Reihe treten die ersten Ordensträger heran, voran der König selbst, dann sein Stiefbruder, der Minister von Osten, das Ehepaar Gähler. Selbst Rantzau darf heranhumpeln und ein weiteres Trostpflaster für seine schwärenden Wunden entgegennehmen. Und schließlich tritt der vor, für den dieser Orden angeblich gestiftet wurde: Johann Friedrich Struensee. Auch er trägt jetzt die von einem Lorbeerkranz umschlossenen, mit einer Krone geschmückten Initialen C. M. aus blaufunkelnden Diamanten auf seiner Brust.

Er versteckt jetzt seine Macht nicht länger hinter irgendwelchen obskuren Umschreibungen. Aus dem »Meister der Berichte« wird im Frühjahr ganz offiziell der »Geheime Kabinettsminister«, die Leute haben Doktor Struensee mit Exzellenz anzusprechen. Der Gipfel wird aber im Sommer erreicht: Im Juli wird er gemeinsam mit Brandt zum Grafen erhoben, und, wichtiger noch, vom 15. Juli an genügt sein Name auf königlichen Erlassen, um als Gesetz zu gelten. Davor steht lediglich der lakonische Zusatz: »Auf Befehl des Königs« – ganz offiziell befiehlt nun Christian automatisch, was sein Minister will. Daneben denkt Struensee auch ein erstes Mal an seine eigene Kasse.

Wie immer bei ihm geht es dabei unbürokratisch und ein wenig fahrig zu. Struensee und Brandt messen sich zunächst je sechstausend Taler zu, dann sind es auf einmal jeweils sechzigtausend, und Freund Falckenskiold wird rasch noch mit zweitausend, die sich gleichfalls in chronischen Geldnöten befindende Königin mit zehntausend Talern bedacht. So wird denn auf der schon ausgestellten Rechnung radiert, hinzugefügt, gestrichen, und das Ganze liegt schließlich dem König vor, der geduldig wie immer seinen Namen unter den verschmierten Wisch setzt. Struensee ist damit um sechzigtausend Taler reicher, genauer: Zum erstenmal in seinem Leben ist er reich, und es sind fast zwei Millionen Mark, die er sich angeeignet hat, sicher eine enorme Summe, doch immer noch bescheiden neben den dreißigtausend Talern Jahreseinkommen eines Bernstorff und Moltke oder auch neben den über hunderttausend Talern, die St. Germain in aller Beiläufigkeit für den Ankauf eines Gutes aus der Staatskasse zugeschoben worden waren. Und hat sich nicht Struensee sein Geld redlich verdient? Wer hätte Anspruch auf Belohnung, wenn nicht er?

Zum erstenmal seit Jahren sinkt die Staatsschuld, und am Jahresende wird der Haushalt fast ausgeglichen sein. Die dänische Währung hat wieder guten Klang, es werden »schöne Christiansdor und Speziesdukaten von gutem Schrot und Korn geschlagen«, wie ein Chronist bewundernd notiert. Und reitet Struensee einmal durch Kopenhagen, mag ihn ein stolzes Gefühl befallen. Was hat er binnen kurzem aus dieser Stadt gemacht …

Straßen werden gepflastert, Dreckhaufen beiseite gefegt. Hell leuchten abends Straßenlaternen. Die Friedhöfe wurden vor die Stadtmauern gelegt, Hygiene gilt generell als oberstes Prinzip, und überall wird zu diesem Thema eine Broschüre kostenlos verteilt, die Struensees Freund Hensler verfaßt hat. Kopenhagen hat jetzt auch keine schwerfällige Verwaltung mehr, sondern wurde in das übrige Beamtennetz eingegliedert. Wie sich überhaupt die Staubwolken über der verkrusteten Bürokratie des Gesamtstaates zu lichten beginnen: Es gibt jetzt nicht mehr zahllose Gerichte wie früher, sondern nur noch den einen Staats- und Gerichtshof, Rechtssicherheit herrscht überall, die Folter wurde abgeschafft und über Jahre hin verschleppte Prozesse endlich zum Ende geführt. So ist es gut, und so hat es Struensee gewollt: Gleich zu Anfang hatte er erklärt, in diesem Staat sei alles falsch, er würde keinen Stein auf dem anderen lassen. Und das scheint er nahezu wörtlich zu nehmen.

Sein Blick fällt auf ein unvollendetes Bauwerk mitten in der Stadt. Es ist der Friedrichsdom oder die »Marmorkirche«, wie das Monstrum im Volksmund heißt. Unter Friedrich V. war damit begonnen worden, und jetzt dauert der Bau schon achtzehn Jahre, hat über eine halbe Million Taler verschlungen, und noch immer ist nicht abzusehen, wann endlich dieses Gegenstück zur römischen Peterskirche und Frankreichs Invalidendom fertig sein wird. Struensee läßt sich die Baupläne zeigen und studiert die Kostenplanung. Wieder entscheidet ein Federzug: Auf Befehl des Königs – der Weiterbau wird eingestellt, Dänemark braucht sein Geld an anderer Stelle. So mag denn das marmorne Ungeheuer zur Ruine verfallen, mögen darüber Gras und Unkraut wachsen: Auf Struensee kann das nur wie ein Symbol einer alten, unaufhörlich verfallenden Zeit wirken, über deren Trümmer sich das strahlend helle Gebäude einer jungen Zukunft wölbt.

Allerdings deuten manche dieses Zeichen anders, vor allem Dänemarks Geistlichkeit. Ihr geht es nicht besser als den Kollegen im Preußen Friedrichs, denn auch Struensee hat allgemeine religiöse Toleranz verkündet, unter lachender Berufung auf das Bibelwort vom Vaterhaus, das viele Zimmer hat. Vor soviel Zynismus schaudert es den frommen Herren. Doch ohnehin braucht sie niemand aufzuklären, was es mit diesem neuen Minister auf sich hat. Längst wissen sie über ihn Bescheid.

Ihnen macht er nichts vor mit seinem Gefasel von Hygiene, wenn Tote nun nur noch nachts beerdigt werden dürfen. Wo bleiben denn da die herrlich ausgedehnten Totenfeiern, wenn jetzt der übliche Begräbnisprunk verboten wird? Und warum sind auf einmal Haustaufen erlaubt? Doch wohl nur, um die Macht der Kirche einmal mehr zu schmälern, wie schon durch diesen skandalösen Erlaß, der eine Reihe kirchlicher Feiertage einfach streicht. Und dann das Theaterspiel am Sonntag, die fröhliche Musik auf allen Plätzen: Das ist Satans Melodie, und sie scheint auch dem Königspaar im Ohr zu klingen. Oder warum sieht man auf einmal König und Königin nicht mehr in der Kirche? Da kann man nur die Perücke schütteln und sich einige deftige Wendungen für die nächste sonntägliche Predigt zurechtlegen. Denn ganz wehrlos ist man schließlich nicht.

So marschieren sie denn zu den Kanzeln hinauf und schleudern ihre Bannsprüche gegen die moralische Pest, die mit Struensee über die Grenzen gezogen kam. Ihre Zuhörer nicken dazu kräftig: Der Herr Struensee ist wirklich der Teufel, für jeden Stand auf seine Art!

Es nicken die Adligen. Denen ist Struensees angebliche Gottlosigkeit völlig egal, Aber er hat sich an ihrem eigenen Heiligsten vergriffen, an ihren Kassen. Er hat Pfründe und Pensionen kassiert. Er schmälert ihre gutsherrlichen Rechte und untersagt das Schnapsbrennen, das immer ein so einträgliches Geschäft gewesen ist. Und vorm Adel insgesamt scheint dieser Mann nicht den geringsten Respekt zu haben. Es ist dabei schon empörend genug, daß jetzt auch ein Adliger seine Schulden bezahlen soll wie jeder andere und notfalls in den Schuldturm kommt wie jeder gemeine Bürger auch. Es genügt schon, daß jetzt Bürger in Ämter kommen können, die bisher nur Adligen vorbehalten waren, und sich die exklusive Ritterakademie von Sörö nun auch für Bürgerliche öffnen soll. Doch fast am schlimmsten wiegt, daß an den Hof nach Verdienst und nicht nach Rang eingeladen wird und ein Herr von Stand damit rechnen muß, sich an der königlichen Tafel Seite an Seite mit einem gemeinen Mann wiederzufinden. Da fehlen wirklich nur noch ein paar Juden, wie Schwedens Kronprinz so treffend spaßt. Indigniert rückt der Edelmann von seinem bürgerlichen Nachbarn ab.

Aber auch bestimmte Bürger nicken zur Predigt ihres Pastors kräftig. Diesen Unternehmern, Kaufleuten und Handwerkern ist es im Merkantilismus alter Art nicht schlecht gegangen, sie waren seine Hätschelkinder und in ihren Geschäften durch Monopole, Zölle und Staatssubventionen wohlabgeschirmt. Sie verstehen also nicht ganz, warum dieser Mann hinter dem Thron damit brechen will, und speziell die Handwerksmeister bangen um das Privileg ihrer Zünfte, die jede Konkurrenz so wohltuend in Distanz gehalten hatten. Alles übrige, die Landreform, die Neuerungen in Justiz und Verwaltung, ist ihnen herzlich gleichgültig.

Nicht so gleichgültig sind diesen braven Menschen all die Lockerungen ihrer guten Sitten. Immerhin zwei Generationen sind im Mief Christianscher Tugendregeln aufgewachsen, und mit erschrockenem Seitenblick huschen ihre Erben am Park von Rosenborg vorbei, wo es an lauen Sommerabenden hinter jedem Busch und jeder Hecke wollüstig keucht und stöhnt: So hören es jedenfalls *ihre* Ohren. Und sie denken an die gute alte Zeit zurück, als noch Unzucht in der Nähe des königlichen Schlosses mit dem Abhacken eines Fingers bestraft wurde. Jetzt wird in solchen Fällen nicht einmal eine Geldbuße erhoben. Da kann man sich nur an den eigenen reinen Herd zurückflüchten und in Ruhe all die seltsamen Neuerungen des Ministers Struensee durchdenken.

Das Findelhaus, des Ministers Sorge um ledige Mütter und Geschlechtskranke: Das alles mutet doch höchst merkwürdig an. Warum zeigt sich dieser Mann, über dessen eigenes Privatleben einiges getuschelt wird, gerade an solchen Dingen interessiert? Warum das neue Scheidungsrecht, die Ehebruchsgesetze, die Gleichstellung unehelicher Kinder? Liegt hier etwa ein ganz persönliches Interesse vor? Sucht hier einer gar das Alibi für seine eigene Amoral? Es heißt ja sogar, Struensee wolle unter bestimmten Umständen die Todesstrafe für Kindsmörderinnen ganz abschaffen ...

So zischelt und tratscht es in der Hauptstadt, und schließlich wird in die häusliche Kasse gestarrt: Auch dort stimmt vieles nicht mehr, seit Struensee an der Macht ist. Die Manufakturen mochten ein geldzehrender Luxus sein, aber sie bedeuteten doch einige tausend Arbeitsplätze, ebenso wie der abgebrochene Bau der Marmorkirche. Und jetzt bevölkert ein kleines Heer von Arbeitslosen die Hauptstadt. Die Tüchtigsten haben Kopenhagen verlassen, ihre Wohnungen stehen leer, und die Vermieter können keinen Mietzins kassieren. Leere auch in vielen Geschäften: Ihnen fehlt die kaufkräftige Kundschaft, seitdem sich der Adel verdrossen aufs Land zurückgezogen hat. Es kommt kein Geld mehr unter die Leute, die allgemeine Kauflust sinkt, und mancher Ladeninhaber muß schon den Konkurs anmelden: Eine Wirtschaftskrise droht.

Doch Struensee in seiner Einsamkeit von Christiansborg merkt nichts. Vielleicht will er nichts merken. Vielleicht will er nicht sehen, daß der von ihm so verachtete Luxus auch ein Wirtschaftsfaktor ist, der nicht über Nacht eliminiert werden kann, ohne die Mechanismen eines ökonomischen Kreislaufs empfindlich aufzustören. In seiner persönlichen Lebensführung fast spartanisch, zeigt dieser Mann eine bemerkenswerte Gleichgültigkeit gegenüber den materiellen Belangen anderer. Die leibliche Genügsamkeit des Pastorensohns fügt sich dabei in die Erdenferne des Hoflebens, aus dessen Distanz alle so ordinären Dinge wie das tägliche Brot zu puren Nichtigkeiten absinken und höchstens peinlich sind. »Dann sollen sie doch Kuchen essen« – Marie Antoinette soll das in staunender Ahnungslosigkeit gesagt haben, als vor ihren Fenstern das Volk nach Brot schrie, und es stimmt nicht ganz, es ist ein Ausspruch von der ersten Frau Ludwigs XIV. Doch bleibt es in jedem Fall bezeichnend für die Wirklichkeitsferne an einem absolutistischen Königshof, und auch Struensee, der Staatsmann, ist gegen solchen Einfluß nicht immun.

Die Beamtenschaft zum Beispiel, auf die er bei all seinen Reformen angewiesen ist: Zunächst mag es noch richtig sein, wie Struensee gegen die allgemeine Korruption angeht und das Bestechungswesen kurzerhand verbietet. Aber er übersieht auch, daß die kleinen Beamten bei ihren wahnwitzig niedrigen Gehältern auf solche indirekten Zuwendungen angewiesen sind. Er schafft sie ab. Aber er sorgt nicht für einen Ausgleich. Weiter wächst damit die Zahl der Unzufriedenen. Allgemeine Lustlosigkeit greift um sich, und viele der Struenseeschen Verordnungen, an sich gut und richtig, können schon deshalb keine Früchte bringen, weil bei der Flut unaufhörlich niederprasselnder Befehle niemand mehr Zeit und Kraft hat, sie auch durchzuführen. Struensee scheint das ebensowenig zu sehen wie die große Unsicherheit, die seine ständigen Eingriffe in die Personalpolitik, der unentwegte Wechsel in den Ämtern mit sich bringen. Sie erzeugt schließlich nur Gleichgültigkeit gegenüber den täglichen Pflichten: Weiß denn noch einer, den der Minister an einen bestimmten Posten gestellt hat, ob er noch morgen auf diesem Posten sein wird?

Marquis Posa auf dem Ministersessel, nie an einzelnen Menschen, immer an der Menschheit schlechthin interessiert: Für sie und ihr Wohl meint Struensee zu arbeiten, für ein Abstraktum, das er nur aus der Distanz vor Augen hat. Er mag manches sein, nur eines nicht: der Vollblutpolitiker und geborene Demagoge. Die rauhkehlige Zustimmung der Masse, ihr grölender Applaus bedeuten ihm nichts. Dieser Masse kann er auch nichts sagen. Im kleinen Kreis versteht er zu bezaubern, mitzureißen, auch zu überzeugen. Doch die Menge erreicht seine so kultivierte, wohlklingende Stimme nicht. Dieser Menge schaudert es vor ihm, und ihm schaudert es vor der Menge. Es ist wie einst bei seinem Umgang mit den Bauern um Altona: Dieser Mann, der nicht einmal ihre Sprache spricht, hat so gar nichts Gemütliches an sich, ist nicht der gute Onkel Doktor, der mit ein paar guten Worten seine Mittelchen verschreibt, ob sie nun helfen oder nicht. Vor diesem so gefährlich klugen Mann nimmt man sich lieber in acht, mag auch alles richtig sein, was er sagt und tut.

Struensees Blick schweift indessen in die Ferne: Dort am nebligen Horizont liegt irgendwo das Glück verborgen, und er wird es finden, für die Menschen, doch ohne sie. Und darüber verändert er sich, in seinem Wesen wie in seinem Äußeren.

Er geht in die Breite, wird fast fett. Doch hat diese Korpulenz nichts von ruhender Behaglichkeit an sich. Struensee scheint wie von ständiger Unruhe umflackert, und auf seinem offiziellen und bekanntesten Porträt aus dem Jahr 1771 – er in Gala und Perücke, den Mathildenorden an der Brust – kann selbst der höflich glättende Pinselstrich des Malers Jens Juel den nervös abirrenden Blick, die gereizte Mokanz um die Mundwinkel nicht ganz verdecken. Aufpasser des Königs, Reformer eines Staatswesens, ohne wirklichen Schutz, ohne echte Bundesgenossen, immer in Opposition zu Hof und Volk: Minister Struensee befindet sich im bedenklichen Zustand permanenter Überforderung.

Seine Stimme wird laut, seine Bewegungen herrisch. Übelwollende Zeitgenossen, die sein Gesicht als starr und düster, seinen Blick als finster beschreiben, haben bei aller Polemik so unrecht nicht. Der strahlende Charmeur und wißbegierige Unterhalter früherer Jahre wandelt sich zum kurzangebundenen, meist schlechtgelaunten Despoten, der auf seine Weise das Prinzip von der Gleichheit aller Menschen praktiziert: Er fährt Lakaien ebenso heftig an wie seine Königin. Alle haben Angst vor ihm. Doch nur einer spricht es aus, Enevold Brandt. Auch er versteht den früheren Freund nicht mehr, der so unnahbar und unzugänglich wurde. Struensee reagiert irritiert.

Ist er denn nicht die Toleranz und Nachsicht in Person? Ist er nicht die personifizierte Bescheidenheit? Er könnte sich ein Palais zulegen oder sich Güter überschreiben lassen, das alles tut er nicht. Weiterhin wohnt der Erste Mann im Staat in seinen schlicht ausgestatteten Gemächern irgendwo im Schloß. Seine privaten Vergnügen sind kaum andere als in Altona: einige Freunde zu Tisch bitten, bei einem Glas Wein oder einem bescheidenen Mahl mit ihnen zusammensitzen und gescheite Gespräche führen. Und daß sich dieser fast asketische Lebenszuschnitt bald dem gesamten Hof mitteilt und sich der Hof kaum anders ausnimmt als irgendein bürgerlicher Haushalt: Ist auch das nicht nur vernünftig, da nun endlich die unsinnig hohen Ausgaben gesunken sind? Gewiß ist das vernünftig. Und doch …

Zutiefst ist es wohl die Tragödie dieses Mannes, daß er alles nur vernünftig sieht, durch die Brille seiner glasklar logischen Intelligenz. Zwischentöne, Unwägbarkeiten, alles, was sich eben nicht nur logisch meistern läßt, vor allem alles scheinbar Sinnlose, das eben doch seine Notwendigkeit hat – es bleibt ihm verschlossen. Und so hat er wohl das praktisch-machbare Prinzip des Absolutismus erfaßt und versucht es für seine Zwecke zu nutzen. Was aber den Absolutismus in seiner emotionalen Tiefe ausmacht: Das hat der geborene Bürger nie begriffen.

Wie den meisten Kindern der Aufklärung fehlt Struensee jegliches Geschichtsbewußtsein. Erst das nächste Jahrhundert beginnt wieder, in die Vergangenheit zurückzublicken und dort, in romantischer Überhöhung, nach den Wurzeln des eigenen Daseins zu suchen. Der Intellektuelle des 18. Jahrhunderts blickt starr voran, alles Gewesene interessiert ihn nicht: Jetzt erst, da endlich die Vernunft gesiegt hat, beginnt die Geschichte, und alles Vergangene kann nur eine Fehlentwicklung gewesen sein. Darüber entgeht beispielsweise einem Mann wie Struensee, daß eine Staatsform wie der Absolutismus die Adelsherrschaft zwar abgelöst, aber keineswegs aufgehoben hat.

Viel zu groß blieb der Einfluß des Adels bei Militär, Diplomatie und vor allem auf dem Lande, wo die Bauern zu ihrem Gutsherrn wie zu einem Gott aufschauen, als daß ein absoluter Herrscher auf seinen Adel kurzerhand verzichten könnte. Er neutralisiert ihn, indem er sich seinen Hofadel schafft. Aber er läßt seinen Rang unangetastet, mehr noch: Er unterstreicht ihn, hebt ihn heraus und macht ihn zur exklusiven, volksfernen Schicht, die sich über alle schnöden Widrigkeiten der Wirklichkeit, vor allem der gemeinen Politik, erhebt. Und die Krone zahlt ihren Preis der Pensionen und Pfründe, der gesellschaftlichen Privilegien und vor allem der scheinbar sinnwidrigen Ämter ohne jeden politischen Gehalt, die ihren Trägern wenigstens den Anschein einer nützlichen Funktion geben. In dieses historisch gewachsene Gefüge so rasant und willkürlich einzugreifen, wie es Struensee tut, kann im Wortsinn tödlich sein.

In diesem Zusammenhang hat auch der übertriebene Prunk der meisten barocken Hofhaltungen seinen präzisen politischen Stellenwert. Nicht aus purer Geltungssucht baut sich ein Sonnenkönig sein Versailles, und nicht allein aus Eitelkeit stöckelt er wie ein juwelengleißendes Beispiel seiner goldstrotzenden Höflingsschar voran: Die anderen sollen ihm nacheifern, sollen sich darüber kräftig ruinieren. Doch Struensee begreift nicht diesen elementaren Wesenszug eines Systems, mit dessen Mitteln er diese Welt zu verbessern gedenkt. Er sieht nur den sinnlosen Glanz einer überhell illuminierten Fassade und versteht nicht, daß der Absolutismus diese Fassade braucht, den ins Überirdische reichenden Prunk einer scheinbar himmlisch überhöhten Welt, in die der einfache Untertan aus der Ferne starrt wie in die Seligkeit auf Erden. Wie dem Freidenker Struensee generell das metaphysische Moment im Absolutismus entgeht.

Auf ihn und seine aufgeklärten Zeitgenossen wirkt es nur grotesk, wenn beispielsweise in der Hofkapelle von Versailles die Stühle so gestellt sind, daß alle auf den König sehen, während nur er zum Altar blicken darf. Es wirkt wie eine abgeschmackte Farce, wenn an jedem Osterfest der König in den Schloßhof zu den dort versammelten Kranken und Krüppeln herabsteigt und segnend, wie der Heiland selbst, die Hand auf ihre Köpfe legt. Doch genau das legitimiert seine Allmacht: der König kein Mensch mehr, sondern durch Gottes Gnade zwischen Himmel und Erde gestellt als der große Mittler, der seinerseits nur einem einzigen Wesen, seinem Gott, als dessen Erster irdischer Priester dient.

Ein anderer großer Atheist dieses Jahrhunderts, Friedrich II., wird dies sehr genau erkennen und in genialischer Schläue an die Stelle Gottes den Staat an sich als ein gleichsam abstraktes höheres Wesen setzen und sich als dessen Erster Diener ausweisen: Es ist nichts anderes als das alte, wohlvertraute Gottesgna-

dentum in neuer Auflage, die preußische Variante des »L'état
– c'est moi«-Prinzips in vermeintlich modernem Gewand. Diese
Manipulation gelingt so gründlich, daß ihre Folgen für das deutsche Staatsverständnis und seine Autoritätsgläubigkeit bis auf
den heutigen Tag zu spüren sind. Allerdings: Friedrich II. ist ein
Genie, was Staatsmann Struensee gewiß nicht ist. Und Friedrich
ist von Anfang an der gekrönte König. Struensee bleibt jedoch,
trotz Grafentitel und Mathildenorden, der kleine Pastorensohn
aus Halle.

Als heimlicher Herrscher ist Struensee noch auf der Höhe seiner Macht, als von Stockholm her Kronprinz Gustav für einen
kurzen Besuch nach Dänemark kommt. Erstaunt sieht er sich
vom Leibarzt seines Schwagers wie vom eigentlichen Hausherrn
empfangen. Mokant blickt er auf die vielen Bürgerlichen an der
königlichen Tafel. Dennoch müßte dem Schwedenprinzen der
Reformer Struensee sympathisch sein. Denn auch Gustav bewegen schon umfassende Neuerungspläne für den gleichfalls in
allen Fugen schwankenden, tiefbankrotten schwedischen Staat,
und als König wird er sich mit den bürgerlichen Ständen gegen
seinen Adel zu verbünden suchen, bis ihm die erbosten Herren
auf dem berüchtigten Maskenball von 1792 mit einigen wohl-
gezielten Schüssen ihre aristokratische Quittung erteilen. Doch
zwanzig Jahre zuvor ergibt sich von Reformer zu Reformer kein
Kontakt. Der Bürgerliche bleibt für den Prinzen der »mit Krethi
und Plethi verkehrende Plebejer«, ein Aufsteiger und Parvenü,
sonst nichts. Und hat Struensee im Bewußtsein der von ihm be-
glückten Untertanen je eine andere Rolle gespielt?

Ein Bernstorff durfte zwanzig Jahre glücklos vor sich hin wur-
steln und gilt dennoch als der große Mann. Er ist eben der Herr
aus großem Haus, der legitime Grandseigneur und damit in den
Augen einfacher Menschen für die höchste Position im Staat
rechtens ausgewiesen. Doch einer wie Struensee: Der ist doch
nur, was man selber ist. Was macht so einer im höchsten Amt?
Wieso maßt der sich an, andere zu beglücken? Und wie kommt
er überhaupt dahin? Das geht doch nicht mit rechten Dingen
zu. Sonst könnte ja am Ende jeder in die gleiche Position ge-

langen. Und wenn sich dieser Struensee wenigstens so verhalten würde, wie man sich selbst in seiner Lage verhalten würde, also Reichtümer an sich raffen, ein Palais bauen, ein fröhliches Luxusleben führen: Das wäre wenigstens verständlich. Aber wenn einer sich am Hof so verhält, als sei dieser Himmel auf Erden nichts anderes als seine kleine Arztwohnung zu Altona, muß er doch Schlimmeres, das Schlimmste vielleicht im Schilde führen: Also kein Pardon für einen, dem es besser geht, ohne von Hause aus etwas Besseres zu sein.

Struensee mag das spüren, als er nach Minister- und Grafentitel greift. Doch bleiben alle Titel nichts als Goldlack, und so stolz sich auch auf seinem frisch entworfenen Grafenwappen in feiner Anspielung auf die ominöse Herkunft seines Familiennamens die Segel eines Schiffes blähen: Struensee bleibt in den Augen der anderen der bürgerliche Usurpator, bei dem allein schon sein Aufstieg etwas eigentlich Unschickliches ist. Und er bleibt der Staatsmann, der es schließlich keinem mehr recht machen kann.

Die murrenden Stimmen gegen sein Regime werden immer lauter. Sie wispern nicht länger im Untergrund. Jeder kann seinen Unmut über Struensee lauthals artikulieren, dafür hat er selbst gesorgt. Wieder meinte er, ein Ideal zu verwirklichen, als er jegliche Zensur aufhob: Die Presse ist für den ehemaligen Gelegenheitsjournalisten die legitime Opposition im Staat, der Wächter über die Obrigkeit, die Wahrheit in Person. Und wieder erliegt er dem Irrtum Altonaer Tage, als er mit den Wahrheiten seiner »Monatsschrift« Unzers gefällige Nichtigkeiten beiseite drücken wollte. Es siegt nicht immer die Vernunft, und nicht nur die eine Wahrheit dominiert: Auch das hat Struensee nie so ganz begriffen.

Anfangs scheint noch alles gut zu gehen. Wohlgefällig blättert der Minister in den allerorten aus den Boden sprießenden Gazetten und genießt die satirischen Attacken gegen Sportelwesen, Lakaiismus und Bevorzugung des Adels. Das ist auch seine Meinung, hier wird sie gebührend propagiert: In einer freien Presse scheint der Politiker seinen idealen Verbündeten zu finden. Doch dann ändert sich der Ton. Vor allem das Objekt allgemeiner Angriffslust wechselt. Jetzt ist es der Minister selbst, der attackiert wird. Die Angriffe werden immer heftiger, die abgeschossenen Pfeile immer giftiger, und die meisten gelten weniger dem Politiker als dem Privatmann. Struensee, sofern ihn die ersten Attacken überhaupt erreichen, reagiert wiederum mehr verwundert als gereizt: Sichern seine Gesetze nicht jedem seinen persönlichen Freiraum? Kann er da nicht auch selbst seinen ganz persönlichen Freiraum beanspruchen? Was geht die anderen sein Privatleben an? Der Staat ist schließlich kein Moralapostel. Er soll Menschen glücklich machen, nicht überwachen oder gängeln.

Das klingt wieder sehr vernünftig. Die Angriffe verstummen dennoch nicht. Und wer sie nicht in den Zeitungen liest, hört sie sonntags in der Kirche. Dort strecken die Pastoren warnend den Finger zum Himmel: Der einen großen Mißernte ist eine weitere gefolgt – ist das nicht ein Zeichen Gottes? Hängt sein Zorn über dem Land? Den frommen Dänen graust es. Und immer lauter werden die Rufe nach dem König: Wo ist der gute Christian? Warum schreitet er nicht gegen die allgemeine Verderbnis ein?

Wieder rundet sich ein Teufelskreis. Denn den ersten Verordnungen war noch erleichterter Jubel gefolgt, und aller Ruhm war dem König und nicht dem Mann im Hintergrund zugeströmt: Das ist nun einmal Gesetz beim Spiel mit den vertauschten Köpfen. Wenige Monate später ist der Jubel verflogen. Die Schattenseiten der Reformen zeigen sich. Zugleich tritt aber Struensee als die eigentliche Macht im Staat hervor. Der schlichte Untertan zieht seinen Schluß: Unter dem König war alles gut gegangen. Unter Struensee geht vieles schlecht. Also soll der König wieder regieren. Doch wo steckt nur Christian?

Auch mit ihm schien anfangs alles gut zu gehen. Mit der wachen Neugier eines Kindes hatte der König den Aktivitäten des Freundes zugeschaut und eifrig seinen Namen unter alles gesetzt, was ihm der andere zuschob. Doch dann kommt es zu Rückfällen in die frühere Apathie. Der König hockt da mit herabhängenden Armen, er lallt nur noch. Plötzlich scheint ihn Wut zu packen. Er springt auf, schreit heraus, nie wieder etwas unterschreiben zu wollen, schleudert Papier und Gänsekiel beiseite – der alte Wahn hat ihn gepackt. Und sein Arzt begreift: Dieser Kranke ist unheilbar.

Aber er kann nichts tun. Bei seinen tausend anderen Pflichten bleibt für Christian keine Zeit. Er kann sich nur an Brandt wenden und bitten, sich um den König zu kümmern und ihn von seinen schlimmsten Tollheiten abzulenken. Der frischgebackene Graf, der eigener Leistung nichts, dem Freund Struensee alles verdankt, reagiert nahezu beleidigt. Er ist schließlich der Meister schöner Künste, nicht der Aufpasser der Majestät. Mit Brandt erlebt Struensee also das gleiche wie mit Rantzau: Immer sind es seine Freunde, die seine schlimmsten Feinde sind. Er selbst steht allein, nur den König neben sich.

Weiterhin hat Christian seine lichten Augenblicke. Er ahnt dann seinen wahren Zustand. Dann scheint es ihm für Augenblicke vor sich selbst zu grauen: Wie, wenn er in seinen düsteren Augenblicken etwas unterschreibt, was unheilbaren Schaden anrichtet? Denn offiziell wirkt er ja ganz normal und muß auch normal wirken, um nicht der Clique um Juliane Marie endlich ihren Anlaß zu seiner Enthebung zu liefern. Und dann wäre es auch aus mit allen Struensee-Reformen. Eine Lösung scheint endlich gefunden, als Struensee allein, »auf Befehl des Königs«, unterschreiben darf, und vorsorglich wird festgelegt, daß solche Befehle auch durch spätere, vom König selbst unterzeichnete Erlasse nicht aufgehoben sind. Doch das Problem Christian besteht weiter und gewinnt immer ärgeres Ausmaß.

Seine Anfälle werden häufiger und heftiger. Mit schwerer Zunge spricht er davon, wieder einmal in die Stadt zu ziehen, dort zu zechen und auf dem Heimweg in vertrauter Art ein paar Fensterscheiben einzuschlagen, am besten beim alten Reventlow. Struensee erschrickt zutiefst. Ein öffentlicher Skandal, der vor aller Augen Christian als unheilbar Wahnsinnigen zeigt, wäre das Ende, für den König und ihn selbst. Also muß Christian so strikt wie möglich vor jeder Öffentlichkeit abgeschirmt werden. Schon dürfen die ausländischen Gesandten nicht mehr vor den König treten. Und Struensee zählt in diesen Frühlingswochen die Tage, bis es wieder aufs Land hinaus geht. Man wird diesmal nicht nach Frederiksborg, sondern in das noch entlegenere Hirschholm ziehen. Dort ist man wenigstens einige Monate lang vor den Blicken des Volks sicher. Das Volk ruft aber immer lauter nach dem König: Wo hält er sich versteckt? Oder wird er gar am Ende von anderen versteckt gehalten, von Struensee und der Königin?

Im Hintergrund wühlt die Presse und wettern die Pastoren. Sie zeichnen das rechte Bild: ein armer, viel zu guter König in den Teufelskrallen dieses Struensee und seiner Buhlin in der Männertracht. Und nun verschleppen sie ihn auch noch nach Hirschholm. So sehen denn die Menschen ihren geliebten Herrscher in jagender Fahrt hinaus aus seiner Hauptstadt ziehen, schauen auf eine zusammengesunkene Gestalt, in ein bleiches Gesicht mit flackerndem Blick. Jetzt wissen sie genug: Ihr Herrscher wird mit Opiaten und anderen Narkotika vergiftet. Am Ende will man ihn ermorden. Und dann ist Struensee vollends an der Macht. Vielleicht läßt er sich sogar selbst zum König krönen. Denn was ist jetzt noch ausgeschlossen? Was wird noch alles geschehen?

Es geschieht, daß am 7. Juli 1771 Königin Caroline Mathilde auf Schloß Hirschholm ein gesundes Mädchen zur Welt bringt. Nach beiden Großmüttern wird es Luisa Augusta genannt, Stiefgroßmutter Juliane Marie ist Patin. Offizieller Jubel wird angesetzt: Böllerschüsse durchhallen das Land, Bläserchöre treten an, Dankgottesdienste werden befohlen. Doch im Volk bleibt alle spontane Begeisterung aus. Die Dänen sehen sich betreten an, und bei den Dankgebeten bleiben alle Lippen stumm. Viele verlassen noch vor Ende der Gottesdienste die Kirchen, in schweigendem Protest. Denn jeder meint zu wissen, was geschehen ist, und der Volksmund hält schon seinen Spottnamen für das kleine Mädchen bereit. Dort heißt es nur »Prinzessin Struensee«.

Es gilt das gleiche wie für den Anfang der Beziehung zwischen

Arzt und Königin: Es kommt überhaupt nicht darauf an, ob Struensee tatsächlich der Vater ist. Allein zählt, daß ihn alle dafür halten und niemand daran zweifelt, daß an diesem Hof solch ein Skandal möglich ist. Und als nur vierzehn Tage später Struensee in den Grafenstand erhoben wird, durchgellt das Land hämisches Gelächter: So also werden die Dienste dieses »Geburtshelfers« entlohnt, der höchstselbst die Geburt seiner Tochter überwacht hatte. Und alles Mitleid wendet sich dem gehörnten König zu. Der andere Name wird aber nur noch haßerfüllt gezischt: Struensee ...

In diesem Sommer 1771 überschreitet ein guter alter Bekannter des Königs die Grenze, Salomon-François Reverdil. Er ist unterwegs nach Hirschholm. Und gleich nach seinem Grenzübertritt notiert er: »Am meisten erstaunte mich der Abscheu, den die Namen Struensee und Brandt hervorriefen. Der öffentliche Haß hätte nicht heftiger und allgemeiner sein können ...« So ist denn ein unaufhaltsamer Aufstieg zum unaufhörlichen Abstieg geworden. Der heimliche ist zum unheimlichen Herrscher geworden, und die Tragödie eines Reformers beginnt.

Struensees Verhaftung

VI. Teil

Tragödie eines Reformers

Ist es zum Unglück anderer nicht genug,
daß Fürsten Menschen sind?

Gotthold Ephraim Lessing, Emilia Galotti

Gesucht wird Doktor Struensee

Es ist nun Herbst, sehr klar und kalt, und alte Leute prophezeien einen frühen, harten Winter. Auf seinem Pferd galoppiert der gerühmt gute Reiter Struensee durch die Wälder um Hirschholm. Doch an diesem Tag scheint ihm die sichere Hand zu fehlen. Er stürzt, und tagelang sieht es böse mit ihm aus: Ein Arm und einige Rippen sind gebrochen, und der Patient hat starke Schmerzen. Die anderen staunen: Wie hat das diesem sicheren Reiter nur passieren können? Oder ist er gar nicht so sicher? Ist am Ende dieser Unfall gar nicht so zufällig gekommen? Flüchtet hier einer in die Krankheit – vor Problemen, denen er sich immer weniger gewachsen fühlt?

Es ist schön auf Hirschholm, so ganz anders als die beiden Sommer zuvor. Die Wochen auf Frederiksborg: Das war die Zeit tastenden Erkennens gewesen, der neuen Rollenbestimmung am Hof. Der Sommer 1770, die Holstein-Fahrt: Das war der große Rausch, die Explosion, der ungestüme Griff zur Macht. Jetzt breitet sich Ruhe aus, und die *menage à trois* durchlebt ein Idyll. In ihrem Zimmer nährt die Königin ihre kleine Tochter selbst, der Arzt hat das befohlen. Der König tollt mit einigen jungen Hunden und seinem Lieblingsmohren Moranti herum und ist froh, von allen Regierungsgeschäften befreit zu sein. Und irgendwo läuft der kleine Prinz herum, ein kräftiger, gesunder Junge, der vor Vergnügen kreischend in die von Struensee verordneten kalten Bäder springt. Der Sommer müßte ewig dauern.

Aber der Herbst kommt und mit ihm die Zeit, da der Hof eigentlich in die Hauptstadt zurückkehren sollte. Doch läßt man sich Zeit. Nur mit Grauen mag der bettlägerige Struensee an das ewig aufsässige, immer lauter aufbegehrende Kopenhagen denken. Hier auf Hirschholm ist alles still, und mancher deutet das schon als die Ruhe vor dem Sturm. Und dann scheint er tatsächlich heraufzuziehen. Schritte stampfen herbei. Stimmen schrillen. Nach dem König wird gerufen. Der Minister starrt erschrocken aus dem Fenster: Kommt der Herrscher nicht zu seinem Volk, so nun das Volk zu seinem Herrscher.

Vor dem Schloß sind dreihundert Männer aufmarschiert, breitschultrig und rotgesichtig. Ihren vierschrötigen Gestalten sieht man ihr schweres Gewerbe an. Es sind Seeleute aus Norwegen. Im Sommer sind sie für die dänische Marine angeworben worden und wollen nun von ihrem König wissen, was eigentlich gespielt wird. Sie haben noch immer keinen Sold bekommen und besitzen nicht einmal genügend Geld, um sich ihr täglich Brot zu kaufen und vielleicht noch einen Schnaps dazu. Da ist doch etwas faul im Staat, der seine Kinder nicht ernährt.

In der Tat ist manches faul, und Struensee kennt die Zusammenhänge. Er selbst hatte im Frühjahr beschlossen, die große Scharte der Bernstorff-Ära, die so jämmerlich mißglückte Strafexpedition gegen die algerischen Piraten, auszuwetzen. Zwei Kriegsschiffe waren in Auftrag gegeben worden, und schon während der Werft-Arbeiten war es zu Unruhen gekommen. Denn Struensee hatte auf Eile gedrängt, auch sonn- und feiertags hatte gearbeitet werden sollen, allerdings ohne die sonst in solchen Fällen übliche doppelte Löhnung. Das empörte die Werftarbeiter tief, sie hatten gestreikt und wären fast hinaus nach Hirschholm marschiert. Doch hatte der Konflikt noch einmal beigelegt werden können.

Inzwischen waren die königlichen Werbeoffiziere durch Norwegen gezogen und hatten Matrosen angeheuert. Dreihundert Männer folgten ihrem Ruf und zogen nach Kopenhagen. Doch die Schiffe sind noch immer nicht fertig, und der von Struensee beauftragte Beamte hatte nicht einmal für Quartiere und ausreichende Verpflegung gesorgt. Die biederen Männer verstehen das nicht.

In ihrem Weltbild ist der König noch ganz der Gott und große Vater, und kein guter Vater läßt seine Kinder hungern. Dabei denkt niemand an Gewalt und Aufstand. Nur einmal nachsehen wollen sie, woran das alles liegt. Die Männer erheben sich ächzend und marschieren in langer Reihe nach Hirschholm. Sie sind ganz friedlich. Aber im Schloß bricht Panik aus. Die ersten Höflinge stehlen sich bereits durch die Hintertür davon, und auch die Königin legt schon ihr Reitkleid bereit. Struensee wahrt halbwegs Ruhe. Aber auch er wird nervös. Ohnehin nicht auf der Höhe seiner Spannkraft, verschanzt er sich in seinen Räumen und läßt vor Hirschholm Dragoner aufziehen.

Der grobe Empfang verschlägt den Seeleuten die Sprache. So begrüßt ein Vater seine Kinder nicht. Ihr Murren dringt bis zu den Schloßfenstern hinauf, jetzt werden auch schon Messer gezogen, und die friedliche Demonstration droht tatsächlich zur Revolte zu werden. Struensee scheint endlich zu begreifen. Zwar treten weder er noch der König vor die tobende Menge. Aber wenigstens wird ein Adjutant hinausgeschickt. Er verspricht den Demonstranten die Erfüllung aller Wünsche. Noch immer murrend, ziehen die Matrosen ab. Aber als sie in der Hauptstadt tatsächlich ihr Geld erhalten, mit einer Extra-Ration Branntwein dazu, und der schuldige Beamte entlassen wird, scheint der Frieden gerettet. Doch bleibt der 10. September ein Fanal.

Die Marschtritte der Matrosen sind noch nicht ganz verhallt, als sich schon der nächste Menschentrupp Hirschholm entgegenschiebt. Diesmal sind es die Arbeiter aus den stillgelegten Seidenmanufakturen. Auch sie protestieren dagegen, um Brot und Arbeit gebracht zu werden. Wieder weicht Struensee in einen Kompromiß aus und verspricht, daß wenigstens noch eine Weile die Webstühle erhalten bleiben sollen. Auch diesmal scheint sich die Menge zufriedenzugeben und der allgemeine Frieden gerettet zu sein. Aber die Maschinerie, von Struensee selbst in Bewegung gesetzt, rotiert weiter. Der Minister muß erkennen: Sie bewegt sich nicht, wie er erträumt hat, einer neuen, besseren Zeit entgegen. Sie rollt auf ihn selber zu, in mahnender Unerbittlichkeit.

In Kopenhagen grassieren weiterhin die wüstesten Gerüchte. Jetzt entwerfen sie schon ein ganz konkretes Bild, das von einer schrecklichen Vision genährt wird, von der Erinnerung an die Ereignisse am Zarenhof vor rund zehn Jahren: Ermordung Peters III., sein Nachfolger ein unmündiges Kind, seine Frau

Katharina, von ihren Günstlingen und Helfershelfern umgeben, die allmächtige Regentin – läßt sich das nicht auch auf Dänemark übertragen? Hatte nicht schon lange vor Struensees Auftritt der russische Gesandte Filosofow in dröhnender Taktlosigkeit ausgerufen, auch dieser König würde noch seine Katharina bekommen? Sollten das etwa prophetische Worte gewesen sein?

Auch hier ein schwächlicher, vielleicht geistesgestörter König, auch hier eine selbstbewußte Herrscherin und im Hintergrund, als ein anderer Potemkin oder Orlow, Struensee – sein Netz scheint schon geknüpft: Gemeinsam mit der ihm hörigen Königin werden sie sich Christians entledigen, dann ist Caroline Mathilde automatisch Regentin und ihr Geliebter Erster Mann im Staat. Vielleicht heiraten sie sogar. Die Königin hat ja schon verkündet, sie hätte nichts gegen einen Bürgerlichen, wenn sie ihn nur liebt, und die entsprechenden Gesetze liegen dank Struensee auch schon vor. Und Kronprinz Friedrich? Auch ihn hält schon der Minister fest in seinen Krallen, und erschüttert erzählt man sich, wie Struensee den kleinen Jungen hungern und frieren läßt. Wahrscheinlich will er auch ihn ermorden, damit Platz wird für ihn selbst und seine Brut. Der König aber, dieser edle Narr, schenkt dem Favoriten seiner Frau auch noch eine prächtig funkelnde Kutsche. Nach seiner Ermordung wird sich Struensee wahrscheinlich darin zur eigenen Krönung fahren lassen.

Von diesen Gerüchten weiß Struensee nichts. Sein Hauptproblem bleibt Christian. Verzweifelt hält er am Spiel der vertauschten Köpfe fest: Niemand darf erfahren, wie es um den König steht. Doch so dicht sind auch Hirschholms Hecken nicht, als daß nicht immer neue Geschichten über Christian ins Volk dringen, und auf jede machen sich die Menschen ihren eigenen Reim.

Sie wissen von Christians wirren Streifzügen durch den Park, bei denen er jede gerade im Weg stehende Vase oder Putte zerstört. Sie hören von jenem Theaterabend, als der König plötzlich aus der Loge stürzte und sich in einem seiner selbstzerstörerische Anfälle den Schädel an einer Mauer einzurammen versuchte, unter verzweifeltem Ächzen: »Es rappelt in mir …« Und dann der Tag, als ausgerechnet zur Gottesdienstzeit Christian auf dem Schloßbalkon erschienen war und unter schrillem Lachen Bücher, Holzscheite, Feuerzangen, ganze Aktenstöße in den Hof hinuntergeworfen hatte; es waren Geheimdokumente von höchster Wichtigkeit darunter. Da meinen denn alle zu wissen, was auf Hirschholm vor sich geht: Zerrüttet von den Giften Struensees, rast ein Kranker gegen seinen Kerker an und stößt letzte Hilferufe aus …

In dieser Situation sieht Reverdil seinen ehemaligen Schüler wieder. Er ist auf Struensees Anregung hin zurückgerufen worden, seit Brandt als Krankenwärter versagt. Jetzt soll Reverdil an seine Stelle als Bewacher Christians treten, und der Schweizer ist aufs Ärgste gefaßt. Er hat im Land den Haß auf Brandt und Struensee gespürt, er hat die Flugschriften gelesen, die überall im Land kursieren und selbst dem König in den Wagen geworfen werden. Doch zunächst ist er angenehm enttäuscht. Er betritt kein Tollhaus, sondern sitzt mit den anderen in friedlicher Runde zusammen, und Christian scheint in bester Verfassung zu sein. Erst im Gespräch unter vier Augen ändert sich das Bild.

Christians Sinne scheinen sich plötzlich zu verwirren. Er stammelt nur noch, verwechselt Namen und Personen und spricht von sich selbst nur in der dritten Person. Die Begriffe verschieben sich, Struensee wird plötzlich zum König von Preußen, der jede Nacht mit der Königin schläft, und zwischendurch bricht Christian immer wieder in kreischendes Gelächter aus. Zutiefst erschrocken, begreift Reverdil: Ein Schwerkranker sitzt vor ihm, ein unheilbar Geistesgestörter. Und wieder spricht der König von seinen Selbstmordabsichten. Er weiß nur nicht genau, ob er sich erhängen, erstechen oder den Schädel zerschmettern soll, und eines Morgens will er schließlich ins Wasser gehen. Struensee ist dabei und bleibt ganz ruhig: »Würden Sie sich etwas beeilen; wenn Sie dann wieder hochkommen, können Sie mitfahren …«

Es ist die alte Taktik, dem König nie zu widersprechen und

seinen Launen scheinbar so lange nachzugeben, bis ihrer der König überdrüssig ist oder sie vergessen hat. Im übrigen versucht Struensee wieder seine alte Beschäftigungstherapie. Er hetzt den Kranken zu immer neuen Parforcejagden hinaus, zu den Wettrennen der Dragoner oder ins Kopenhagener Theater. Auch auf Hirschholm findet jede Woche ein festlicher Empfang mit anschließender Opernaufführung statt.

Die kurze Zeit strikter Sparsamkeit scheint wieder vorbei. Jetzt geht es wieder bunt und lustig zu, mit Feuerwerk vor Schloß Rosenborg, mit Pantomimen- und Seiltänzerdarbietungen vor Frederiksborg. An den Spieltischen lagert wieder die Höflingsschar, mit dem begeistert seine Einsätze wagenden Christian in der Mitte. Auch das spricht sich herum, und auch darauf macht man sich seinen Reim: Der große Sparmeister Struensee, der jeden Luxus als staatsfeindlich verdammt – kaum fühlt er sich seiner Macht sicher, kehrt er wieder zum alten Lotterleben zurück. Und wie ordinär es dabei zugeht: Auf der Bühne werden nur noch die primitivsten Schwänke gegeben und von allen Glücksspielen das simpelste, »Loup« genannt, bevorzugt. Hier zeigt sich eben der typisch plebejische Geschmack.

Einen schmerzt diese Entwicklung besonders, und das ist Enevold Brandt. Zunächst hat er sich noch im Triumph über den verhaßten Holck sonnen dürfen. Doch allmählich fragt er sich, ob nicht Freund Struensee der viel schlimmere Typ ist. Er intrigiert nicht. Aber er befiehlt. Und seine Befehle knallen Brandt wie Peitschenhiebe um die Ohren: Er soll nicht seinen Träumen von einem glanzvollen kulturellen Leben nachhängen. Er soll gefälligst seiner Pflicht nachgehen, sich um den König kümmern und ihm Zerstreuung schaffen.

Aber der König mag Brandt nicht. Er zieht ihm den Mohren Moranti vor und hat für Brandts ästhetische Ideale nur ein verächtliches Achselzucken. So darf sich Brandt zwar Graf und Exzellenz nennen, führt aber in Wahrheit nur ein Schattendasein, demütigender und schlimmer als in der Ära Holck. Und da ist dann eines Tages seine Geduld am Ende. Er sagt es Struensee nicht direkt ins Gesicht, aber er schreibt ihm einen langen Brief, der zu einem der aufschlußreichsten Dokumente der Ära Struensee wird.

Enevold Brandt macht seinem Herzen Luft, über die Loup-Seuche, die ihn selbst allmonatlich ein kleines Vermögen kostet, über die unsagbar langweiligen Hoffeste und das miserable Niveau der theatralischen Lustbarkeiten, das noch miserabler sein würde, »wäre ich nicht so standhaft gewesen«. Struensees Knausrigkeit wird angeprangert, die demütigende Rivalität zu Moranti herausgestrichen, selbst an den neuen Uniformen der Lakaien herumgemäkelt. Das Schlimmste bleibt aber für Brandt der Umgang mit dem König: »Es muß für einen von Natur aus empfindsamen Mann äußerst deprimierend sein, einem König täglich Gesellschaft zu leisten, der ihn als eine Last empfindet und alles nur Mögliche tut, um von ihm befreit zu werden …« Aber: »Sie zwingen mich dem König auf und nötigen mich obendrein, den König streng zu behandeln …« Und dann kommt Brandt zu dem Punkt, der ihm wohl am meisten zu schaffen macht.

Gemeinsam mit Struensee war er in den Grafenstand erhoben worden, und alle Welt, vor allem er selbst, hatte angenommen, den beiden Grafen würden nun auch angemessene Besitzungen überschrieben werden. Doch nichts geschieht. Struensee beläßt es beim Titel, der seinen Rang innerhalb der höfischen Hierarchie festlegt. Das ist ihm genug. Brandt kann das nicht fassen: »Die ganze Stadt erwartet täglich zu hören, daß Ihnen der König Güter geschenkt habe; man nennt Walloe und Wemmetoffe, während für mich andere bestimmt sind. Man findet es sonderbar, daß wir Grafen ohne Grafschaft sind …«

In holder Unschuld illuminiert hier ein typischer Höfling den Geist seiner gesamten Epoche. »Die ganze Stadt erwartet«: Sie erwartet als selbstverständlichste Sache der Welt, daß sich ein politischer Aufsteiger auch gehörig bereichert, denn warum hätte er sonst Karriere gemacht? »Man findet es sonderbar«: Als sonderbar gilt, wenn einer in dieser Welt *nicht* korrupt ist, nicht nach Kräften darauf bedacht, das ausgesogene Volk gleich noch einmal auszusaugen. Wie geht es doch in Lessings »Minna von

Barnhelm« zu? Der grundanständige Tellheim gerät in den Verdacht der Korruption, gerade weil er sich grundanständig verhalten hat. Anstand kann dieses 18. Jahrhundert nicht fassen, nicht bei einem preußischen Offizier und auch bei einem dänischen Minister nicht.

Struensee nimmt Brandts Vorhaltungen sehr ernst. Unverzüglich antwortet er und kritzelt seine Stellungnahme gleich auf den Rand des Brandt-Schreibens. Sie fällt kühl und sachlich aus, voll tadelnder Würde. Brandts Vorwürfe werden zurückgewiesen, seine Nebenbuhlerschaft zum Negerknaben verächtlich abgetan. Und Struensee betont die Notwendigkeit, den König zu unterhalten und ihn von seinen wirren Launen abzulenken. Das sei viel wichtiger als alles noch so bewunderte kulturelle Leben: »Sie ziehen ... es vor, den Beifall des Publikums zu gewinnen, statt sich nach den Launen und Eigenheiten des Königs und der Königin zu richten. Deren Verlangen ist aber auf das Komische gerichtet gewesen. Tausend Mal habe ich Ihnen die Gründe dafür erläutert und daß dieses Verlangen im Charakter des Königs begründet sei ...« Und was das Loup-Spiel betrifft: Es ist nun einmal »das einzige Kartenspiel, das den König amüsiert; ich habe vergeblich andere empfohlen ...«

Das ist noch der Ton eines strengen Lehrers, der seinen unfolgsamen Schüler zur Ordnung ruft. Aber als dann die Rede auf die nicht überschriebenen Güter kommt, wird Struensee sehr persönlich: »Was mich betrifft, so würde ich solche Geschenke nicht annehmen, selbst wenn der König die blindeste Ergebenheit für mich hegte, und werde daher zu einer solchen Sache auch nichts beitragen, sondern mich derselben jederzeit widersetzen ...« Und schließlich: »Sie werfen mir vor, daß ich aller Welt Furcht einflöße. Sie müßten mich eher dafür loben, weil es das einzig richtige Mittel ist zur Heilung eines entnervten schwachen Staates mit einem intriganten Hof und Publikum und einem Herrn von schwachem Ansehen und gleichem Wankelmut wie sein Volk. Sie sollten mich lieber beklagen, weil ich nicht geliebt werden kann, wenn ich meine Pflicht erfülle ...« Denn – und dies mag nun als ganz persönliches Credo des Reformers Struensee gelten: »Ein gefälliger Minister, der nicht tatkräftig handelt, ist nur ein Charlatan, ein Harlekin …«

Die tiefste Tragödie des Reformers Struensee ist niemals genauer umrissen worden als mit diesen Worten des Reformers selbst: Er weiß, wie es um ihn steht. Er begreift, daß einer wie er nicht geliebt werden kann. Aber er weicht diesem Dilemma nicht aus. Er meint genau zu wissen, was er tun muß, und er tut es, mit aller Konsequenz, auch um den Preis, von anderen nur gehaßt zu werden. Eine Unerbittlichkeit spricht aus dieser Haltung, die auch das geheime Grauen verständlich macht, das gerade dieser auf den ersten Blick so liebenswürdig-gefällige Mann bei anderen auslöst.

Er bereichert sich nicht und feiert keine Orgien. Aber ein ungezügelter Genußmensch ist auch er. Sein Genuß ist die Arbeit, seine Orgien finden an seinem Schreibtisch statt. Schreibt er dort »auf Befehl des Königs« seinen Namen unter immer neue Erlasse hin, mag er die höchsten Wonnen empfinden: Seine Geliebte ist der Staat, sie zu ändern, nach seinem Bild zu formen, seine höchste Leidenschaft. Dabei gilt nur, was er denkt und sagt.

Denn nur was er denkt und sagt, kann richtig sein. Und wer das nicht erkennt, muß zu seinem Glück eben gezwungen werden, notfalls gegen seinen Willen. Der Reformer Struensee ist weniger Politiker und Staatsmann als Lehrer und Dompteur, und hinter der Maske des aufgeklärten Vernunftmenschen wird ein anderes Bild erkennbar: In seinem pädagogisch alles bessernden Eifer entdeckt man auch den Pietisten Struensee. So weit sind Christiansborg und das Pastorenhaus zu Halle voneinander nicht entfernt, so unähnlich sind sich Vater und Sohn nicht. Auch der Sohn predigt. Auch er geißelt irdischen Luxus, nicht als Ausgeburt der Hölle, sondern als einen Spiegel blanker Unvernunft. Sie ist für Struensee der Satan. Er weiß Gott, also die Vernunft, auf seiner Seite und ruft in ihrem Namen zur Einkehr auf. Vater und Sohn sind in ihrem Selbstverständnis gleichermaßen ohne Fehl. Und beide dulden zu ihrem Weltbild keinen Widerspruch.

»Wen Gott liebt, den züchtigt er«: Nach diesem biblischen Prinzip ist Struensee erzogen worden. Nach dem gleichen Prinzip erzieht er selbst den Staat. Er sucht dabei nicht Liebe, und er empfängt sie nicht. Wie der Vater bei seinen Bekehrungspredigten macht er den Menschen Angst, bis sich eines Tages diese Angst gegen ihn selbst zu wenden beginnt wie damals in Halle der Sohn gegen den Vater in seiner unnachgiebig-rechthaberischen Frömmigkeit. Auch für Struensee gilt, was über einen anderen Mann von ähnlich missionarischem Absolutheitsanspruch gesagt wird: »Er ist gefährlich. Er meint, was er sagt ...« So der Genußmensch Mirabeau über den Asketen Robespierre. Auch Struensee meint, was er sagt. Das macht ihn gefährlich, für sich selbst und für alle anderen.

Brandt scheint diese Gefahr zu spüren. Er will fort aus dem bedrohlichen Umkreis des Freundes. In seinem Brief spricht er es ganz offen aus. Er möchte wieder in Paris leben, hätte er nur das Geld dazu, etwa zwanzigtausend Taler im Jahr, wie sie ihm beispielsweise die Überschreibung der Grafschaft Rantzau bringen würde. Wieder erteilt ihm Struensee eine schneidende Abfuhr: »Was Ihren Vorschlag anbelangt, so frage ich, ob Sie ihn nicht undelikat und eigennützig finden? Womit haben wir solche Belohnungen vom Staat verdient, daß wir uns in Paris amüsieren sollten, nur weil wir uns in Kopenhagen ennuyieren?« Brandt muß sich also weiterhin in der Gesellschaft seines Königs langweilen. Aber so langweilig ist sie gar nicht. Sie wird sogar hochgefährlich.

Bei einem Frühstück fängt es zunächst ganz harmlos an. Christian ist mißgelaunt wie häufig. Vor allem Brandt treffen gereizte Blicke. Nie ist dieser Mann mit seinem geziert weltmännischen Getue zu einer »Mutprobe« bereit, wie Christian die von ihm so geschätzten Raufereien nennt. Der Mut besteht vor allem darin, gegen das Gesetz zu verstoßen, demzufolge jeder tätliche Angriff auf die Person des Königs, sei er noch so harmlos, ein Staatsverbrechen ist und mit dem Tod gesühnt werden kann. Dieser Gedanke macht dem Sadisten in Christian Spaß: Schont ihn der andere, verstößt er gegen den ausdrücklichen

Befehl des Königs. Schont er ihn nicht, steht er als Majestäts-
beleidiger und Attentäter da. Darüber kann der Herrscher Tränen lachen. Brandt hingegen findet das nicht so komisch. Bisher hatte er noch diesen Duellen ausweichen können. Doch
nun nennt ihn der König einen Feigling und wirft ihm schließlich eine Zitrone ins Gesicht.

Brandt springt auf. Jetzt zittert er vor Wut. Er verlangt Ge-
nugtuung. Und selbst der sonst so behutsam abwiegelnde Struensee stimmt ihm zu. Wie ein strenger Vater seine ungezogenen
Söhne nimmt er die beiden bösen Buben an die Hand, ganz
nach dem Motto »Macht euren Krach unter euch selber aus!«,
und führt sie in ein separates Zimmer. Dort findet zwischen
König und Höfling ein reguläres Duell statt, mit den Fäusten
als Waffe. In Brandt mag sich dabei aller angestauter Ingrimm
über diesen königlichen Narren entladen, der seinerseits alle
Welt zu Narren macht.

Es braucht diesmal nicht das königliche Geheiß, ihn nicht zu
schonen. Brandt schlägt mit allen Kräften zu, und als er Christians Faust im Gesicht spürt, beißt er kräftig in die königliche
Hand. Damit ist die größte Wut verraucht. Brandt und König
geben sich zufrieden, und Christian umarmt den anderen sogar, bittet um Verzeihung. Und wie zur zusätzlichen Entschuldigung wird der Höfling zum »grand maître de garderobe« ernannt, zum königlichen Garderobenmeister. Damit könnte der
peinliche Zwischenfall ausgestanden sein, und alle sind sich darüber einig, Stillschweigen zu bewahren. Nur aus Christian
bricht die vertraute Schwatzsucht. Er kann es nicht lassen. Er
muß seinem Kammerdiener den Vorfall erzählen. So macht denn
auch diese Geschichte, entsprechend aufgebauscht, die Runde
durch das ganze Land und findet überall begierige Zuhörer. Sie
nicken wissend: So weit ist es also schon – Dänemarks König
muß sich von einem Freund des verhaßten Struensee prügeln
und beißen lassen …

Nun ist es wohl schon so, daß jede Geschichte dieser Art als
Beweis für Struensees Schreckensherrschaft gewertet wird. Und
so setzen denn die ersten tuschelnden Gespräche hinter noch

verschlossenen Türen und herabgelassenen Vorhängen ein. Die ersten Pläne zur Beseitigung des Tyrannen werden entworfen. Ebenso ängstlich wie hoffnungsvoll späht man dabei auf die Straße. Noch wahrt das Volk Ruhe. Aber längst gärt es auch dort, vor allem unter den vielen tausend Matrosen in der Hafenstadt. Auch sie hat Struensee tief verletzt, als er sie, mit dem gewohnten Federstrich, den Landstreitkräften gleichstellte. Natürlich war auch das eine nur vernünftige Entscheidung: warum der Unterschied, ob einer seinem Staat zu Wasser oder zu Lande dient? Warum also Privilegien für die einen und für die anderen nicht? Daß aber in einem Seefahrerstaat die Marine auch ein Mythos ist, der Stolz des ganzen Volkes, und ihre Matrosen sich wie Auserwählte fühlen – das hat Struensee wieder einmal übersehen. Und noch ein anderer Groll nistet in diesen Männern: Beim Januarfest zum Geburtstag des Königs waren ausgerechnet die Matrosen nicht geladen worden, vernünftigerweise. Die Rauf- und Trinklust dieser Männer ist schließlich bekannt. Und diese Schmach vergessen sie nicht.

Auch Struensee vergißt dieses Fest nicht. Für ihn war es allerdings keine Schmach, sondern ein Erfolg: Nie war in seiner Ära dem König so zugejubelt worden wie an jenem 29. Januar. Diesen Erfolg möchte er nun inmitten der gärenden Unruhe dieser Herbstwochen wiederholen. König und Königin sollen dabeisein, er selbst natürlich auch, alle wichtigen Hofbeamten, die ausländischen Gesandten. Und wieder strömt das Volk herbei. Fröhlich lagert es auf der Wiese unterhalb von Frederiksborg, läßt sich den gebratenen Ochsen schmecken und spült den Braten mit Strömen von Bier und Rum hinunter. Auch die diesmal ausdrücklich eingeladenen Matrosen bleiben friedlich und spaßen nur, ein anderer fetter Ochse wäre ihnen am Spieß noch lieber, der feiste Minister Struensee. Der ist allerdings nicht erschienen und mit ihm auch nicht der hohe Gastgeber, der König selbst, obwohl doch schon vor Schloß Hirschholm die königlichen Equipagen vorgefahren waren und die Garde zum Aufbruch nach Frederiksborg aufgesessen hatte.

Das große Rätseln setzt ein und verdüstert bald diesen zunächst so hell leuchtenden 28. September. Es heißt, Christian sei krank. Aber warum hat man ihn dann noch am Vortag an der Tafel gesehen, gutgelaunt und mit bestem Appetit gesegnet? Eine andere Version kommt auf: Struensee, noch an den Folgen seines Unfalls krankend, hätte vor dem Gedränge im Volk zurückgescheut. Und schließlich sickert noch ein drittes Gerücht durch: Eine Verschwörung gegen Struensee sei geplant gewesen und erst im allerletzten Augenblick aufgeflogen. Rebellen hätten schon bereitgestanden, den Minister von des Königs Seite fortzureißen und ihn davonzuschleppen.

Seltsamerweise wird nicht nach diesen Rebellen gefahndet. Es heißt lediglich, Hintermänner sei die Clique um Juliane Marie und ihren Sohn gewesen. Was daran richtig ist, wird nie geklärt. Doch paßt es in das Stimmungsbild, da in Hirschholm Minister, Königin und Brandt zusammensitzen und halb im Scherz, halb ernsthaft überlegen, was wohl ein jeder tun würde, müßten sie ins Ausland fliehen. Caroline Mathilde könne sich mit ihrer hübschen Stimme vielleicht als Sängerin versuchen, möglicherweise an dem Theater, das Brandt zu leiten gedenkt. Und Struensee schwärmt von einem still-philosophischen Leben auf dem Lande, nach der Art Rousseaus, »zurück zur Natur« …

Sir Robert Murray Keith, Großbritanniens Gesandter am dänischen Hof, stört den gezwungen munteren Kreis in seinen makabren Gedankenspielen auf. Er nimmt Struensee beiseite: Im Buckingham Palace betrachte man die dänische Entwicklung mit allergrößter Sorge, fürchte sowohl um die Königin wie um die englisch-dänischen Beziehungen, und das größte Gefahrenmoment sei er selbst, Struensee. Nur er könne noch alles retten, wenn er das Land verlassen würde. Man würde ihm auch viel Geld zahlen, wenn er sich nur beeilte. Denn schon überall raunt es von Verschwörung, Gruppen und Grüppchen bilden sich. Jeder will jeden auf seine Seite ziehen, selbst an Brandt wird herangetreten. Er scheint auch gar nicht abgeneigt, sieht bereits den Freund im ausländischen Exil und sich selbst als Nachfolger im Bett der Königin. Doch weicht er gleich wieder zurück. Vor Struensee ringt er die Hände: »Wollte Gott, Sie hätten den Hof niemals kennengelernt ...«

Quer durch das Land tobt jetzt immer wüster die Polemik gegen den Minister. An allen Mauern kleben Flugschriften und fordern ganz offen Struensees Tod. Er wird für vogelfrei erklärt, und Steckbriefe suchen den Doktor Struensee wie einen flüchtigen Verbrecher. Das kann selbst er nicht länger ignorieren. Er muß handeln. Und so unterschreibt er denn mit schwerer Hand den wahrscheinlich schmerzlichsten Erlaß seiner ganzen Amtszeit.

Pressefreiheit, Inbegriff jeder Freiheit schlechthin, ist ihm etwas Heiliges. Und doch kann er es nicht länger hinnehmen, daß im Namen dieser Freiheit sein eigener Untergang vorbereitet und sein Tod gefordert wird. Er müßte also das selbst gewährte Recht wieder aufheben. Aber dazu kann sich Struensee selbst jetzt noch nicht entschließen. Er, der in seinen Aktivitäten so unerbittlich-unaufhaltsam vorwärtsstürmt, nicht nach links oder rechts blickend, wird zum großen Zauderer, sobald er sich selbst herausgefordert sieht. So war es im Fall Rantzau, so ist es nun bei der Wiedereinführung der Zensur. Wieder meint Struensee, alle Seiten durch einen Kompromiß beschwichtigen zu können. Die Pressefreiheit wird nicht aufgehoben. Sie wird nur reduziert. Niemand soll mehr seine Giftpfeile anonym abschießen dürfen. Jeder soll mit seinem Namen zu dem stehen, was er veröffentlicht. Um den Mißbrauch der Pressefreiheit geht es also, nicht um diese Freiheit selbst. Struensee meint sie immer noch im Kern bewahren zu können.

Dem entsprechenden Erlaß vom 3. Oktober 1771 entgegnet Hohngelächter. Die Pamphletisten werden lediglich vorsichtiger und verpacken ihre polemischen Geschosse in die Form scheinbesorgter Fragen, etwa in der Art: »Ist es möglich, daß der Buhle einer Frau ihres Mannes aufrichtiger Freund und treuer Ratgeber sein kann? Und wenn er ihn zum Vertrauten nimmt, welche Folgen werden daraus entstehen für sie alle drei und für die Kinder?« Die Anspielung versteht jeder. Die Atmosphäre ist vergiftet genug. Und wenn Struensees Polizisten abends die

Schmähplakate von den Wänden reißen, kleben dort am nächsten Morgen neue, noch giftiger in ihren Angriffen auf Struensee.

In diesem Herbst gewinnt die dänische Szenerie gespenstischen Charakter: Am Hof stehen die Verschwörercliquen beisammen und sind sich nur noch nicht einig darin, wann und wie sie den Minister beseitigen. Durch die Hauptstadt ziehen düster die Matrosen und stoßen Flüche gegen den bösen Mann dort auf Hirschholm aus. In Hirschholm liegt aber ein kränkelnder Struensee zu Bett, ist für Wochen kaum anzusprechen und hängt seinen trüben Ahnungen nach.

Eigentlich könnte ihn nur noch eines retten. Eigentlich müßte er jetzt tatsächlich tun, was ihm alle unterstellen: den König beseitigen, die Königin zur Regentin machen und alle Macht endgültig an sich reißen. Aber er ist eben von seinem ganzen Naturell her nicht der Despot, den die Fama aus ihm macht. Dafür erweist er sich in der kritischsten Phase seiner Laufbahn, als das meiste schon verloren, aber vielleicht noch einiges zu retten ist, als ein großer Zögernder, der nahezu hilflos vor den Mechanismen nackter Macht steht und sie nicht zu nutzen weiß. Und darüber wird es Winter, der in diesem Jahr besonders hart und lang zu werden verspricht.

Der Absturz

Durch Kopenhagen heult Dezembersturm, und die Menschen haben sich fröstelnd in ihre Häuser zurückgezogen. Dennoch gibt sich in diesen Tagen die Hauptstadt frohgestimmt. Weihnachten rückt heran, und nur ganz leise mischt sich Bänglichkeit in die allgemeine Vorfreude. Denn jeder fragt sich, welche Überraschung wohl in diesem Jahr der Minister seinen Untertanen noch bescheren wird. Im Jahr zuvor war es die Auflösung des Geheimconseils gewesen. Was plant nun Struensee für das Jahresende 1771?

Ende November hatte sich der Hof endlich zur Rückkehr entschlossen. Doch immer noch meidet er die Hauptstadt und nimmt vorerst in Frederiksborg Quartier. Die Erklärung klingt lau: Eine Straße sei noch nicht fertig, solange müsse mit der Rückkehr des Königs gewartet werden. Tatsächlich hat Struensee, sein Leben lang zu intelligent, um blindlings mutig zu sein, in diesen Wochen nackte Angst befallen. Im kleinen Kreis seiner verläßlichen Berater steht nun nicht mehr sein Bruder im Mittelpunkt, sondern immer mehr tritt Falckenskiold in den Vordergrund. Vom Militär will jetzt der Minister wissen, was zu tun sei, und Falckenskiold rät militärisch. Er rät zu bewaffneter Macht.

Struensee, unsoldatisch seinem ganzen Wesen nach, versucht sich als Soldat. Er hat die berittene Garde des Königs als zu teuer aufgelöst. Jetzt stellt er aus verschiedenen Regimentern seine eigene Garde zusammen und inspiziert sie hoch zu Roß. Er befiehlt aus Seeland Dragoner herbei, und ihr Kommandant wird noch seine ganz bestimmte Rolle spielen. Es ist der Oberst Eickstädt. Diese Truppen lagern nun in der Nähe von Hirschholm und Frederiksborg, und in Kopenhagen meint man schon zu wissen, was den König eigentlich auf seinem Sommersitz zurückhält: keine schlechte Straße, sondern Struensees letzte Vorbereitungen für seinen großen Staatsstreich.

Wieder einmal fügt sich alles ins gemachte Bild: Vor der

Hauptwache in Kopenhagen werden die Kanonen geladen. Im Arsenal sollen weitere Geschütze feuerbereit stehen. Und dann wird auch noch der bisherige Stadtkommandant abgelöst und durch einen Oberst Gude ersetzt. Gude ist ein schon alter Mann, der bisher Kadetten unterrichtet hat, und seine einzige Befähigung für das Amt scheint zu sein, daß er früher einmal Falckenskiolds Lehrer war. Das also verspricht nun Struensees Weihnachtsüberraschung zu werden: die Überrumpelung der Hauptstadt. Und so wird denn immer ängstlicher, aber auch immer grimmiger hinaus nach Frederiksborg geblickt. Ein einziger Funke könnte die große Explosion bringen.

Auf Frederiksborg scheint sich Struensee wieder etwas zu fangen. Er kehrt zur alten Aktivität zurück, und weiterhin gehen seine Anordnungen hinaus, bis zu vier an einem Tag. Neben seinem Schreibtisch steht der Sekretär David Panning. Er reicht seinem Chef die Papiere und schiebt ihm schließlich auch die eine Ordre hin, wieder eine von Struensees wohldurchdachten Sparmaßnahmen: Nach der Garde zu Pferd soll nun auch die Garde zu Fuß aufgelöst werden. Struensee überfliegt das Blatt, setzt seinen Namen darunter: »Auf Befehl des Königs« – eine Garde zu Fuß gibt es nicht mehr, ein weiterer geldschlingender Luxus weniger. Anderes schert den Mann hinter seinem Schreibtisch nicht.

Es schert ihn nicht, daß diese Garde Stolz des ganzen Volkes ist, eine nationale Institution, und für Dänemark, was in Preußen zu Zeiten des Soldatenkönigs dessen »lange Kerls« gewesen sind. Es scheren ihn nicht die Empfindungen dieser Leute selbst. Und am wenigsten schert ihn das prompt kursierende Gerücht, dies sei ein weiterer Schritt zur Machtergreifung und Struensee würde jetzt aus der Armee systematisch alle Norweger und Dänen verdrängen, um sie durch Söldnertruppen aus seiner deutschen Heimat zu ersetzen. Auch diese Gerüchte erreichen den Minister nicht. Allenfalls wundert es ihn, daß diesmal die Generalität widerspricht und sich weigert, den von ihm unterschriebenen Befehl auszuführen. Struensee bleibt gleichmütig. Wenn seine Unterschrift nicht genügt, wird er eben zum König gehen. So geschieht es denn auch. Darüber ist es der 24. Dezember geworden, und auf die Hauptstadt wartet ein Weihnachtsfest besonderer Art.

Vor Christiansborg marschiert ein letztes Mal die Garde auf, dreihundert Mann, Norweger zumeist und viele nicht ganz nüchtern. Denn bereits am Morgen war die fällige Weihnachtsration Branntwein ausgegeben worden, und eifrig waren die Becher gekreist. Dennoch wahren die Männer zunächst noch Ruhe und hören schweigend, was ihr Kommandant mit monotoner Stimme verliest: Aus ist es mit der alten Gardeherrlichkeit, vorbei mit allen Privilegien dieser Truppe. Die Gardisten werden auf verschiedene Regimenter verteilt und sind nun einfache Soldaten, nicht mehr der Schutztrupp ihres Königs. Düster starren die Männer vor sich hin.

Die Offiziere werden aufgerufen. Sie treten vor und unterzeichnen ihr Entlassungspapier. In den Reihen der Soldaten scheint man jedoch allmählich begriffen zu haben, was ihnen eigentlich widerfahren ist. Die Männer lösen sich aus ihrer Erstarrung. Jetzt sollen sie ihre Fahne abliefern, und da flackert erster Protest auf: Die Truppe schart sich um die Fahne wie um ein Heiligtum. Mit schwerer Zunge wird nach dem König gerufen: Weiß er, was hier vor sich geht? Die Offiziere wollen eingreifen. Rauhe Stimmen schreien sie an, sie hätten auf ihren Rang verzichtet und den Soldaten gar nichts mehr zu befehlen. Jetzt erteilt sich die Garde die Befehle selbst.

Das ist schon offene Meuterei, und die Nachricht dringt nach Frederiksborg. Struensee reagiert verschreckt, nervös, wie immer zu raschem Kompromiß bereit. Im Frühjahr, bei der Auflösung der Garde zu Pferd, war er zufällig den in aller Ordnung zu ihren Ställen zurückreitenden Gardisten begegnet, und grundlose Panik hatte ihn befallen. In jagender Hast war er davongeprescht, um noch am gleichen Tag, wegen angeblicher Widersetzlichkeit, den Kommandanten der Garde endgültig aus dem Heer zu entfernen. Jetzt versucht er, Ruhe zu bewahren. Doch seine Überlegenheit ist nur gespielt, als er der Generalität erklärt: »Sie sind Soldaten, meine Herren; Sie müssen die Mittel kennen, sich Gehorsam zu verschaffen …« Aber sie kennen die Mittel nicht und er noch viel weniger. In der Hauptstadt ist indessen die Situation immer bedrohlicher geworden.

Die Nachricht vom Aufstand der Garde durchfliegt die Stadt. Die Menschen drängen nach Christiansborg. Sie erklären sich mit den Rebellen solidarisch und bringen Schnaps und Lebensmittel. Matrosen ziehen grölend heran und versprechen den Kameraden vom Festland ihre Hilfe. Heranreitende Dragoner werden mit Schmähungen überschüttet und zeigen ihrerseits wenig Lust, gegen die aufständischen Gardisten die Waffe zu sein. Nur noch ein Schritt, eine unbedachte Bewegung, eine erste Bluttat vielleicht – und dies wäre dann die offene Revolte. Im allerletzten Augenblick wird ihr ausgewichen, mit den üblichen Versprechungen, mit einem pflaumenweichen Kompromiß typisch Struenseescher Machtpolitik.

Kein Rebell braucht sich für seinen Widerstand zu rechtfertigen. Jeder erhält vom König eine ehrenvolle Abschiedsurkunde und ein Geldgeschenk dazu. So ziehen sie denn ab, beschwichtigt, aber keineswegs versöhnt. Die Bevölkerung jubelt ihnen zu. Für sie sind die Gardisten die Helden dieses Weihnachtstags, die Sieger über Struensee. Die Offiziere schütteln hingegen die Köpfe: Was immer die Soldaten in ihr Verhalten trieb – sie sind Meuterer und Rebellen. Doch zählt das offenbar nicht mehr und wird sogar belohnt: Was ist von einem Regime zu halten, das solche Disziplinlosigkeit duldet? Wie lange werden sich noch Herren an der Macht halten, die so wenig mit der Macht umgehen können?

In der Tat leistet an diesem 24. Dezember 1771 das Regime Struensee seinen Offenbarungseid und zeigt sich in seiner ganzen inneren Schwäche. Der Minister verhält sich wie jemand, der einem Angreifer mit einer Waffe droht, ihm zugleich aber signalisiert, sie auf keinen Fall benutzen zu wollen. Jeder, der sich mit Selbstverteidigung beschäftigt hat, weiß, daß solch ein Verhalten den Gegner nur provoziert und erst recht zu verstärkter Aggression ermutigt. Genau das gleiche bewirkt jetzt Struensee. Bisher war er gefürchtet. Jetzt wird er nur noch verachtet. Er steht da als ein Theoretiker der Macht, der Befehle nur unterschreiben, sie aber nicht ausführen kann. Im Hintergrund weben die Feinde um so emsiger an ihrem Verschwörernetz. Vor diesem Mann brauchen sie keine Angst zu haben. Sie brauchen ihn nur noch einzufangen und zu erledigen.

Nach außen gibt sich der Hof erleichtert. Am Weihnachtsmorgen zeigt sich das königliche Paar erstmals seit langem wieder im Gottesdienst, meidet allerdings abends das Theater. Und Struensee ist wach genug, um seine große und entscheidende Niederlage wenigstens zu ahnen. Von neuem befällt ihn Angst. Er fürchtet das Volk, das ein weiteres Mal gegen ihn so aufbegehren könnte wie vor Christiansborg. Und so verstärkt er die Wachen und verschließt sich noch mehr in der Isolation des Schlosses. Was er nicht weiß: Die Gefahr droht nicht von der Straße her. Seine eigentlichen Feinde stehen längst im Haus.

Nur ein Wassergraben trennt Christiansborg von jenem kleinen Palais, in dessen schön möblierten Räumen, umgeben von aller Bequemlichkeit, ein vergrämter älterer Herr wohnt und um seine schmerzende Füße heilende Bandagen wickelt. Doch ärger noch als seine Gicht zwicken ihn andere Beschwerden, vor allem die ständigen Mahnungen seiner Gläubiger, endlich seinen riesigen Schuldenberg abzutragen. Damit wird es allmählich ernst. Denn seine stille Hoffnung, Freund Struensee würde ihm irgendwann helfend unter die Arme greifen, hat getrogen. Er macht die gleiche Erfahrung wie Enevold Brandt: Der Minister geizt nicht mit Ehrungen und Orden. Doch in Sachen Bargeld stellt er sich taub. Von dieser Seite ist also keine Hilfe zu erwarten. Carl Schack Graf von Rantzau-Ascheberg ist einmal mehr von dieser Welt und ihren Menschen enttäuscht.

Doch nimmt er seinen Gram nicht nur philosophisch. Irgendwann muß ihm der Gedanke gekommen sein, den falschen Freund zu stürzen. Schlichte Rachsucht spielt dabei ebenso mit wie gekränkte Eitelkeit, vor allem aber seine desparaten Finanzen. Zugleich mag sich in ihm ein letztes Mal der alte Abenteurer und unverbesserliche Hasardeur regen, der nun einmal von einem riskanten, doch gewinnbringenden Spiel die Finger nicht lassen kann. Einst hatte er auf Struensee gesetzt. Jetzt setzt er auf seinen Sturz. Und spätestens vom Frühherbst 1771 an – die Sturmzeichen mehren sich, Struensee hat schon deutlich den Höhepunkt seiner Macht überschritten – geht der Graf auf die Suche nach geeigneten Verbündeten.

Die ersten sind rasch gefunden und einander würdig, Magnus Beringskiold zum Beispiel, Rantzaus guter alter Bekannter aus Petersburger Tagen, ein geborener Intrigant und Spion, dessen Spezialität Spionage für beide Seiten ist. Das hat ihm zwar einen üblen Ruf, aber auch einen schönen Gutsbesitz eingetragen, wo er nach Herzenslust und schlimmster Feudalherrenart seine Bauern quälte, bis eben Struensee mit seiner Agrarreform dazwischengetreten war. So trägt dieser Mann eine ebenso wilde Wut in sich wie zum Beispiel der gebürtige Pommer Oberst Köller, dessen bester Freund angeblich von Struensee beleidigt worden war, oder Oberst Eickstädt, der gern an Stelle des alten Gude Kopenhagens neuer Stadtkommandant geworden wäre. Andere kommen hinzu, darunter auch der unselige Graf von der Osten, der Struensee alles verdankt und ihm das nie verzeihen kann. Endlich sieht er die Möglichkeit, künftig nicht mehr unter einem Parvenü dienen zu müssen, und so schließt sich denn mit ihm der illustre Kreis. Nur einer fehlt: die integre Persönlichkeit, der man glaubt, daß sie aus uneigennützigen Gründen handelt. Sie soll dem Unternehmen gleichsam die höhere Weihe geben. Beringskiold, in Geheimaufträgen erfahren, macht sich auf die Suche.

Sein erster Weg führt ihn auf den Landsitz des alten Bernstorff. Der hätte wie wenige Grund zu persönlichem Groll auf Struensee, sehnt seinen Sturz herbei und macht daraus keinen Hehl. Schon im Jahr zuvor hatte er an seinen Neffen geschrieben: »Es bleibt nur wenig menschliche Hoffnung, aber der höchste Richter über alle diese Dinge lebt und regiert …«, und von Andreas Peter Bernstorff zur Antwort erhalten: »Gott wird nicht die Frechheit derjenigen ungestraft lassen, die ihn offen angreifen, und seine erbarmende Güte wird nicht die vereinigten Stimmen aller Guten ungehört lassen …« Also müßte Bernstorff eigentlich leicht als Galionsfigur für das Rantzau-Unternehmen zu gewinnen sein.

Doch ist er ein alter, kränkelnder Mann. Er weiß sich an der Schwelle zum Grab und vertraut auf Gott, nicht auf Beringskiold. Und vollends eist er ein, als der Name Rantzau fällt. Den haßt er mehr noch als Struensee und sieht in ihm, völlig zu Recht, den eigentlichen Grund für seinen Sturz. Beringskiold zieht unverrichteter Dinge weiter, nun zum Grafen Moltke. Aber auch »König Moltke« erteilt dem windigen Spion eine klare Abfuhr. Die großen alten Herren eines vergangenen Regimes wollen mit solchen Kreaturen nichts zu tun haben. So rückt denn allmählich eine ganz andere Gestalt in den Mittelpunkt des Komplotts: Königinwitwe Juliane Marie.

In manchem scheint diese Frau für ihre Rolle als große Übeltäterin im Fall Struensee wie prädestiniert: Vom Leben enttäuscht, immer die zweite, die Witwe und Stiefmutter, den vergötterten eigenen Sohn vor Augen, wie er vom ungeliebten Stiefsohn Christian unablässig mit gezielter Bosheit gedemütigt wird, fällt ihr fast automatisch der Part der von blindem Ehrgeiz getriebenen Rächerin zu, und so zieht sie denn auch in die Struensee-Legende ein, als schwarze Spinne im Verschwörernetz und Struensees eigentliche Mörderin. Doch liegen die Dinge wohl komplizierter. In gewisser Weise ist auch diese Frau, die wir uns eher schlicht als raffiniert denken dürfen, eingesponnen in ihren eigenen starr bigotten Moralkodex, eine tragische Gestalt, mehr Opfer als Täterin.

Gewiß lehnt sie Struensee ab und muß ihn auch aus ihrer gesamten konservativ-monarchischen Grundeinstellung ablehnen, diesen bürgerlichen Parvenü, dessen Ehrgeiz nicht einmal vor dem Bett einer Königin haltmacht. Doch seltsamerweise mag gerade dies der Punkt sein, der Juliane Marie in Sachen Struensee Zurückhaltung auferlegt. Denn in der mutmaßlichen Verbindung zwischen dem Arzt und der Königin geht es nicht allein um Struensee. Hier geht es auch um die Frauenehre am Königsthron. Sie darf um keinen Preis besudelt werden. Mag also Struensee fallen: Caroline Mathilde darf nicht mit ihm stürzen, um der Ehre eines gekrönten Hauptes willen und damit der gesamten Monarchie. Im Fall der Königinwitwe werden also die Intriganten um Rantzau ihr Meisterstück vollbringen müssen, um gerade diese Frau auf ihre Seite zu ziehen. Womit denn die unheimlichste Gestalt in der Struensee-Verschwörung die Szene betritt.

Dabei wirkt er gar nicht so unheimlich, dieser Professor Ove Hoegh Guldberg, von Hause aus ein Bürgerlicher wie Struensee. Am Hof gehört er zu den eher unauffälligen Erscheinungen, ein mausgrauer Frömmler, der wie ein Schatten hinter seiner Herrin Juliane Marie herhuscht. Als Erzieher ihres Sohnes und als ihr Sekretär hat er eine nicht weiter aufregende Karriere gemacht, und nach allem Ermessen wird dies ihr Endpunkt bleiben. Diesem Mann fehlt so jegliche Brillanz, an Geist wie in seiner ganzen Erscheinung. Nichts spürt man von Struensees dynamischem Durchsetzungsvermögen. Und nur wenige mögen den Ehrgeiz erahnen, der in dieser rattenhaften Erscheinung steckt. Der Erbprinz als Regent, seine Mutter die Regentin: dann wäre Guldberg, was jetzt Struensee ist. Also muß der Minister fallen.

Juliane Marie, zur Verschwörung bereit, doch immer noch unentschlossen, sitzt mit ihrem engsten Vertrauten beisammen. Und er weiß von einem Plan zu berichten, der gerade auf Frederiksborg ausgeheckt wird: Struensee wartet nur noch den Geburtstag des Königs am 29. Januar ab. Am Vorabend wird er zuschlagen, Christian entmachten, die Scheidung der Königin durchsetzen und selbst als ihr neuer Gemahl der Herrscher sein. Juliane Marie erblaßt. Die Monarchie steht also am Abgrund, und nur sie allein kann sie noch retten. Da müssen alle Zweifel weichen. Juliane Marie kennt jetzt ihre Pflicht, und ihr Sekretär darf mit ihr wie auch mit sich selbst höchst zufrieden sein: Ein Verbrechen aufzudecken, von dem der Verbrecher selbst nichts weiß, gelingt schließlich nicht alle Tage.

Die Verschwörung formiert sich. Sie umfaßt nun schon rund fünfzig Personen und ist inzwischen auch nicht mehr ganz so geheim. Immer nachdrücklichere Warnungen erreichen Struensee. Er hört sie nicht oder will sie nicht hören. Er vertraut auf den König. So lange es Christian gibt, gibt es auch seinen Minister. Und wer würde schon wagen, den König anzugreifen? So kehrt er denn an Christians Seite und mit dem übrigen Hof am 8. Januar 1772 nach Kopenhagen zurück.

Behutsam, in mehr gedämpften Farben, läßt man die übliche Wintersaison anlaufen. Erster Höhepunkt soll eine große Maskerade im Theater von Christiansborg sein. Als Datum wird die Nacht vom 16. auf den 17. Januar festgesetzt, und Caroline Mathilde wählt als Kostüm einen schwarzseidenen Domino. Ein ähnliches Gewand hatte sie schon einmal getragen, damals vor zwei Jahren, in der Wintersaison 1770. Da war sie auf einmal verschwunden gewesen und plötzlich wieder aufgetaucht, die Hofdamen hatten erschrocken gefragt, wo sie denn gewesen sei, Caroline Mathilde hatte nur gelacht. Wenig später war Struensee vorübergegangen. Auch er trug in dieser Nacht einen schwarzen Domino, gleich dem der Königin.

Die Verschwörer treten noch einmal zusammen. Die Zeit scheint zu drängen, in nur zwei Wochen wird der Geburtstag des Königs sein. So legt man sich denn auf diesen 16. Januar fest. Zwar hat der immer mißtrauischer werdende, von vagen Ahnungen und Ängsten geplagte Struensee doppelte Wachen befohlen. Doch ist das kein Problem. Wachkommandant wird in dieser Nacht Oberst Köller sein, und in den Ställen stehen Eickstädts Dragoner ...

Der Festtag kommt, und alle sind geladen, Königinwitwe, Erbprinz, Guldberg, die Offiziere, auch Graf Rantzau. Alle stellen sich pünktlich ein, nur der Graf nicht. Im Theater stimmen die Musiker ihre Instrumente: Gleich soll der Tanz beginnen. Doch Rantzau wird nicht unter den Tänzern sein. An diesem Tag geht er den krummsten aller krummen Wege seines Lebens. Hastig humpelt er durch die Stadt. Eigentlich hatte er Struensee erreichen wollen, aber der Minister trinkt vor dem Ball noch Tee im kleinsten Kreis. So sucht nun Rantzau den Bruder auf. Aufgeregt hämmert er gegen seine Tür. Ein Diener öffnet. Er schüttelt den Kopf: Nein, Carl August Struensee ist nicht da. Er hat noch einen Freund besucht und wird von dort direkt zum Maskenfest des Königs gehen. Der Graf wird nervös. Er läßt sich Papier und Feder reichen und kritzelt einige aufgeregte Zeilen: »Ich muß Ihren Bruder unbedingt noch vor Mitternacht sprechen …« Der Diener nickt. Er wird die Botschaft überbringen. Und Carl August findet sie tatsächlich vor, als er spätnachts zurückkehrt. Allerdings schiebt er sie gleichmütig beiseite. Was der abgetakelte Graf seinem Bruder zu sagen hat, dürfte auch bis morgen Zeit haben. Worauf sich Carl August Struensee zu Bett legt.

Auch Rantzau hat sich in seinem Bett verkrochen. Von Anfang an ist er bei dieser Verschwörung auf Rückversicherung bedacht gewesen und hatte sich gerade in den letzten Wochen Brandt und Struensee gegenüber besonders herzlich gezeigt: Er wolle ja nun endlich seinen Posten in Norwegen antreten, dann seien ihn die alten Freunde los und er kein Ballast mehr für die Rußland-Politik. In seine Abschiedsworte hatte er zugleich auch eine versteckte Warnung einfließen lassen, und Struensee hatte sie mit einem barschen Scherz abgetan: »Da Sie selber einmal ein Gespenst gewesen sind, sehen Sie nun welche …« Eine letzte Verbeugung vor dem Minister: Rantzau zieht sich in das Halbdunkel des Hintergrunds zurück.

Doch am Abend des 16. Januar wagt er noch einen letzten Vorstoß, aus rätselhaften Gründen. Ist es wieder nur ein Rückversicherungsmanöver oder plötzliche Angst vor dem eigenen Mut, ein letztes Aufwallen freundschaftlicher Gefühle gegenüber dem so kläglich Verratenen? Oder gar – und bei einem Hasardeur wie ihm ist das nicht unwahrscheinlich – ein allerletztes tollkühnes Manöver, die selbst angezettelte Verschwörung zu Fall zu bringen, sich als großen Retter herauszustellen und damit endlich von Struensee alles zu bekommen, was er will? Wie immer: Es ist zu spät. Die Maschinerie läuft jetzt. Auch Graf Rantzau hält sie nicht mehr auf.

Mitten in der Nacht steht Beringskiold vor ihm. Kalt mustert der Komplize den Komplizen, wo er denn bleibe, es sei jetzt soweit. Rantzau schützt Krankheit vor, er könne nicht zu Fuß gehen. Der andere lacht. Dann wird man ihm eben eine Sänfte mit Trägern schicken. So erhebt sich denn der Graf und geht hinüber nach Christiansborg. Dort warten die anderen. Es ist nun schon fünf Uhr früh.

Im Schloß ist der Maskenreigen vorübergerauscht wie das letzte Aufglimmen einer flimmernd vergehenden Zeit. Es war ein schönes Fest gewesen, das schönste seit langem, darin sind sich alle Gäste einig. Und sie hatten getanzt oder sich in den Nebenräumen um die Spieltische geschart, dort hatte auch Oberst Köller Platz genommen. Plötzlich stand Struensee vor ihm. Er musterte den Offizier: »Sie tanzen nicht?« Ruhig setzte der Oberst sein Spiel fort, mit einem kleinen Lächeln im undurchdringlich glatten Gesicht: »Ich werde noch tanzen, wenn ich Zeit dazu finde ...« Und Struensee war weitergegangen, von seltsam ungewisser Angst getrieben.

Sein Blick hatte die Königin gesucht. Caroline Mathilde schien seine Furcht nicht zu teilen. Sie wirkte an diesem Abend so strahlend wie lange nicht mehr. Gerade in der letzten Zeit hatte ihr großer Freund einige Male in ihrer Gegenwart überlegt, ob er nicht doch noch das Angebot des britischen Gesandten annehmen und ins Ausland gehen sollte, nach Schweden vielleicht oder nach Frankreich, und sie hatte geweint, sie hatte ihn angefleht: Was bliebe denn ihr, ohne den Schutz dieses Freundes vor der Wirklichkeit? Doch nun schien alles gut zu gehen: Die Hauptstadt ist ruhig, die Weihnachtsrevolte scheint vergessen, noch viele Jahre an der Seite Struensees erwarten sie. Und lächelnd reicht sie dem Erbprinzen Friedrich die Hand zum Tanz, dann Guldberg und immer wieder Struensee. Arm in Arm durchgleiten sie den Gespensterreigen dieser letzten Festnacht ihres Lebens.

Gegen zwei ist der Ball zu Ende. In Christiansborg kehrt Ruhe ein. Nur in den Zimmern der Königinwitwe flackert noch Licht. Dort hocken sie alle beisammen, nun auch Graf Rantzau. Im Flüsterton wird noch einmal alles durchgesprochen. Als erstes muß also der König überrumpelt und ihm sein Einverständnis abgerungen werden. Denn Christian ist der große Unberechenbare in diesem Spiel. An ihm kann noch alles scheitern.

Doch ist er erst gewonnen, läuft alles andere von selbst. Also zum König: Die Verschwörer machen sich auf den Weg.

So huscht denn in dieser Stunde der schattenhafte Geisterzug der Neidischen und Mißvergnügten, der Eitlen und Zurückgesetzten durch die endlosen Gänge, über Treppen und Flure, die verschworene Seilschaft der Mittelmäßigen auf der Jagd nach dem einen, der klüger und mutiger als sie zu sein gewagt hat. Sie erreichen das Zimmer des Königs. Der Kammerpage von Schack wacht vor der verschlossenen Tür. Für den Bruchteil eines historischen Augenblicks wird ein kleiner Diener zur Schlüsselfigur des gesamten Geschehens. Wenn er jetzt nicht öffnet, wie ihm eigentlich geboten wurde, wenn der König erwacht und zu Struensee flüchtet …

Der Augenblick ist schon vorüber. Schack weicht beiseite. Die Verschwörer umstehen Christians Bett. Er schreckt hoch. Stiefmutter und Stiefbruder treten vor. Christian sieht in die vom Kerzenlicht überflackerten Gesichter. Die schlimmsten Gespenster seiner Kindheit scheinen ihn anzustarren, und sie umarmen, sie küssen ihn. Mit fiebrig flüsternden Stimmen reden sie auf den noch Schlaftrunkenen ein. Um sein Leben gehe es, eine furchtbare Verschwörung sei entdeckt, ein Abgrund von Staatsverrat. Struensee, der Ehebrecher, wolle ihn ermorden, und sie, nur sie, die wahren Freunde, könnten ihn noch retten – wenn er nur alles tue, was sie ihm sagen …

Christian wehrt sich. Keuchend steht er auf und bittet um ein Glas Wasser. Nichts versteht er, kann auch nichts verstehen. In seinem kranken Hirn wirbeln die Gedanken durcheinander, die vertraute eisige Todesfurcht greift nach ihm. Und die anderen haben ihn schon zum Tisch gezogen, halten ihn fest im liebevoll eisernen Klammergriff. Alles ist bestens vorbereitet wie immer, und wie immer braucht er nur zu unterschreiben: die Ernennung Eickstädts zum neuen Kommandanten von Kopenhagen, die Generalvollmacht für Eickstädt und Köller. Und Christian, das Kind, unterschreibt es wie alles, was ihm sein Lebtag lang die anderen, die Erwachsenen vorgelegt haben, ein Bernstorff, ein Moltke, ein Struensee …

Dennoch werden die Verschwörer ängstlich. Zu nahe liegen die Zimmer des Königs bei denen der Königin. Caroline Mathilde könnte erwachen und dazwischentreten, das könnte immer noch das Ende dieser Verschwörung sein. So ziehen sie denn Christian fort in die abgelegeneren Räume der Königinwitwe. Auch dort wird er an das Schreibpult gewiesen, und dort liegen die gleichfalls vorbereiteten Haftbefehle gegen die beiden Hochverräter vor, gegen die Grafen Brandt und Struensee. Christian zögert, immer noch muß er überredet werden. Endlich gibt er nach. Also: Auf Befehl des Königs – die Grafen sind verhaftet. Es bleibt der Verbannungsbescheid für die Königin.

Ihn hat man seltsamerweise nicht vorbereitet. Doch jetzt scheint den König einer seiner lichten Augenblicke zu überkommen. Diesmal muß er nicht gezwungen werden. Zügig formuliert er selbst, in eleganter, wohlabgeschmeckter Formulierung, und vielleicht explodiert in diesem Augenblick, da er seinen Namenszug unter den Bescheid für seine ungeliebte Gattin setzt, der jahrelang aufgestaute, immer zurückgedrängte Haß auf jene Frau, die sein bester Freund mehr geliebt hat als ihn selbst.

Zwei Stunden sind darüber vergangen. So lange haben sich die Verschwörer nicht gedulden wollen. Nur mit der allgemeinen Vollmacht ihres Königs in den Händen, noch ohne eigentlichen Haftbefehl, hetzen sie los, zu Brandt, zu Struensee. Nur auf die Königin wird größere Rücksicht genommen. Diese delikate Mission bleibt dem Grafen Rantzau überlassen, und kurz nach sieben steht er vor ihrer Tür. Caroline Mathilde starrt den Grafen an, versteht nichts, glaubt zunächst an eine allgemeine Verschwörung gegen sie und Christian. Der Graf streckt ihr das Billet des Königs entgegen. Dort steht es, ordentlich mit »Christian Rex« unterschrieben: »Sie wissen, wie sehr ich Sie geliebt habe, aber Ihr Betragen hat meiner Erwartung nicht entsprochen; es zwingt mich, Sie von meinem Hof zu entfernen, und ich will, daß Sie nach Kronborg gehen, wo ich Ihnen eine glückliche Reue wünsche ...«

Jetzt versteht Caroline Mathilde, Prinzessin von England, Königin von Dänemark. Ihr kleiner Leib strafft sich, sie richtet sich in starrer Würde auf. Und auch bei ihr mag sich nun der jahrelang aufgestaute Haß gegen den eigenen Mann entladen, gegen diesen unseligen Christian Rex: »Das ist des Königs würdig und sieht ihm ähnlich … «

Graf Rantzau hat für zwischenmenschliche Nuancen keine Zeit. In zynischer Galanterie verneigt er sich: Seine Pflicht sei es eigentlich, sie selber in die Verbannung zu begleiten. Doch mögen ihn Alter und Krankheit entschuldigen. Ein Major, den Degen in der Faust, würde ihre angemessene Begleitung sein. Er sitzt schon auf dem Kutschbock des im Hof wartenden Wagens, mit dreißig Dragonern an der Seite, jeder mit gezogenem Degen. Caroline Mathilde verlangt den König zu sprechen, dann Struensee. Es wird ihr abgeschlagen. Auch ihren Sohn darf sie nicht mitnehmen, nur ihre Tochter, »Prinzessin Struensee«. So rollt denn ihr Zug in den milchigen Morgen hinaus, der Festung Kronborg entgegen, auf deren Zinnen fünfhundert Jahre zuvor Dänenprinz Hamlet gegrübelt haben soll: »Schwachheit, dein Name ist Weib …«

Gelassener als die Königin trägt Enevold Brandt seine Verhaftung. Er wirkt mehr verblüfft als erschrocken, als man ihn jetzt in die Zitadelle bringt. Höflich entschuldigt er sich beim Kommandanten für die frühe Störung. Der grinst nur: »Ich hatte Sie schon viel früher erwartet …« Brandt versteht auch das nicht ganz. Was hat er denn schon mit der ganzen Angelegenheit zu tun? In Ruhe kann er die Begnadigung durch den König abwarten und vertreibt sich einstweilen die langen Kerkerstunden mit Flötenspiel und Dramenversen. Er fürchtet um sein Amt, aber nicht um sein Leben.

Struensee weiß hingegen von Anfang an, worum es geht. Zu ihm kommen die Verschwörer zuerst, Köller voran. Sie haben sich gut vorbereitet und tragen für Struensees Tür bereits passende Dietriche in den Taschen. So stehen sie denn unverhofft vor dem jäh aufschreckenden Minister, er schreit sie an und verlangt, den Befehl des Königs zu sehen. Der liegt aber noch ununterschrieben im Zimmer von Juliane Marie. Doch Köller blufft virtuos. Feierlich erklärt er, mit seinem Leben für die

Richtigkeit des Befehls zu haften. Struensee fällt ihn an, ein Handgemenge entsteht. Köller zieht den Degen und setzt ihn dem Minister an die Kehle. Der sackt zusammen, plötzlich still, die Kräfte versagen ihm. Mit toter Stimme verlangt er eine Tasse Schokolade. Die Bitte wird ihm abgeschlagen.

Seine Häscher haben es eilig. Struensee darf sich gerade noch einen Pelz überwerfen, dann wird er in den Hof hinuntergezerrt. Auch auf ihn wartet schon ein Wagen, eine einfache Mietdroschke, so unauffällig wie möglich. Denn noch wissen die Verschwörer nicht, wie die breite Masse auf die Vorgänge dieser Nacht reagieren wird und welche möglichen Helfer und wieviel Waffengewalt der Minister im Hinterhalt hat. So biegt denn die Kutsche aus dem Hof von Christiansborg und jagt durch das noch schlaftrunkene Kopenhagen der Zitadelle entgegen.

Struensee hat sich inzwischen etwas beruhigt. Und als er vor seinem Kerker aus dem Wagen steigt, wagt er gar die Pose des ganz großen Herrn, den nichts in seiner grandseigneuralen Ruhe erschüttern kann. Sein Blick fällt auf den Kutscher des Mietwagens. Hier steht er nun vor einem Vertreter jenes »schwachen Volks«, das er mit seiner eigenen Kraft zu neuer Stärke hatte führen wollen. Struensee wendet sich Köller zu. Ein letztes Mal ist er der befehlsgewohnte Minister: Der Mann dort soll ein gutes Trinkgeld bekommen. Köller reicht dem Kutscher einen Taler. Der lacht böse auf: »Das hätte ich auch umsonst getan …« Er sagt es auf dänisch. Struensee versteht ihn also nicht, wie er wohl einfache Menschen nie verstanden hat.

Eine kahle Zelle nimmt ihn auf. Nackte Wände, keine Möbel, nur ein Nachtgeschirr: Das wird die letzte Bleibe für Dänemarks heimlichen Herrscher sein. Struensee schreit nach Dienerschaft und Mobiliar. Hohngelächter schlägt ihm entgegen. Und da ist es, als ob er jetzt erst begreift, was eigentlich mit ihm geschehen ist und wohin er geriet. Er beginnt zu rasen und schlägt seinen Kopf an die Mauer, bis man ihm Ketten anlegen muß. Und Bretter werden vor das Fenster geschlagen, hinter dessen Gitterstäben der Morgen des 17. Januar 1772 aufzieht.

Der dreifache Tod des J. F. Struensee

Dieser Morgen könnte jener Januartag des Jahres 1766 sein, als die Nachricht vom Tod Friedrichs V. in die Stadt gedrungen war und die Kopenhagener ihrem jungen König wie dem Versprechen einer neuen Zeit zugejubelt hatten. Auch jetzt sind sie zum Schloß hingeeilt und schreien ihr »Hurra!« zum Balkon hinauf. Dort steht die gleiche schmale Gestalt wie damals und winkt in rührender Schüchternheit mit dem Taschentuch in die Menge hinunter. Doch ist dies der 17. Januar 1772, und der Beifallssturm gilt dem eben bekannt gewordenen Sturz Struensees.

Damals hatte Bernstorff an der Seite des Königs gestanden. Diesmal steht dort Stiefbruder Friedrich und verneigt sich noch um einiges heftiger als der König, ganz der Sieger dieses Tages. Nur wenige verschwenden einen Gedanken darauf, warum wohl die beiden Todfeinde über Nacht ein Herz und eine Seele geworden zu sein scheinen, und niemand fragt nach der Königin, die doch eigentlich an die Seite ihres Mannes gehört hätte. Nur der König interessiert. Der Bruder zieht ihn jetzt wieder behutsam in das Schloß zurück.

Erbprinz Friedrich ist auch dabei, als Christian an diesem Tag die große Fahrt durch die immer noch aufgewühlte Stadt antritt. Und die Begeisterung der Menge schwappt über. Matrosen drängen sich vor, sie spannen die sechs weißen Kutschpferde aus und ziehen die Karosse im Schrittempo durch die Straßen. An diesen Wagen, den prunkvollsten aus des Königs Remise, mit rotsamtenen Polstern und funkelndem Spiegelglas, kann man sich noch gut erinnern: Im gleichen Gefährt, unter ähnlichem Jubel, war 1766 das frisch vermählte Königspaar durch Kopenhagen gezogen, und wer mag, kann darin ein Symbol sehen. Die große Vermählung zwischen Volk und Majestät findet doch noch statt, ohne königliche Braut, ohne Struensees Schatten im Hintergrund.

Apathisch lehnt Christian in den Kissen. Seine Hand regt sich kaum zum Gegengruß. Ebenso apathisch steht er bald darauf im Schloßsaal und läßt die endlose Kette gratulierender Höflinge an sich vorüberziehen. Sein Lächeln ist maskenhaft, seine Bewegungen die eines Somnambulen. Dann flüchtet er sich in seine Gemächer, ein erschöpfter Knabe, der wohl noch immer nicht begriffen hat, was ihm und seinem Staat in dieser Nacht widerfahren ist. Draußen tobt die Menge weiter.

Ihrem Jubel folgt Zerstörungswut. Scheiben klirren. Wer an diesem Freudentag nicht seine Fenster illuminiert hat, bekommt sie eben eingeworfen. Und dann wird nach dem Objekt des allgemeinen Hasses Ausschau gehalten. Doch befindet sich Struensee längst schon in der dumpfen Ruhe seiner Kerkerzelle und hat auch kein zusammengerafftes Palais hinterlassen, das die Menge stürmen könnte. So will man sich wenigstens an der Kutsche schadlos halten, in der er angeblich zu seiner eigenen Krönung hatte fahren wollen. Doch wird vergeblich am Tor zum königlichen Marstall gerüttelt. Die Remise bleibt verschlossen. Die Meute, von schattenhaft durch die Stadt gleitenden Agenten geführt, sucht sich andere Ziele ihres Zorns.

Sie zieht am Haus des Grafen Schulin vorbei. Es gehört jetzt einem Herrn von Gabel, dem Lizenzträger des Restaurants im Park von Rosenborg. So wird Gabel allgemein der Struensee-Clique zugerechnet, und entsprechend wüste Gerüchte spinnen sich um sein Haus, von einem Luxusbordell, das Gabel hier hatte einrichten wollen, einem Pendant zum Pariser Hirschpark, wo Frankreichs vielgeliebter Louis seine kleinen Mädchen zu vernaschen pflegt.

Jetzt wird diese Brutstätte allen Lasters ausgeräuchert. Wieder splittert Glas, Türen klirren, Möbel und Gemälde fliegen auf die Straße, und der Mob schleppt seine Beute ins schützende Dunkel fort. Manche haben nicht genug. Sie ziehen weiter zu den Bordellen der Stadt, scheuchen Kopenhagens Huren auf und bereiten ihnen eine Schreckensnacht. Und über allem hängt der große Fluch gegen den Wüstling Struensee, den Verderber und Sittenstrolch schlechthin.

Die Reaktion ist bezeichnend, weit über diesen einen Tag hinaus. Sie offenbart die tiefste Wurzel aller Ressentiments gegen diesen Mann, einen kruden, wütenden Sexualneid. Seine Politik und die Reformversuche hätte man ihm nachgesehen. Erst der Frauenheld, dem sich nicht einmal eine Königin verweigert und der alles genießen darf, wovon andere nur träumen, löst die eigentlichen Haßekstasen aus. Und im königlichen Schloß lächelt gütig Juliane Marie: Niemand wird für die Ausschweifungen dieser Nacht bestraft. Denn so ist es richtig, so erhält das Laster seine angemessene Quittung. Und sie neigt sich über den Plan einer Keuschheitskommission, die sie nach dem Muster ihrer österreichischen Cousine Maria Theresia in Dänemark einzuberufen gedenkt.

Im übrigen vergeht ihr wie ihren Mitverschwörern das Lächeln. Denn irgendwann werden sie öffentlich bekennen müssen, was es nun mit Struensees Staatsverrat auf sich hat, an dessen Fiktion sie einstweilen eisern festhalten. Die Häscher ziehen aus, Struensees Komplizen einzufangen. An diesem Morgen stehen überall die Schergen vor ihren Opfern mit gezücktem Haftbefehl, und um diese Zeit ist die Verwirrung noch so groß, daß viele der Betroffenen meinen, Struensee wolle sie aus irgendwelchen Gründen verhaften lassen. Erst allmählich begreifen sie, daß in Dänemark jetzt andere befehlen als der eben noch allmächtige Minister.

Natürlich wird Falckenskiold verhaftet, natürlich Carl August Struensee und auch sein anderer Bruder, der allerdings politisch nie eine Rolle gespielt hat und gleich über die Grenze abgeschoben wird. David Panning steht auf der Liste, das Ehepaar Gähler, Hofarzt Bergen, Kopenhagens Ex-Kommandant Gude und selbst Helferich Peter Sturz, der treue Parteigänger Bernstorffs, der von Struensee lediglich am Hof geduldet worden war. Und schließlich wird auch Reverdil arretiert. Von ihm erhofft man die Bestätigung des Gerüchts, Struensee hätte seinen königlichen Patienten gezielt in den Wahnsinn, wenn nicht gar in den Selbstmord treiben wollen.

Doch Reverdil gibt sich als Kronzeuge nicht her. Im Gegenteil: Er bestätigt, daß der Arzt immer nur seine Pflicht getan hat und seine scheinzynische Gleichgültigkeit den König lediglich von seinen wirren Selbstmordabsichten abgelenkt hatte. Die Ankläger kommen mit diesem Zeugen nicht weiter. Und bevor er vollends zum Ehrenretter des gestürzten Ministers wird, lassen sie auch ihn außer Landes ziehen, mit tausend Talern Reise- oder Schweigegeld in der Tasche.

Ohnehin ist der Gruppe um Juliane Marie immer mehr daran gelegen, daß von den Einzelheiten ihrer nächtlichen Ruhmestat sowenig wie möglich in die Öffentlichkeit dringt. Der Mantel eiserner Verschwiegenheit legt sich über alle Ereignisse jener Januarnacht. Um so lauter tobt jedoch das offiziell angeforderte Lob für die Umstürzler des 17. Januar. Die Geistlichkeit liefert die kräftigste Schützenhilfe und scheut nicht einmal kokette Blasphemie, als sie sich schelmend erkundigt, ob die Königin-witwe und ihr Sohn überhaupt noch Menschen seien oder nicht gar auf Erden wandelnde Engel. So wird denn der »Königsmör-der« Struensee geschmäht und das »göttliche Wunder der Er-rettung Dänemarks« gepriesen, die Gruppe um Struensee heißt auf Flugblättern nur noch die »Rotte«, und ein immerhin re-nommierter Mann, der Hofhistoriograph und gebürtige Deut-sche Frederik Suhm, wandelt sich vom Geschichtsschreiber zum Lyriker. Er bejauchzt die »herrliche Nacht« mit den Worten: »Künftige Homere und Vergile werden dich besingen ...«

Einstweilen besingen sich die Verschwörer gegenseitig. Or-den, Titel, Ehrungen regnen nieder. Rantzau wird General, Be-ringskiold Kammerherr, auch Eickstädt und Köller steigen zu Generälen auf, und beide schmückt der Danebrog-Orden, während es Rantzau nicht unter dem Elephanten-Orden tut und im übrigen auf die endliche Erstattung seiner Schulden wartet. Er wartet vergeblich. Denn inzwischen ist einiges von seinem Doppelspiel in der Verschwörernacht durchgesickert, und der nächste Abgang ins Dunkel steht Rantzau schon bevor.

Am meisten hält sich Guldberg zurück. Er begnügt sich mit der einmaligen Zahlung von vierzigtausend Talern und kann im übrigen warten. Denn im neugeschaffenen Geheimen Staats-rat, dem sein Zögling Friedrich präsidiert, fällt ihm wie von selbst die Rolle der grauen Eminenz zu. Sein unaufhaltsamer Aufstieg kann in aller Gemächlichkeit beginnen: 1774 Geheimer Kabinettssekretär, 1776 Staatssekretär, 1784 schließlich offizielles Mitglied im Staatsrat und damit der heimliche Herrscher von Dänemark …

Dieser Staatsrat geht in seinen Befugnissen noch weit über jene des abgeschafften Geheimconseils hinaus. Praktisch übernimmt er die Rolle Struensees, und der König ist nur die Puppe in seiner Hand. Er darf nur unterschreiben, was ihm der Staatsrat vorlegt, und auch das höchste Recht der Könige, das Recht auf Begnadigung, wird ihm kurzerhand genommen: Man weiß schließlich nicht, was für geheime Bande ihn vielleicht immer noch an seinen Freund Struensee fesseln und auf welch dumme Gedanken er kommt, wenn erst das Todesurteil vor ihm liegt. Im übrigen bemüht man sich, die kranke Majestät bei Laune zu halten.

Selten gibt sich der Kopenhagener Hof so bunt und laut, so lärmend vergnügungssüchtig wie in diesem düsteren Frühjahr 1772. Das Volk darf seinen vor Struensee erretteten König so häufig wie nie bei Schlittenfahrten, Jagden oder im Theater sehen. Die Konzerte, Bälle, Galadiners reißen nicht ab – nur keinen Augenblick der Ruhe, nur keine Zeit für die Frage, was es denn nun wirklich mit Struensees Staatsstreich auf sich hat, mit seiner Giftmischerei und der planmäßigen Entmachtung des Königs. Denn solche Fragen könnten peinlich werden.

Man kann nicht sagen, daß sich Struensees Feinde keine Mühe geben. Nicht weniger als vier Kommissionen werden eingesetzt, und sie durchschnüffeln in rastlosem Fleiß die Papiere der Königin, alle Unterlagen Struensees und vor allem seine Befehle, wobei die Kommission von vornherein Weisung hat, sich nur auf »schädliche« zu konzentrieren und alle »gleichgültigen« oder gar »nützlichen« beiseite zu lassen. Doch nicht einmal dieses Auswahlprinzip bringt etwas. Es findet sich nun einmal keinerlei Beweis für eine Verschwörung Struensees, und nach dem ersten Siegesrausch droht immer stärker allgemeiner Katzenjammer.

Was nun geschieht, könnte vor weniger ernstem Hintergrund

erheiternd wirken und ist für die Clique um Staatsretterin Juliane in jedem Fall die erste abgrundtiefe Blamage. Denn wäre Struensee schuldig, müßte er mit seinen Mitverschwörern vor ein Gericht gestellt und des erwiesenen Hochverrats angeklagt werden. Ist er unschuldig, müssen alle freigelassen werden. Doch weder das eine noch das andere geschieht. Man beläßt es bei Verbannungen vom Hof und außer Landes oder, wie im Fall der beiden Gähler, bei »königlicher Ungnade«. Die meisten werden so unauffällig wieder abgeschoben, wie sie verhaftet worden waren, und einzig Falckenskiold bleibt bis 1776 Festungshaft nicht erspart. Dort schreibt er in aller Ruhe seine Memoiren, siedelt danach nach Südfrankreich über, kehrt 1788 für kurze Zeit nach Dänemark zurück und verlebt seine letzten Jahre schließlich in der Schweiz bei Lausanne. Im nahen Genf hat er einen wohlvertrauten Nachbarn, mit dem er sich zuweilen zum vertrauten Plausch unter alten Kameraden wiederfindet: Salomon-François Reverdil.

Auch Carl August Struensee widerfährt wenig Schlimmes. Ihm werden sogar gute Fachkenntnisse bescheinigt, allerdings im Verein mit nicht genauer bezeichneter »Unredlichkeit«, mit »dummdreister Prahlerei und unmäßiger Ambition«. Im übrigen läßt man ihn ungeschoren nach Preußen zurückziehen und legt ihm nur auf, über die Vorgänge Stillschweigen zu bewahren. Carl August Struensee hält sich daran. Er nimmt seine Professur in Liegnitz wieder auf und wird 1791 preußischer Minister. Zwei Jahre zuvor war er geadelt worden, nicht vom preußischen König allerdings, sondern vom Staat Dänemark: Eine Rehabilitationsgeste auch gegenüber dem Bruder? Darüber schweigt sich Carl August Struensee aus. Der Bruder scheint für ihn doppelt gestorben, und nur einmal, gegen Ende seines Lebens, bricht es aus ihm heraus, als er seinen Freund und Biographen H. H. L. von Held anführt: »Sie erinnern mich an meinen Bruder, der übereilte auch alles so wie Sie und erwog die Hindernisse nicht genug ...«

Doch zurück ins Frühjahr 1772, als ein angeblicher Struensee-Mitverschwörer nach dem anderen unauffällig in die Freiheit entlassen wird: Nun müßte Struensee eigentlich selbst an der Reihe sein und rehabilitiert werden. Denn inzwischen ist auch die letzte Seifenblase geplatzt, die Vergiftungstheorie. Wiederum ist man nicht faul gewesen und hat alle Rezepte durchgewühlt, die Struensee und sein Kollege Bergen je für den König ausgestellt hatten. Doch auch dort findet sich nicht der geringste Hinweis auf irgendwelche Opiate und andere Narkotika, und ein weiteres Mal droht die Blamage.

Doch Dänemarks Erzengel Juliane Marie ist nicht gewillt, eine Lüge als Lüge hinzunehmen. In Variation des Prinzips »Nicht sein kann, was nicht sein darf« darf bei ihr sein, was nun einmal sein muß. Und so hält sie in eherner Standhaftigkeit an der einmal aufgestellten Behauptung fest und schreibt sie sogar in ihre Briefe an fremde Staatsoberhäupter. Einen erhält Preußens König, und Juliane Marie findet im Schwager einen bemerkenswert gutgläubigen Adressaten.

Um 1772 erinnert Preußens Großer Friedrich kaum noch an den Reformherrscher seiner jungen Jahre. Zum anekdotenumrankten, graubestäubten Denkmal seiner selbst geworden, zum gichtgebeugten Alten Fritz, der die Tiere liebt, weil er die Menschen zu kennen meint, bemüht er sich eigenem Eingeständnis nach, in seiner zweiten Regierungshälfte die Fehler seiner ersten wiedergutzumachen, und er macht sie gut in seines Vaters autoritärer Art, dem er in seinem zittrigen Geiz und Altersstarrsinn immer mehr zu gleichen beginnt. Vergessen sind die heiteren Tage in der Tafelrunde von Sanssouci, da sich noch Freund Voltaire in aller Vertraulichkeit zu »Votre Humanité« beugen durfte. Nur manchmal bricht noch der alte Funke durch. Dann erinnert sich der Große Friedrich an die Zeit, da er noch ein großer Dichter werden wollte. Jetzt inspiriert ihn der Brief seiner dänischen Schwägerin zu einer Dichtung über Struensee.

Um diese Zeit ist Struensee noch nicht verurteilt. Doch schert sich dieser so gerechte König, der um des Rechts willen sogar vor einem Müller aus Sanssouci zurückweicht, um solche Kleinigkeiten nicht. In der Satire, die er zum Thema verfaßt, ist Struensee nicht nur überführt, sondern auch schon hingerichtet, und im Jenseits gibt der geköpfte Giftmischer einem französischen Kollegen, Friedrichs Erzfeind Choiseul, den guten Rat, seinem Herrscher doch auch ein paar Opiate zu verabreichen. Der geistreiche Greis von Sanssouci kichert in sich hinein: So elegant läßt sich zwischen zwei Prisen Schnupftabak ein Hundsfott von Untertan erledigen, der die Lektionen seiner eigenen Jugendjahre beim Wort zu nehmen wagte.

Friedrich II. ist nur der Prominenteste unter den Autoren, die jetzt in Sachen Struensee ihre vergifteten Federn wetzen, und eine Schmähkampagne ohnegleichen ergießt sich über den gestürzten Minister. Bezeichnenden Auftakt macht kein Schriftsteller, sondern ein früherer Artillerist und jetziger Kupferstecher namens Terkel Kleve, der für seinen ersten Beruf sichtlich mehr Begabung hat als für seinen zweiten. Er widmet seinem König eine Struensee-Porträtskizze, »damit entschieden werde, ob sie, was das Eigentliche und Natürliche betrifft … den Vorzug vor anderen dieser Art etc. verdient …«

So sieht das Porträt denn auch aus: Struensee im Profil, der Blick ein starres Schielen, eine niedrige Stirn und ein brutal hervorgepreßter Unterkiefer wie bei einem Menschenaffen, dazu die Inschrift: »Dadurch, daß er viel Schlechtes tat, brachte er sich selbst ins Unglück«. Genauso will das etablierte Europa einen seiner großen Provokateure verstanden wissen, und die Kampagne findet ihren Widerhall auf dem ganzen Kontinent. Zwar gibt es auch andere Stimmen, doch gehen sie unter im allgemeinen Haßgeheul.

Die Struensee-Verteufelung könnte nicht so wirkungsvoll sein, wäre nicht der Boden reif dafür. Überall herrscht schließlich Günstlingswirtschaft, und in den meisten Fällen bedeutet das nichts anderes als verschleuderte Staatseinnahmen an irgendwelche obskuren Mätressen und Abenteurer, hemmungsloser Nepotismus und grenzenlose Korruption. In diesen faulig schimmernden Reigen wird auch Struensee eingereiht, er steht im gleichen Rang mit all den Kreaturen, die jeder vom eigenen heimatlichen Fürstenhof her kennt, und ein unbefangener Zeitgenosse wie Goethe mag sich zu seinem »Faust«-Flohlied inspiriert fühlen: »Da wurden seine Brüder am Hofe große Herren ...« Das Struensee-Bild ist fertig und kann als Steckbrief eines hochstapelnden Hasardeurs in die Geschichte eingehen. Und das ist dann der erste Tod des J. F. Struensee.

Sein physischer Tod wird inzwischen in Kopenhagen systematisch vorbereitet, und wiederum mangelt es nicht am akkuraten Fleiß seiner Richter: Am 20. Februar erscheint Struensee ein erstes Mal vor der Untersuchungskommission. Fünf Wochen Einzelhaft haben ihn verändert. Er ist mager geworden, ein Bart überwuchert sein Gesicht, und seine sonst so wachen Augen blicken stumpf. Anfangs hatte er die Nahrung verweigert, da war er zum Essen geprügelt worden. Und als er dann auch noch von seiner Seemannsjacke einen Knopf abzubeißen und ihn hinunterzuschlucken versucht hatte, war ihm ein eiserner Kragen angelegt worden, so daß er den Kopf nicht mehr bewegen konnte. Fast ein Leichnam wird also vor Gericht gezerrt, und doch flößt dieser Mann immer noch Furcht ein.

Man wagt sich mit ihm nicht in die Öffentlichkeit. Also finden alle Verhöre hinter verschlossenen Türen in der Wohnung des Festungskommandanten statt, und draußen ist sogar die Zugbrücke der Zitadelle hochgezogen. Struensee werden erst seine Ketten abgenommen, als er vor seinen Anklägern steht. Er schwankt dabei ein wenig. Aber er hält sich aufrecht und mag sogar ein wenig lächeln, als er noch einmal mit »Graf« angeredet wird. Es ist das letzte Mal. Jetzt bleibt nur der Mensch Struensee, dem man nachzuweisen sucht, daß er ein Hochverräter ist.

Die Reihe der Belastungszeugen ist lang gewesen. Doch jeder hatte nur mit dem längst vertrauten Klatsch aufgewartet, und alle mußten schließlich zugeben, daß es sich nur um weitergegebene Gerüchte handelt. Die Mienen der Richter werden immer länger. Aber ihr Auftrag ist nun einmal, Struensee als Staatsverbrecher zu überführen, und da muß dann eben jede Kleinigkeit herhalten, belanglose Aussprüche, längst vergessene Randereignisse, wie sie sich eben in das einmal gemachte Bild fügen. Die Anklage umfaßt schließlich neun Hauptpunkte.

An erster Stelle steht der Ehebruch mit der Königin. Es folgen die Mittäterschaft bei der Rauferei zwischen Brandt und König, die Härten bei der Erziehung des Kronprinzen, die angeblich angemaßte Herrschaft über den König, die Auflösung der Garde und die militärischen Maßnahmen nach dem letzten Weihnachtsfest, die von Struensee vor dem König gelesenen Briefe an die Majestät, die angeeigneten Beträge aus der Staatskasse und schließlich der Verkauf eines Brillantbuketts der Königin im angeblichen Wert von vierzigtausend Talern, das Struensee für nur zehntausend Taler verschleudert haben soll.

Struensee verteidigt sich. Die Erziehung des Kronprinzen ist nach Prinzipien erfolgt, die er bei eigenen Kindern nicht anders angewandt hätte. Der Verkauf des Schmuckstücks geschah in Hamburg auf ausdrücklichen Wunsch der Königin, die Überweisungen der Kasse mochten in der Form nicht ganz korrekt gewesen sein, geschahen aber unter Billigung des Königs. Überhaupt der König: In seinem Namen hat Struensee alle Maßnahmen getroffen, die Garde aufgelöst, Sicherheitsmaßnahmen angeordnet, die Briefe vor ihm gelesen – immer auf Befehl des Königs …

An diesem Punkt droht tatsächlich der Prozeß um Struensee staatspolitische Brisanz zu gewinnen. Denn nun sitzt neben Struensee der König als eigentlich Hauptverantwortlicher für alle Geschehnisse der letzten sechzehn Monate auf der Anklagebank und mit ihm ein System, das solche Könige erst möglich macht. Es bleibt als einziger Punkt, in dem die Majestät tatsächlich beleidigt worden sein könnte, der Ehebruch mit der Königin. Und was Juliane Marie so gern vermieden hätte, können ihre Richter nicht länger umgehen: Soll sich dieser Prozeß nicht in ein juristisches Nichts auflösen, muß Caroline Mathildes Frauenehre vor Gericht gestellt werden.

Die amtlichen Schnüffler gehen wieder an die Arbeit. Sie ziehen hin zu neugierigen Kammerzofen und eifersüchtigen Hoffräulein, sie fragen geschwätzige Kammerdiener und wichtigtuerische Friseure aus. Jeder darf erzählen, wie es ganz genau zugegangen ist. Doch niemand weiß etwas wirklich Bestimmtes, alles bleibt Gerücht, Vermutung. Dreißig Personen sind schließlich verhört worden, aus ihren Aussagen ergibt sich das viele Seiten lange Protokoll, und auch jetzt, bei allem blutigen Ernst, ist es nicht ohne Komik, wie dieser so hochgemut begonnene Staatsprozeß unaufhaltsam auf die Ebene von Domestikengetuschel und Dienstbotenklatsch herabsinkt. Doch für Struensee wird es ernst. Ehebruch mit der Königin ist Beleidigung der Majestät. Darauf kann die Todesstrafe stehen.

In dieser entscheidenden Phase müßte Struensee so wach und selbstbewußt wie nie auftreten. Er könnte weiterhin leugnen, könnte es mit seinem Freund David Panning halten, der später meinen wird, niemand hätte schließlich bei Arzt und Königin »die Lampe gehalten«. Doch ausgerechnet jetzt, da es um sein Leben geht, versagt Struensee. Die Gründe bleiben rätselhaft: Hat man ihm, wie gelegentlich behauptet, mit der Folter gedroht? Hält er die Beweislast für so erdrückend, daß es tatsächlich schon gleich ist, ob er den Ehebruch begangen hat oder nicht? Oder ist er einfach mürbe, müde? Ekelt es ihn vor all dem Bettlaken- und Fußspurenklatsch? Ist seine Haltung Spätfolge des Schocks, so jählings aus höchster Höhe in die Tiefe eines Kerkers gestürzt zu sein?

Wir wissen es nicht, und vielleicht hat auch Struensee selbst nicht gewußt, warum er nun gesteht, »daß seine unzulässige Vertraulichkeit mit der Königin so weit gegangen sey, als immer die Vertraulichkeit unter Personen verschiedenen Geschlechts gehen könne …« So steht es unter seinem Schuldbekenntnis, und so unterschreibt er es am 25. Februar 1772. Es ist sein eigentliches Todesurteil.

Denn mit diesem Bekenntnis wird hinaus nach Kronborg gezogen. Auch dort haben die Verhöre begonnen, und Caroline Mathilde leugnet zunächst jede Schuld. Sie wie Struensee könnten damit gerettet sein, wäre eben nicht Struensees eigenes Geständnis. Die Königin will es zunächst nicht glauben. Dann nennt sie es falsch. Die Richter dürfen sich die Hände reiben. Denn nun hat die Falle vollends zugeschnappt. Denn stimmt Struensees Bekenntnis, hat er den König beleidigt. Stimmt es nicht, beleidigt er die Königin. In jedem Fall ist er des Staatsverbrechens einer Majestätsbeleidigung schuldig.

Was sich danach auf Kronborg um Caroline Mathilde tut, bleibt gleichermaßen rätselhaft wie das Geständnis Struensees. Die wenigen Berichte widersprechen sich. Doch halbwegs glaubhaft scheint noch immer die Version, die Königin hätte durch ihr eigenes Geständnis Struensee zu retten gehofft und ihr wäre das als Rettungsmöglichkeit nahegelegt worden. Und vielleicht stimmt auch, daß ihr bei der Unterschrift so sehr die Hand zittert, daß einer ihr Gelenk packen und ihren Namenszug fast gewaltsam zu Ende führen muß. Als verbürgt gilt auch, daß Caroline Mathilde einen letzten Rettungsversuch des Geliebten unternimmt, indem sie sich selbst als seiner eigentlichen Verführerin die Hauptschuld gibt. Ihre Richter hören gar nicht zu.

Sie interessiert allein die Verurteilung Struensees. Was nach ihrem Geständnis aus Caroline Mathilde werden soll, ist ein ganz anderes Problem, von dem sowenig wie möglich in die Öffentlichkeit getragen werden soll. Denn immerhin handelt es sich um so etwas Delikates wie das Schicksal einer englischen Prinzessin, und ohnehin wird schon ängstlich zum Buckingham Palace geäugt: Wie wird man dort auf die äußersten Demütigungen einer Angehörigen des britischen Herrscherhauses reagieren?

Wahrscheinlich gar nicht, würde es nur nach Farmer George gehen. Der hält Caroline Mathilde für rundum schuldig und kann dabei seinen Ingrimm nicht unterdrücken: Ausgerechnet mit einem Bürgerlichen muß sich das Schwesterherz einlassen und dafür sogar die so erbauliche dänisch-englische Beziehung riskieren. So schweigt denn George III., und mit ihm schweigt seine Regierung. Doch die britische Opposition schweigt nicht. Der dürfte Caroline Mathildes persönliches Schicksal sehr gleichgültig sein. Jedoch hat sie hier prächtige Gelegenheit, im Parlament der Regierung die Hölle heiß zu machen. Laut ertönt das Wehgeschrei: Eine nationale Schande bahnt sich an, in der Königin wird die gesamte britische Nation beleidigt – und die

Regierung tut nichts. Farmer George zieht verdrossene Konsequenz. Daß er bei der nächsten Gelegenheit den dänischen Gesandten kalt übersieht, ist noch leere Geste. Dann werden aber seine Schritte massiver. Eine erste Drohung geht nach Dänemark hinüber: Eine Flotte steht zu einer Strafexpedition bereit. Da schrecken die neuen Herren zusammen. Denn das könnte Krieg heißen, und die aufgescheuchte Juliane Marie schreibt ein weiteres Mal an Schwager Friedrich, ob er im Kriegsfall auf Dänemarks Seite stehen würde. Der Preußenkönig zeigt sich auch nicht abgeneigt, und eine kleine Ehebruchsgeschichte an irgendeinem Königshof im Norden hätte ein neues Völkermorden bringen können: absolutistische Familienpolitik im 18. Jahrhundert.

Doch England und Dänemark einigen sich. Zwar wird die Ehe geschieden, und die Königin muß auf ihre Kinder verzichten, auch auf Struensees mutmaßliche Tochter. Doch weiterhin darf sich Caroline Mathilde Königin nennen, und, was für Dänemark besonders schmerzlich ist, ihre Mitgift von runden hunderttausend Pfund, ungefähr zwanzig Millionen Mark, wird an die Kasse der britischen Krone zurückgezahlt. Sie selbst geht außer Landes. So läßt man sie denn halbwegs in Ehren ziehen, und die Kanonen von Kronborg dröhnen einen letzten Salut, als sie am 30. Mai 1772 an Bord eines britischen Kriegsschiffes ihr Königreich verläßt. Ihrem Mann ist sie seit der Schicksalsnacht vom 16. Januar nicht mehr begegnet und auch Struensee nicht mehr. Zum Zeitpunkt ihrer Abreise ist er bereits über einen Monat tot.

Vom Schuldbekenntnis der Königin an drängen die Hintermänner auf Eile. Ende Februar sind die Verhöre abgeschlossen, und eine Anklageschrift wird verfaßt, die ungeachtet aller Gegenargumente noch einmal Struensees angebliches Sündenregister aufzählt. Am 21. April liegt sie vor, und der Verteidigung bleibt zur Erwiderung gerade ein Tag Zeit. Immerhin war Struensee gestattet worden, seinerseits eine Verteidigungsschrift abzufassen. Er schreibt sie in Ketten auf dem schmalen Holztisch, den man in seinen Kerker hineingeschoben hat, und mochte seine Rolle im Fall seines Schuldbekenntnisses nicht sehr rühmlich gewesen sein: Bei der Niederschrift seiner Verteidigungsschrift zeigt sich Johann Friedrich Struensee noch einmal in seiner allerbesten Form.

Er könnte sich demütigen, nach Entschuldigung suchen. Er könnte um Gnade flehen. Das alles tut er nicht. Nichts wird von ihm beschönigt. Nie versucht er, irgendwelche mögliche Schuld auf andere abzuwälzen. Im Gegenteil: Ausdrücklich betont er, für sein Verhalten ganz allein verantwortlich zu sein. Noch einmal spricht er von der desolaten Lage des Königs und der erstickenden Enge des Hofzeremoniells, aus der er das königliche Paar zu erlösen versuchte. Er schenkt sich nicht einmal den Vorwurf an den Geheimconseil, den Herrscher bewußt mit Staatsgeschäften gelangweilt zu haben. Das sind Worte von hohem Mut. Und dann kommt Struensee auf seine eigene Politik zu sprechen.

Auch hier kein Kleinmut, kein Herumgerede und Herausgewinde: Es spricht weniger ein Angeklagter als ein selbstbewußter Staatsmann, nicht ohne verhaltenem Stolz im Unterton. Er listet sogar Verwaltungsmodelle für einige Ministerien auf, Punkt um Punkt. Daneben räumt er ein, manches übereilt zu haben. Doch weist er gleichermaßen Erfolge auf, fähige Mitarbeiter an den richtigen Stellen, die gesicherte Lebensmittelversorgung im Winter, gesunkene Schulden, gestiegene Einnahmen, einen erstmals ausgeglichenen Staatsetat. Das ist nun schon keine Verteidigungsschrift mehr. Das ist in aller sachlichen Genauigkeit ein Rechenschaftsbericht. Er müßte in ganz Europa Furore machen.

Denn schreit nicht alles nach Reformen? Weiß nicht jeder halbwegs denkende Mensch, daß es so nicht weitergeht mit den Monarchien? Und hier hat nun einer Reformen gewagt. Sie sind nicht in allem gelungen. Doch haben sie Ansätze geschaffen und Zeichen gesetzt. Also müßte Struensees Verteidigungsschrift, dieses klare, kühle Testament eines Reformers, der Bestseller schlechthin sein, in zahllosen Auflagen verbreitet, in allen Sprachen gelesen und von manchem Mächtigen sogar verstanden.

Tatsächlich wird bald darauf, vom Frühsommer 1772 an, ein Buch mit Struensees letzten Gedanken einer der großen Bestseller dieser Zeit. Es ist allerdings nicht seine Verteidigungsschrift, sondern die Geschichte seiner sogenannten Bekehrung, von einem gewissen Balthasar Münter, Doktor seines Zeichens und Pastor von Beruf. Er predigt an Kopenhagens ältestem Gotteshaus, der Petrikirche, und Struensee kennt ihn wenigstens dem Namen nach. Denn unter den gegen ihn geifernden Geistlichen hatte Münter zu den ärgsten Kanzel-Demagogen gehört, und Struensee war wiederholt aufgefordert worden, endlich etwas gegen ihn zu tun. Er hatte nur lächelnd abgewinkt. Und jetzt steht er ihm erstmals selbst gegenüber.

Am 1. März 1772, die Verhöre sind gerade abgeschlossen, macht er Münters persönliche Bekanntschaft. Er hat sie nicht gewünscht. Er will geistlichen Beistand nicht. Doch Münter drängt sich ihm erbarmungslos auf. Immer schon hat er zu reden verstanden. Nun ist er ganz in seinem Element und wird später kokett eingestehen, er hätte vielleicht sogar ein wenig viel geredet. Jedenfalls ergießt sich nun seine Suada in gnadenlosem Strom über den einsamen Häftling und könnte Struensee durchaus beeindruckt haben.

Man denke: Hier ist ein Geistesmensch und Intellektueller seit Wochen in Einzelhaft. Er sieht nur seine Richter und Wärter. Er weiß, daß er sich an einer Grenzstation seines Lebens befindet, und vieles mag ihm dabei durch Herz und Kopf gehen, Selbstzweifel, plötzlich erwachte Skrupel, Erinnerungen an Schmerzliches und Schönes. Jetzt tritt einer vor ihn hin, der ihn wenigstens als Menschen behandelt. Er hört zuweilen sogar zu und scheint es gut mit ihm zu meinen. Und Münter versteht sein Seelenwäscher-Handwerk. Versagt einmal sein Mundwerk, hält er andere Tricks parat. Vom Tod des im Februar verstorbenen alten Bernstorff erzählt er, nicht ohne Tadel im Unterton, auch dieser Tod sei eigentlich Struensees Schuld. Auch Vater Struensees Brief zieht er im genau richtigen Augenblick aus der Tasche und reicht ihn dem Mann, der jetzt schon weiß, daß er nur noch wenige Wochen zu leben hat. Und er nickt in bedächtiger Verständnisinnigkeit, als ihm Struensee von seiner geheimen Furcht erzählt, vielleicht nicht nur geköpft, sondern auch gerädert zu werden: »Ich habe ... überlegt, ob ich auch die Schmerzen einer solchen Hinrichtung mit Geduld würde überwinden können ...«

Was im einzelnen in diesen sechs Wochen und sechsunddreißig Gesprächen zwischen den beiden Männern vor sich geht, wissen wir nicht. Oder genauer: Wir wissen es nur von Münter. Der hastet nach jedem Gespräch in sein Haus zurück und schreibt nieder, was ihm der Angeklagte gesagt hat – oder doch wenigstens in Münters Augen gesagt haben sollte. Wichtig ist allein, daß es sich recht wirkungsvoll ausnimmt. Schließlich sollen es möglichst viele Menschen lesen. Denn aus diesen Aufzeichnungen soll einmal ein Buch werden und dieses Buch ein Erfolg. Alle Welt erfährt dann gleich, was für ein trefflicher Seelsorger und gewaltiger Bekehrer Doktor Münter ist. Und viel Geld verdient er auch damit.

Nicht nur auf der Kanzel ist Münter der geborene Demagoge. Auch in seinem Buch zeichnet er mit scharfem Griffelstift den Struensee, wie ihn sich Münter wünscht: Gebrochen hockt der Gefangene in seiner Zelle, der große Sünder, die verirrte Seele. Den Sünder erwartet das Schafott, gerechterweise. Seine Seele wird man retten. Das ist Münters Tat. Er geht behutsam vor. Er zeigt den jungen Struensee, den ein frommer Vater gutmeinend, wenn auch überstreng behandelt. Er zeigt den fröhlichen Weiberhelden und listigen Frauenverführer, den eine »wollüstige Liebe« an den Königshof verschlug. Dort hatte er natürlich nichts zu suchen. Denn seine geistigen Fundamente sind nur brüchig, rasch angelesenes, halbverdautes Zeug, oberflächlich aufgeschnappt, mangelnde Bibelkenntnisse, keine Ahnung vom Glauben und höheren Dingen, eben der typische Freigeist in kirchlicher Sicht. So einer endet fast von selber auf dem Richtblock.

In diesen Gesprächen lockt Münter aber nicht nur Bekenntnisse heraus. Er bekehrt Struensee auch. Zunächst einmal, die kleinste Mühe, widerlegt er sein verschwommenes Weltbild. Er führt ihn an Christus heran, und der Angeklagte kann nichts entgegensetzen. – Was auch, da doch Struensee keinen einzigen ernsthaften und fundierten Gedanken hat? So wird denn ohne echte Schwierigkeit seine Seele dem einzig wahren Glauben zurückgewonnen, und der schon verlorene Pastorensohn kehrt geistig ins Vaterhaus zurück, kann nun eingehen ins himmlische Paradies, Gott und Münter sei Dank. Beider Hände falten sich zum Gebet, beider Lippen murmeln das Vaterunser. Und nur eine einzige kleine Gegenleistung erbittet der wackere Bekehrer: Daß ihm Struensee, erst einmal tot, doch kurz erscheinen möge. Denn gar zu gern wüßte Münter, wie es nun wirklich im so gelobten Jenseits zugeht.

Das eigentlich Faszinierende an dieser selbst von Goethe ernst genommenen und höflich rezensierten »Bekehrungsgeschichte des Grafen Struensee« ist, daß dort nichts steht, was Struensee nicht wirklich gesagt haben könnte. Nur hält sich stets Manipulator Münter bereit, jedem Wort den Sinn zu geben, den er heraushört. Selbstzweifel, aber auch pure Höflichkeitsfloskeln erhalten stets die genau ins Müntersche Bekehrungskonzept passende Farbe. Und diese Farbe tönt schließlich das gesamte Struensee-Porträt von Münters Gnaden, nicht giftgrün wie die bald wieder vergessenen Pamphlete, dafür um so nachhaltiger in seinem verhaltenen Pastell. Einen solchen im Eiltempo zu bekehrenden Schwächling braucht niemand mehr als politischen Kopf von irgendwelcher sozialen Relevanz ernst zu nehmen. Und das ist dann der zweite Tod des J. F. Struensee.

Seinem physischen Ende rattert während der Bekehrungsgespräche die Maschinerie des Gerichts entgegen. Dort hat zwar der Angeklagte in Peter Ulldal einen vorzüglichen Verteidiger und in Georg Wilhelm Wiwet einen so miserablen, ressentimentgeladenen und unsachlichen Ankläger, daß er selbst vor einem Gericht des 18. Jahrhunderts eine klägliche Figur macht. Doch was bedeutet das noch, wenn das Urteil ohnehin schon feststeht? Am 25. April 1772 liegt es vor: Tod durch das Beil. Struensee erfährt es von seinem Verteidiger. Er bleibt sehr ruhig. Seine erste Frage gilt nicht dem eigenen Schicksal, sondern

Enevold Brandt. Auch Brandt ist zum Tode verurteilt worden. Struensee begreift das nicht. Und es ist auch nur schwer zu begreifen.

Gewiß schwingt Taktik mit, wenn das angebliche Attentat auf den König so hochgespielt wird. Dieser nur groteske Vorgang lenkt vom wichtigsten Punkt der Anklage ab, von Caroline Mathildes Ehebruch, der nach den Verhandlungen mit England wieder kräftig heruntergespielt wird, wie auch während des gesamten Prozesses nie die Sprache auf Struensees angebliche Vaterschaft bei der Prinzessin kommt. Aber eigentlich gibt es nur einen Grund, warum nicht Brandt wie Falckenskiold in Festungshaft oder Verbannung abgeschoben wird. Und das ist der König selbst: »Ist es zum Unglück anderer nicht genug, daß Fürsten Menschen sind?« So heißt es in Lessings »Emilia Galotti«. Auch Christian ist ein Mensch und Brandts Unglück.

Wie Lessings Prinz von Guastalla sitzt er am Schreibtisch vor den Papieren. »Bittschriften! Nichts als Bittschriften ...« Vielleicht sind die Flehrufe von Vater Struensee darunter, der in diesen Tagen an jede nur denkbare Instanz bei Hofe schreibt, an Juliane Marie, den Erbprinzen, an Christian selbst. Und der zeigt sich gar nicht abgeneigt, Struensee zu begnadigen. Dann allerdings, lassen ihn die anderen wissen, müßte er auch Brandt Gnade gewähren. Der König zuckt zusammen. Das will er auf keinen Fall. Dieser Brandt, den er nie leiden konnte, gehört auf das Schafott. So unterschreibt er denn »recht gern« die beiden Urteile und eilt davon. Für den Abend ist ein festliches Konzert angesetzt.

Brandt und Struensee, der Höfling und der Arzt: Ein letztes Mal sind beider Schicksale unselig miteinander verhakt. Und so geht es denn am 28. April 1772 hinaus aufs Osterfeld. Im Hintergrund lächelt milde Pastor Münter. Er dürfte ein wenig Adam Struensee gleichen, wenn nicht im Äußeren, so in seinem Wesen. Die Welt von Halle: Sie ist zugegen, als Johann Friedrich Struensee seinen letzten Weg antritt. Seine lebenslange Flucht davor, die ihn über schillernde Höhen hinweg bis in diesen Abgrund geführt hat, ist zu Ende.

Sehr zufrieden kehrt Balthasar Münter nach Hause zurück. Sein Buch braucht nur noch geschrieben werden. Seine Frau ängstigt er aber mit so plastischen Erzählungen vom hingerichteten lieben Freund im Himmel, daß die brave Frau nächtens in banger Ahnung wach liegt. Stündlich erwartet sie das Erscheinen Struensees, ohne Kopf und Hand vielleicht, nur ein blutender Rumpf: Schaudernd zieht sie die Decke über die Ohren. Doch kann sie beruhigt sein. Struensee erscheint nicht mehr. Sein Geist spukt allerdings noch lange durch die dänische Geschichte. Und sein Leben, dieser kurze, heftige Versuch, eine bessere Welt zu schaffen, bleibt nicht ohne Folgen.

VII. Teil

Struensee und die Folgen

Der höchste Mut eines Politikers
ist der Mut zur Unpopularität.

Gustav Stresemann

Ein Straßenschild in Altona

Sieben Eisenbahnstunden sind es von Kopenhagen nach Altona, von Christiansborg, Befreiungsobelisk und Osterfeld hinunter in Dänemarks einstige Grenzstadt im Süden, wo der unaufhaltsame Aufstieg des Doktor Struensee begonnen hatte. Auf dem nebelverhangenen Osterfeld mit seiner schlimmen Ahnung von Vergängnis und Vergeblichkeit hatte ein grauer Stein gestanden, ohne Inschrift. Vielleicht soll er an all die gemahnen, die hier ihr Leben ließen, also auch an Struensee, vielleicht auch nur an die Bauern, die einst aufs Osterfeld ihr Vieh getrieben hatten. Unten in Altona trägt die Mahnung einen Namen.

Man muß bis zur Königstraße fahren, ausgerechnet. Dort weist unter dem Stationsschild eine Schrift in die Richtung der Struensee-Straße. Früher war sie die Kleine Mühlenstraße gewesen, hier hatte das Zucht- und Werkhaus gestanden mit den angeschlossenen Räumlichkeiten der Anatomie. Vielleicht hat man sie deshalb nach dem Arzt benannt. Wer genau und aus welchen Gründen im Sommer 1950 den Einfall zu dieser Umbenennung hatte, weiß man nicht. Anfragen bleiben ergebnislos: Struensee sei eben »ein sehr bekannter Mann« gewesen – bekannt für was? Als der abenteuernde Ehrgeizling und Parvenü, der galante Libertin, der es dreist mit einer Königin trieb und dafür hingerichtet wurde? Als einer jener hilflos Gutmeinenden, die stets ihre eigenen schlimmsten Feinde sind? Oder als einer, der das Unmögliche möglich zu machen suchte, der einen schon Todkranken kurieren wollte und selbst an seiner Krankheit zugrunde ging? Woran erinnert das Straßenschild in Altona?

Das Phänomen Struensee hat viele Gesichter. Das Bild des Arztes vermischt sich mit dem des Staatsmanns, die Züge des engagierten Reformers überweht der Ruch eines romantischen Glücksjägers, und hinter allem leuchtet in ihrer ganzen morbiden Widersprüchlichkeit die Wirklichkeit eines Zeitalters, die erst ein Phänomen wie ihn möglich machte. All diese Bilder verschwimmen ineinander, es bleibt schließlich nur die weiße Schrift auf blauem Grund: »Struensee-Straße«. Erst hundertfünfzig Kilometer weiter südlich von Altona gewinnt die Erinnerung an Struensee schärfere Kontur.

In weitem Bogen hatten im Sommer 1772 die beiden britischen Fregatten mit der vertriebenen Königin an Bord das dänische Festland umfahren und waren die Elbe hinauf bis nach Stade gesegelt. Das war die erste Station, gleichsam das Vorzimmer der Verbannung, gewesen. Von dort war es weiter in die kleine Residenzstadt Celle gegangen, deren Handwerksmeister sich bereits die Hände rieben: Eine veritable Königin in der Stadt, dazu noch jung, hübsch und von romantischer Tragik umflort – das müßte der eher schläfrigen Wirtschaft wieder Auftrieb geben, und darüber wurden selbst die Imker der Umgebung zu Poeten. Sie reimten brav: »Sey hold, o große Königinn den Bienen / Und denen, die ihr Brodt durch sie verdienen …«

Das war nicht sehr gut gereimt, doch um so besser gemeint, und mit ihnen sah ganz Celle frohgemut der Ankunft dieser kleinen Königin entgegen. Dichtgereiht standen die Celler Bürger an den Straßen, als Caroline Mathilde ihren Einzug hielt. Es war nun schon siebzig Jahre her, daß in der Residenz tatsächlich residiert worden war. Aber immer weiß man noch in Celle, was sich bei Fürstlichkeiten gehört: »Bey der allerhöchsten Anherokunft Ihro, der Königinn von Dänemark Carolina Mathilda, Majestät, bezeiget ihre allerunterthänigste Devotion die Bürgerschaft der Stadt Zelle …«

Caroline Mathilde sieht zum erstenmal das nach Versailler Muster angelegte Schloß, wohin sich vor der Lüneburger Enge die Welfenherzöge geflüchtet hatten und wo unter anderem ein blutjunger Musiker, das halbe Kind Johann Sebastian Bach, seine ersten Eindrücke von höfischer Musik erhielt. Die Königin mag anderes vertraut berühren, auf makabre Weise. Denn hier hatte schon ihre Urgroßmutter gelebt, jene unselige Sophie Dorothee, mit der ihr als Kind so oft gedroht worden war: Werde nur nicht so wie Großmama! Denn auch ihre Ehe war unglücklich gewesen, auch sie hatte sich zu einem Galan geflüchtet, dem schönen Grafen Königsmarck, und auch ihn hatte man ermordet, heimlich allerdings, bei Nacht, auf nie geklärte Weise. Und wie die Urenkelin war Sophie Dorothee geschieden, sie selbst als Prinzessin von Ahlden ins Exil getrieben worden. Im Oktober 1772 scheint sich ein Kreis zu schließen.

Sophie Dorothee, die Herzöge, die in Celle bis 1705 ihr Klein-Versailles unterhielten, die schöne Französin, die zur Bach-Zeit hier einmal Herzogin gewesen war – ihre Bilder verschwinden wieder im Dunst historischer Erinnerung. Aber das Andenken an Caroline Mathilde ist noch hellwach. Schon am Eingang verweisen Plakate auf sie, über knarrende Treppen geht es hinauf in ihre Räume, und dort steht sie selbst, vom schmeichelnden Morgenlicht beleuchtet. Aus starren Puppenaugen sieht sie den Besucher an, eine Wachsfigur im sanft verschlissenen Originalkostüm. Ein Spitzenschal umfließt sie, die ausgestreckte Hand scheint auf die Wände zu deuten, wo nichts ausgelassen ist, kein Zeuge und kein Zeugnis ihres Lebens.

Alle sind dort versammelt: Christian VII., Juliane Marie, die Bernstorffs, Enevold Brandt, selbst Struensee-Häscher Köller. In polierter Glätte grinst er, wie er damals gegrinst haben mochte, als er den Hinrichtungstermin erfuhr: »Nun ist es sicher, nächsten Dienstag halten die beiden großen Grafen offene Tafel für Raben und Krähen …« Und dann eben die Sippe Struensee, fast eine Dynastie, der Vater, der Bruder, schließlich Johann Friedrich Struensee selbst, in höfischer Tracht, auf seinem Gala-Porträt, in Terkel Kleves Steckbrief-Darstellung, im Gefängnis, im Gespräch mit Münter, auf Schmähschriften und auf dem Schafott. Dazu Zeitungsberichte, Flugblätter, Spottverse: »Jetzt wendet sich das Glück, Graf Struensee, von dir …«

Ein Wärter nähert sich, will wissen, ob man Däne ist: »Hier kommen ja viele Dänen her, aber die wissen nichts, in deren Geschichtsbüchern steht alles falsch …« Er aber weiß, was richtig ist, und das erzählt er nun in aller Breite, von der bitterbösen Juliane Marie, vom armen König, auch von Struensee: »Der hatte mehr Verstand im Kopf als alle anderen zusammen ...« Im Mittelpunkt steht dennoch die Königin. In diesem alten Herrn hat Caroline Mathilde ihren letzten Ritter, der immer noch für ihre Ehre kämpft, nach über zweihundert Jahren: »Sie hat nichts gehabt mit Struensee, alles nur Klatsch, alles Erfindung, um den König zu täuschen, und daß ihre Tochter von Struensee sein soll – also, ich kann beweisen, daß sie es nicht war. Lesen Sie nur unter ihrem Bild, was dort auf der Inschrift steht ...«

Dort steht »Lovisa Augusta«, ausgewiesen als legitime Prinzessin Dänemarks. Der alte Herr schnauft im Triumph: »Da haben Sie es! Das würde nie dort stehen, wenn ihr Vater ein Bürgerlicher wäre ...« Natürlich würde es dort stehen, gerade dann. Denn damals im Jahr 1772 waren Skandal und Blamage schon groß genug gewesen. Da hatte vermutlich Juliane Marie höchstselbst dafür gesorgt, daß an der Legitimität des kleinen Mädchens kein Zweifel blieb, und Christian, geplagt genug, hatte nicht rückgängig zu machen brauchen, was im Sommer zuvor seine Botschafter an allen Höfen verkündet hatten: Christian VII. ist soeben Vater einer Tochter geworden.

Im Hintergrund jedoch ging das Getuschel weiter, all die Jahrzehnte hindurch, und Struensees mutmaßliche Tochter, weder verstoßen noch enterbt und inzwischen wohlverheiratete Herzogin von Augustenburg, hatte bis zu ihrem Tod im Jahr 1843 die Gerüchte mit Humor ertragen: »Ich will lieber von einem gescheiten Arzt abstammen als von einem vertrottelten König ...« Was noch immer der beste Schlußstrich unter allen Dienstmädchenklatsch sein dürfte, und einer belachte das Bonmot besonders herzlich: Deutschlands Kaiser Wilhelm II. Seine Frau Augusta war eine Urenkelin der »Prinzessin Struensee«.

Doch im Schloß zu Celle bleibt Luise Augusta das legitime Königskind, und der Wärter zeigt auf die Glasvitrine mit dem letzten Brief Caroline Mathildes. Sie hatte schon im Sterben gelegen, als sie noch einmal an ihren Bruder George nach England geschrieben und ein letztes Mal, in beschwörenden Tiraden, ihre Unschuld beteuert hatte. Ob dies nun wirklich ihre letzten Worte sind, ob der Schwerkranken dabei die Hand geführt wurde wie schon damals bei ihrem Schuldbekenntnis oder ob der gesamte Brief eine schlichte Fälschung ist, wurde nie geklärt.

Aufschlußreicher liest sich Celles Kirchenbuch aus dem Todesjahr der Königin. Nüchtern sind dort die Toten der Frühlingswochen 1775 summiert: Bis zu hundert Menschen starben damals an einem einzigen Tag. Es muß also eine Seuche gewütet haben, vielleicht die Pocken, vermutlich Scharlach, und am Scharlachfieber, von einem erkrankten Pagen infiziert, ist denn wohl auch, keine vierundzwanzig Jahre alt, Caroline Mathilde gestorben, und nicht am Gift der Juliane Marie, wie es noch lange nach diesem 10. Mai 1775 Gerüchte wissen wollten. Einige Tage später war dann die Nachricht vom Tod der Königin nach Kopenhagen gedrungen, und auf Christiansborg hatte wieder einmal ein Ball stattgefunden. Der König hielt kurz im Tanzen inne und hatte bedauernd mit der Zunge geschnalzt: »Schade um das junge hübsche Weib! Das Schönste an ihr waren die Waden!« Danach ging der Tanz weiter. Die Königinwitwe hatte immerhin eine Hoftrauer von vier Wochen angesetzt, wie bei ausländischen Fürstlichkeiten üblich.

In Celle war die Trauer heftiger gewesen. Zwar war der große Wirtschaftsaufschwung ausgeblieben, den sich alle von der Anwesenheit der Königin erhofft hatten. Caroline Mathilde, zu tief verletzt, nicht nur vom Ende Struensees, sondern auch noch vom plötzlichen Tod ihrer Mutter im Februar 1772 erschüttert, hatte nicht mehr die Kraft zu höfischem Glanz. Doch war sie die allseits beliebte und bemitleidete Gestalt geblieben, der rührende Schatten ihrer selbst, der dort hinter den Fenstern ihrer Zimmerflucht umherging, verfolgt von den Gespenstern der Vergangenheit.

Noch einmal schien sie diese Vergangenheit einzuholen, als ein junger Engländer in die Stadt kam, ein Sir Wraxall. Wraxall hatte in Altona Kontakt mit unzufriedenen dänischen Adligen aufgenommen, und wieder einmal stand eine Verschwörung auf dem Programm: Das neue Regime sollte gestürzt, die Königin zurückgeholt und als Regentin im Namen ihres Sohnes eingesetzt werden, also Struensees angeblicher Plan.

Die Zeit schien reif zu sein. Denn inzwischen dämmerte es den Dänen, daß nach Struensees Sturz nichts besser, sondern alles nur schlimmer geworden war, und die Struensee-Ära begann sich allmählich zur guten alten Zeit zu verklären, wie während seiner Regierungszeit die Ära Bernstorff die gute alte Zeit gewesen war. Ein Sturz der neuen Regierung, vom Volk und vor allem von den jüngeren Adligen begrüßt, hätte also allem Ermessen nach gelingen müssen.

Doch blieb es beim Ansatz und die Verschwörung selbst im Halbdunkel nie voll geklärter Zusammenhänge. Wraxall und seine Gefährten hätten die Unterstützung der britischen Krone gebraucht, die Rückversicherung im Ausland. Doch Farmer George hatte sich wohl als der große Zauderer erwiesen. Zwar hatte er nichts dagegen, den dänischen Kollegen einen Streich zu spielen, aber er wollte erst eingreifen, wenn er die Schwester sicher auf dem Dänenthron wußte. Das Ressentiment gegenüber der »sündigen Ehebrecherin« kam noch hinzu, und in dieser Situation ist wohl ihr letzter ominöser Brief geschrieben worden, von ihr selbst oder in ihrem Namen von einem der Verschwörer, um damit die moralischen Bedenken der britischen Majestät zu zerstreuen und sie endgültig auf ihre Seite zu ziehen.

Doch George III. hatte zu lange gezögert. Der Brief kam in jeder Hinsicht zu spät. Denn inzwischen läuteten in Celle die Totenglocken, und in der Nacht des 13. Mai 1775 wurde Caroline Mathilde, Königin von Dänemark und Prinzessin von Britannien und Braunschweig-Lüneburg, mit allen Ehren und düsterem Pomp beigesetzt: Ein Leben war verlöscht. Eine bis heute verklärte Legende konnte beginnen.

Denn so schnell wollten die Bürger von ihrer Königin nicht lassen. Und so erbaten denn bald nach ihrem Tod die Landstände die Erlaubnis, im Französischen Garten der Residenz für Caroline Mathilde ein Denkmal zu errichten. Es wurde ein schwieriges Unterfangen. Einmal geriet es zu teuer. Dann wieder griff der königliche Bruder als oberster Zensor ein. Denn Goethes Zeichenlehrer Adam Friedrich Oeser, der die ersten Entwürfe schuf, hatte zunächst allzu deutlich die Ereignisse von

1772 symbolisiert: In allegorischer Verbrämung ließ er die Wahrheit über höfische Niedrigkeit triumphieren, und eine Hauptakteurin im ganzen Geschehen, die Dummheit, erhielt gleichfalls ihren angemessenen Ehrenplatz. Da räusperte sich denn Farmer George empört und strich das Sinnbild dänischer Kabalen, während die Dummheit den Sparmaßnahmen der Geldgeber zum Opfer fiel. So durfte denn, aus sächsischem Marmor gemeißelt, allein die Wahrheit leuchten, und 1784 wurde das Denkmal eingeweiht. Auch diesmal schloß sich wiederum ein Kreis.

Denn in diesem Jahr 1784 war in Dänemark gerade ein junger Mann mündig geworden, der aus der Vergangenheit einiges gelernt zu haben schien, unter anderem, wie seinem Vater, dem nur noch dumpf vor sich hindämmernden König Christian, ein Erlaß zu entreißen war. Vor Christian lag also wieder einmal ein Dokument, das er nur noch blindlings zu unterschreiben brauchte. Vergnügt eilte sein Sohn mit dem unterzeichneten Papier davon und präsentierte es dem entsetzten Staatsrat: Kronprinz Friedrich, Caroline Mathildes Sohn, war jetzt Regent, und das Land durfte wieder einmal aufatmen. Vor zwölf Jahren hatte es einige Monate lang den süßen Duft der Freiheit geschmeckt, zwölf Jahre lang schien er vergessen, doch die Sehnsucht danach wirkte weiter und war durch nichts mehr rückgängig zu machen. Das hatte jetzt der Kronprinz zu nutzen gewußt, im gleichen Jahr, da im Park von Celle seiner verstoßenen Mutter ein Denkmal errichtet wurde.

Es sollte zu einigen schüchternen Rehabilitationsgesten gegenüber der Struensee-Ära kommen. Bruder Carl August wurde Herr von Carlsbach, Falckenskiold, dem nach Struensees Sturz sogar seine russischen Ehrungen und Titel abgesprochen worden waren, durfte zurückkehren. Struensee selbst blieb jedoch die Unperson, die es nie gegeben zu haben schien, und über ihn wie über alle Umstände seines Sturzes wurde weiterhin eisern geschwiegen. Noch 1788 sollte ein sachlicher Bericht über die Hintergründe der Affäre eine hektische Suche nach dem anonymen Verfasser auslösen, getreu der Politik des neuen Regenten, seine entmachteten Vorgänger zwar in ihre Schranken zu weisen, sie jedoch um keinen Preis zu demütigen und zu provozieren. Also bat denn für Struensee niemand um ein Denkmal. Sein Bild von einem gescheiterten Abenteurer und reuigen Sünder Münterscher Art konnte weiterhin bestehen.

Das berührt in mancher Hinsicht rätselhaft. Denn schließlich gab es genügend Leute, die den wahren Struensee gekannt hatten und hätten wissen müssen, wer er wirklich war. Und es waren brillante Köpfe von unbestechlicher Intelligenz darunter, in Altona Hartog, Hensler und Reimarus, der Pädagoge Basedow, der Dichter Lessing. In Paris wiederum war Struensee den Enzyklopädisten begegnet, hatte mit ihnen zusammengesessen und seine Ansichten diskutiert. Warum also, wenn sie ihn schon nicht physisch retten konnten, stemmte sich nicht diese intellektuelle Crème eines Jahrhunderts der ungeheuerlichen Verleumdungskampagne entgegen und rettete wenigstens Struensees Ehre, mit aller Schärfe ihrer Sprache und ihres erlesen funkelnden Geistes?

Doch nichts geschah. Erschrocken zuckte man zusammen, maulte ein wenig über den angeblichen Tyrannen Christian und beließ es im übrigen beim bedauernden Geraune. Lessing, der so freudig gejauchzt hatte, als auf Struensees Anregung hin seine »Minna von Barnhelm« dem dänischen König gezeigt worden war, und dann mit seiner »Emilia Galotti« das wohl böseste Psychogramm des Absolutismus und all seiner Auswüchse gezeichnet hatte, wagte gerade noch einige verschreckte, hinter Initialen verborgene Anspielungen in privaten Briefen. Andere nahmen es wiederum mehr philosophisch: So rasch wandelt sich eben alles Glück der Welt. Und in seinem Schweizer Luxus-Exil spitzte Voltaire halb mokant, halb erschrocken den Mund: Was für ein Land, dieses Dänemark, wo einer allen Ernstes wegen einer Liebschaft hingerichtet werden konnte! Wenn man da an das gute alte Versailles mit seiner fröhlichen Sittenschlamperei dachte, wo die herzensgute, nur unverbesserlich unhübsche Frau Ludwigs XV. allgemein bedauert wurde, weil sie *keinen* Liebhaber hatte ...

Einen anderen Aspekt als den Privatskandal hat also auch der Papst der Aufklärung dem Fall Struensee nicht abgewinnen können. Und so mochte denn Struensee eingehen in die große *chronique scandaleuse* dieses angeblich philosophischen Jahrhunderts. Vor seinem Hintergrund schien er *petite histoire* und nicht *histoire* gemacht zu haben, Skandal und nicht Geschichte. Womit ein bemerkenswerter Zug am Phänomen Struensee ein erstes Mal sichtbar wird, das seltsam entlarvende Licht, das bei der Beschäftigung mit ihm auf andere seiner Zeitgenossen und seine gesamte Zeit fällt.

Denn was ist diese Zeit sogenannter Aufklärung im Bewußtsein der meisten: eine Ära der Vernunft, des Fortschrittswillens, des großen geistigen Aufbruchs aus allen bisherigen Schranken. Was für Namen stehen dafür: Voltaire und Rousseau, Lessing und Kant! Was muß das also für eine Zeit gewesen sein! Wie reich war sie an Talenten! Welch geistigen Reichtum hat sie hervorgebracht …

Und dann geschieht solch ein historischer Betriebsunfall wie Aufstieg und Sturz des J. F. Struensee, und auf einmal sieht alles anders aus. Nicht Lessing und Kant bestimmen wirklich das geistige Klima. Nicht ein Voltaire macht die öffentliche Meinung. Auch sie sind allem Ruhm zum Trotz nur Außenseiter in ihrer Zeit. Im Zweifelsfall hielt sich eben auch das Zeitalter der Aufklärung an die Münters aller Art.

Tiefschwarz legt sich auch der Struensee-Schatten über das Dänemark dieser Zeit, auf dieses »Idyll« eines Drei-Völker-Staats, wie später die Jahrzehnte der Bernstorff-Ära genannt werden. Denn auch mit diesem »Idyll« eines scheinliberalen Gesamtstaats ohne Vorurteile und nationale Schranken ist es nach Struensee aus, als mit wütender Wucht ein schon lange dumpf im Untergrund wühlender Nationalismus hervorbricht und alle bis dahin hochgehaltene Scheintoleranz beiseite fegt.

Ein erstes schrilles Signal wird dafür schon zu Beginn des Struensee-Prozesses gesetzt, als es Ankläger Wiwet als todeswürdiges Verbrechen bezeichnet, daß Struensee kein Dänisch spricht. Ihm sekundiert dann wacker jener Peter Frederik Suhm, der schon künftige Homere und Vergile die Verschwörungs-nacht vom 17. Januar besingen hört. In einem offenen Brief an den König, wo Suhm in atemloser Entrüstung die härtesten Strafen für den noch gar nicht vernommenen Struensee fordert, heißt es denn auch: »Laß uns wieder in Deinen Befehlen unsere eigene liebe Sprache hören. Du bist ja dänisch, und ich weiß, daß Du Dänisch kannst. Laß die fremde Sprache ein Kennzei-chen des niedrigen Verräters sein, der zu träge war, unsere Spra-che zu lernen, zu spöttisch auf uns herabsah, um sich so weit herabzulassen ... – Der gebürtige Deutsche Suhm schließt da-mit gar keine so ungeschickte Rückversicherung. Denn schon bald bekommen Männer seiner Nationalität all die Ressenti-ments zu spüren, die sich jetzt explosionsartig Luft machen.

Der Deutsche Struensee, sein Aufstieg und Sturz sind dafür nur letzter Anlaß und nicht eigentlicher Grund. Denn schon lange vorher war das große Unbehagen gegenüber der Vormacht Fremder, vor allem Deutscher, am Dänenhof herangekeimt, und schon Bernstorff war zu Amtszeiten nicht der Vorwurf er-spart geblieben, er regiere ein Land, dessen Sprache er nicht be-herrscht. Nun aber schäumt die nationale Welle hoch. Struen-see wird zum Prototyp des »bösen Ausländers« schlechthin. Jetzt wetteifert jeder wieder in echtem, rechtem Dänentum.

Nach Struensee will man nur noch dänisch sein, in Sprache und Gesinnung. Auf dänisch wird jetzt das Heer kommandiert. In dänisch sind Gesetze abgefaßt, was einige Verwirrung stiftet, da auch die meisten der neuen Herren kein Dänisch sprechen. Doch bleibt man unbeirrt. Es zählt nur noch, was dänisch ist, in Gegenwart und Geschichte. Wer Dänemarks Vergangenheit preist und ihr gar Denkmäler errichtet, wird offiziell belobigt. Wer sie auch nur andeutungsweise kritisiert oder am Ende be-hauptet, nicht alle Herrscher aus dem Hause Oldenburg seien pure Lichtgestalten gewesen, wird bestraft, Und selbst die fran-zösischen Mitglieder der Kopenhagener Schauspieltruppe wer-den zurück nach Paris geschickt. Nur noch Dänisch soll auf der Bühne zu hören sein.

Erst das 19. Jahrhundert wird das Zeitalter des Nationalismus sein. In Dänemark wird es schon im Jahrhundert zuvor vorweggenommen. Das nächste Jahrhundert präsentiert dann seine Quittung. Denn der nationale Druck löst Gegendruck aus. Nun beginnt man auch in Norwegen und in den deutschen Herzogtümern zu überlegen, welcher Nationalität man eigentlich angehört, da doch das Stammland Dänemark nichts mehr von den nationalen Eigenheiten der beiden anderen Völker wissen will. Norwegen fällt ab, wird vorübergehend Schweden angeschlossen und schließlich ein selbständiges Königreich sein. Noch schwieriger und dramatischer verläuft die Entwicklung im »up ewig ungedeelten« Schleswig-Holstein.

Hier war die Lage ohnehin konfus, da Holstein bis zu seiner Auflösung zum Heiligen Römischen Reich Deutscher Nation gehörte und sein Herzog, also der König von Dänemark, damit nominell dem Kaiser des Reichs unterstand. Noch im Deutschen Bund von 1813 war er entsprechend präsent. Lachender Erbe aller Konfusion wird schließlich Otto von Bismarck. Mit einem einzigen Axthieb seiner deutschen Einigungspolitik beendet er alle in Schleswig und Holstein mühevoll und schmerzhaft eingesetzten nationalen Selbstfindungsprozesse und führt beide Herzogtümer in den Norddeutschen Bund und das Deutsche Reich über. Dänemark hat damit seine beiden deutschen Provinzen verloren: Endpunkt einer Entwicklung, die schon 1776 eingesetzt hatte.

Denn 1776 ist der eigentliche Auftakt für den dänischen Nationalismus. In diesem Jahr tritt das sogenannte »Indigenatsrecht« in Kraft, die Bestimmung, nur dänische Staatsangehörige dürften Staatsämter übernehmen. Man kann von einer »Lex Struensee« sprechen. Denn auf ihn war gemünzt, was das Gesetz bewirken sollte, daß nie wieder ein böser Fremdling über die Grenzen komme und Dänemark erneuern wolle. Sein Häscher Köller läßt sich denn auch schleunigst von einer dänischen Familie adoptieren. Niemand braucht schließlich zu wissen, daß den Deutschen Struensee überwiegend Deutsche zu Fall gebracht haben.

Doch trotz Adoption und dänischem Adelstitel wird Köller

bald wieder verschwinden und nach einigen privaten Affären durch Selbstmord enden, ähnlich wie Magnus Beringskiold. Der hatte weiterhin das Spionieren und Intrigieren nicht lassen können, durchwanderte mehrere Gefängnisse, darunter auch die Festung, auf der Falckenskiold seine Haft abbüßen mußte, und starb 81jährig unter Polizeiaufsicht, ein Ende ohne Ruhm nach einem Leben in Schande. Und rühmlich verläuft auch das Leben der meisten anderen Verschwörer nicht.

Nur für Augenblicke scheinen Männer wie Rantzau und Osten Herren der Stunde zu sein, und Rantzau stimmt sich bereits auf seine neue Rolle ein, geht fleißig zur Kirche und bewegt die Lippen im eifrigen Gebet, zumal wenn er sich in Sichtweite von Juliane Marie befindet. Doch nützt das nicht viel. Denn vom Zarenhof ist weiterhin zu hören, Verhandlungen mit den Herren von der Osten und Rantzau seien nicht erwünscht, und so verschwinden sie denn wieder in der historischen Anonymität, aus der sie dank Struensee aufgestiegen waren, Rantzau verschuldet wie stets und mit der bitteren Klage, man hätte ihm wohl einen Orden umgehängt, aber nicht einmal anständig bezahlt.

Besser kommt Eickstädt weg. Ihm wird die Erziehung des Kronprinzen anvertraut. Aber wirklich groß und gut steht nur einer da, und das ist natürlich Guldberg. Er ist Dänemarks eigentlicher Herr, so geschickt er auch weiterhin seine wahre Macht zu verbergen weiß. Denn offiziell regieren natürlich Juliane Marie und ihr Sohn. Das meinen sie zumindest. Doch langt es bei Juliane Marie nun einmal nicht zu einer neuen »Semiramis des Nordens«, und ihr Sohn, kein Neurotiker wie Christian, sondern nur ein schlichter Schwachkopf, gibt im Staatsrat lediglich die dümmlich grinsende Galionsfigur Guldbergscher Kabinettspolitik ab. Und die hat es in sich.

Denn nun wird gezeigt, was die Dänen wirklich brauchen. Jetzt wird regiert, daß jedem Reaktionär das Herz im Leibe lacht. Müllerssohn Guldberg, früher im Schatten der mächtigen Adligen aus Deutschland, steht natürlich auch im Hintergrund der großen Danisierungswelle, und ein Geschichtsbuch des 19. Jahrhunderts weiß denn auch zu loben: »Das Guldberg-sche Ministerium zeichnet sich auf eine rühmliche Weise aus durch seine Liebe und Sorgfalt für alles, was dänisch war ...« Das bleibt denn auch das einzig Rühmliche an der gesamten Guldberg-Ära.

Gleich nach Struensees Sturz wird dieser Ära ein ahnungs-voller Prolog gesprochen: »Viele Dinge werden nun wohl wie-derum geändert werden. Nur hoffe ich, man werde nicht das Kind mit dem Bade ausschütten und nicht just alles, weil es ver-haßte Männer getan haben, umstürzen. Hin und wieder ist doch auch was Gutes gemacht worden ...« Es ist der jeder Struensee-Sympathie unverdächtige alte Bernstorff, der diese propheti-schen Worte spricht. Er erlebt nicht mehr, wie gründlich sie sich erfüllen sollen.

Bernstorff ist konservativ, mit allen Vorzügen und Schwächen dieses Typs. Guldberg ist ein Reaktionär. Er will nicht bewah-ren und bewahrend vorwärtsschreiten. Er will zurück in eine längst vergangene und überholte Zeit. Oder mit den behutsa-men Worten seines eigenen Sohns: Er ist »das Erzeugnis des Zeitgeistes von 1660«, der Frühzeit des dänischen Absolutismus also. Und die soll nun wiederkehren, »nach alter Sitte und nach dem Brauch jeder Gegend«, wie es im erwähnten Geschichts-buch heißt. So sieht das Resultat auch aus.

Nur eine einzige Neuerung Struensees behält Guldberg bei, die Staatslotterie, die in der Struensee-Zeit für das Volk angeb-lich »schlimmer als die Pest« gewesen war. Auf diese Pest und ihre Einkünfte kann auch Guldberg nicht verzichten. Ansons-ten rückt er allen »Übeln« der Struensee-Ära kräftig zu Leibe.

Natürlich wird die Folter wieder eingeführt, natürlich alle Sit-tenerlasse. Schnüffler jeder Art haben ihre große Zeit. Und auch sonst zeigt sich Guldberg vergangenheitsbewußt und führt ei-nige längst vergessene Gesetze aus der Zeit Christians VI. wie-der ein, die Vorschrift zum Beispiel, wieviel Luxus Bürger mit ihrer Kleidung treffen oder welche Zahl an Gästen sie zu Fami-lienfeiern bitten, mit wieviel Gängen sie sie dann bewirten dür-fen. Ungeniert können auch wieder die Polizisten in jedes Privathaus eindringen, wie überhaupt die Polizei alle Hände voll zu tun hat.

Denn natürlich ist die Pressezensur wieder eingeführt worden, härter als zuvor, und wer dagegen verstößt, kommt ohne Prozeß für einige Wochen ins Gefängnis oder muß bis zu zweihundert Talern Strafe zahlen. Und das gilt nicht nur für Zeitungen und Streitschriften. Die Zensur umfaßt auch Bücher und Kupferstiche. Nicht einmal Goethes »Werther«, gerade *das* Erfolgsbuch auf dem Kontinent, darf gelesen werden – auf Guldbergs Vorschlag, auf Befehl des Königs hin.

Denn immer noch gibt es den König, und sorgsam wird er nach den Prinzipien Struenseescher Beschäftigungstherapie behandelt, allerdings mit anderen Methoden. Meist versteckt man ihn auf Hirschholm vor den Augen der neugierigen Öffentlichkeit und sorgt dafür, daß sein Bedarf an Alkohol und leichten Mädchen ausreichend gedeckt ist. Im übrigen läßt man den unheilbar Geisteskranken lallend vor sich hindämmern und schreckt nur hoch, wenn ihn, immer seltener und kürzer, Augenblicke geistiger Klarheit überkommen. Denn das kann peinlich werden. Dann erkundigt sich Christian plötzlich nach seinem Freund Struensee und schreit die anderen an, damals hätte man ihn auch schon betrogen. Doch gehen zur aufatmenden Erleichterung aller solche »Anfälle« rasch wieder vorbei. Christian versinkt in seinen wohltuenden Dämmerzustand – und weint nur einmal bitterlich: Auf Christiansborg ist sein über alles geliebter Billardtisch verbrannt. Ansonsten bleibt er bis zu seinem Tode im Jahr 1808 der eigentlich schon Tote, die Marionette anderer, die jetzt anstelle Struensees das vertraute Spiel mit den vertauschten Köpfen spielen.

Diese anderen, mit Guldberg an der Spitze, verstehen ihr Handwerk meisterhaft, vor allem im Bereich der Wirtschaft. Sie folgt nun wieder stur der alten merkantilistischen Spur, Manufakturen, ebenso teuer wie unsinnig, dürfen blühen, und die Staatsschuld wird am Ende der Guldberg-Ära mit fast dreißig Millionen Talern ihre absolute Rekordhöhe erreicht haben. So ist denn für Dänemark nach sechzehn Monaten Neuzeit für zwölf Jahre wieder das Mittelalter ausgebrochen, und tatsächlich gibt es für die prinzipielle Richtigkeit Struenseescher Überlegungen keinen besseren Zeugen als Guldberg. Der Bankrott seiner Ära wertet noch einmal Struensees Qualität als Staatsmann auf.

Dennoch findet sich im sonst so traditionsbewußten Kopenhagener Stadtbild von seinem Schaffen keine Spur. Breit zieht sich eine Bernstorff-Straße hin, selbst der unseligen Juliane Marie wird einen Straßennamen lang gedacht. Doch eine Struensee-Straße sucht man vergeblich. Dafür wölbt sich stolz die Kuppel über der hundert Jahre nach Struensee doch noch fertiggestellten Marmorkirche wie das steinerne Zeugnis eines vergeblichen Versuchs, Vernunft über sinnentleertes Prachtdenken siegen zu lassen: ein Anti-Struensee-Denkmal, wenn man so will.

Doch hält manchmal die Geschichte geheime Pointen bereit, die man erst auf den zweiten Blick versteht, und eine solche Pointe im Fall Struensee ist sein heimliches Denkmal. Man muß nur genau hinschauen und die dänische Geschichte von seiner Zeit bis zur Wende zum 19. Jahrhundert nachvollziehen. Dann ist dieses Denkmal nicht zu übersehen. Mitten in der Stadt steht es, unmittelbar vor dem Hauptbahnhof, jener Obelisk mit seiner Erinnerung an die große Bauernbefreiung von 1788: »Der König gebot: der Heimatzwang solle aufhören; den das Landvolk betreffenden Gesetzen soll Ordnung und Kraft verliehen werden, damit der freie Bauer mutig und aufgeklärt, fleißig und gut, als geachteter Bürger glücklich werden kann.«

Sechzehn Jahre nach Struensees Tod wird sich also doch noch vollziehen, was die von ihm eingesetzte Kommission bereits so energisch vorantreibt. Unter Oeders Leitung scheint das selbstgesteckte Ziel schon fast erreicht, die Abschaffung der jeden Impuls lähmenden Grundhörigkeit, die Einschränkung der demütigenden und kräfteraubenden Frondienste, die rationelle Zusammenlegung des Bauernlandes sowie eine angemessene Neuregelung der Steuern. Doch unter Guldberg ist es damit selbstverständlich aus, und Oeder wird mit dem tadelnden Hinweis, seine Arbeit sei »schädlich« für das Vaterland, als kleiner Amtmann in die entlegenste Provinz abgeschoben, wie die meisten anderen von Struensee in ihre Ämter geholten Beamten auch. Für Männer mit Können und Verstand hat Guldberg keine Verwendung.

Denn dieser treffliche Staatenlenker weiß: »Die Freiheit des Bauernstandes sey nicht möglich ... ohne daß Dänemark in seinen Grundfesten erschüttert werde.« Und das hätte am Ende Guldberg und ähnliches Gelichter ihre Posten gekostet. Also auch hier zurück ins Mittelalter: Unerbittlich bleibt der Bauer sein Leben lang an seine Scholle gebunden. Er ist weiterhin seinem Gutsherrn ausgeliefert, muß Frondienst tun und den Zehnten abliefern. So quillt denn nach wie vor die Hauptstadt von jenen über, die dieser Trostlosigkeit entkommen können.

Erst um 1786, als wieder eine Agrarkommission eingesetzt wird, geht dieser Spuk zu Ende. Um diese Zeit ist Guldberg die Macht wieder entrissen worden. Andreas Peter Bernstorff ist jetzt die eigentliche Kraft am Thron. Schon zuvor war er in das Kabinett Guldberg eingetreten und hatte endlich den vom verstorbenen Onkel so sehnlich gewünschten Vertrag mit Rußland abschließen können. Doch darüber hinaus hatte es zwischen ihm und den anderen kleinkarierten Reaktionären wenig Gemeinsamkeiten gegeben, und 1780 hatte Bernstorff seinen Abschied genommen. Doch vier Jahre später ist er wieder da.

Anders als dem Onkel, der in der Bauernbefreiung mehr die unumgängliche Pflichtübung sah, ist dem auf dem Lande aufgewachsenen und mit allen bäuerlichen Problemen von Kindheit an vertrauten Andreas Peter Bernstorff die Agrarreform eine Herzensangelegenheit. Mit Energie und Kompetenz treibt er sie voran, und am 20. August 1788 ist es soweit. Der Bauer, von seiner Schollengebundenheit endlich erlöst, ist so frei wie jeder andere Untertan und der gleichberechtigte Staatsbürger. Damit ist mit sechzehnjähriger Verspätung für Dänemark auch auf diesem Gebiet der Schritt in die Neuzeit getan und wird dem Land ähnliche revolutionäre Erschütterungen, wie sie im Jahr darauf unaufhaltsam über Frankreich hereinbrechen, ersparen.

Natürlich erhält der jüngere Bernstorff sein Denkmal. Es steht vor seinem kleinen Palais im Norden Kopenhagens, und redlich hat er es sich verdient, so wie sich sein König den Obelisken vor dem Hauptbahnhof. Beim Wort »König« setzt allerdings die geheime Pointe dieser Ehrung ein. Denn König ist um 1788 immer noch Christian VII., dessen Namen die Inschrift taktvoll verschweigt. Sie meint natürlich einen anderen König, Christians Sohn Friedrich, der offiziell erst 1808 auf den Thron kommt. Bis dahin ist er nur Regent, und als Regent und erste Macht im Staat schirmt er alle Schritte Bernstorffs in Sachen Agrarreform ab. Ohne den Regenten und seinen Zuspruch wäre also auch sein Minister hilflos, hinter Bernstorff steht also Kronprinz Friedrich. Und hinter Friedrich wiederum zeichnet sich noch einmal Struensees Schatten ab.

Man kommt nach Frederiksborg, in dieses Schicksalsschloß für Struensee und Friedrichs Mutter. An den Wänden breitet sich Dänemarks Geschichte aus, Porträt um Porträt. Schließlich steht man auch vor dem Bild Friedrichs VI. Als Regent und schließlich König hat er das Land fünfundfünfzig Jahre regiert. Es war die längste Regierungszeit in der gesamten dänischen Geschichte und Friedrich zugleich der letzte Herrscher alter absoluter Art wie auch der erste Monarch modernen Zuschnitts. Seine Zeit wurde Dänemarks Übergang in die Moderne.

Die Bauernbefreiung ist dafür nur Auftakt. Sie schränkt fast automatisch die Privilegien des Adels ein. Dann kommt die Gleichberechtigung der Juden und die Abschaffung der Sklaverei in den dänischen Kolonien. Es kommen eine Schulreform, eine Rechtsreform sowie die endliche Anpassung der dänischen Wirtschaft an die Gesetze des aufkommenden Frühkapitalismus als neuer bürgerlicher Wirtschaftsordnung. Kurz: Am Ende ist Dänemark der moderne Staat, den sich Struensee gewünscht hatte, und als Friedrich VI. 1843 stirbt, geht die dänische Monarchie fast bruchlos, ohne Revolution und Blutvergießen, in den Status eines konstitutionellen Königtums über. In dieser Form bewährt sie sich bis heute. Ahnherr Friedrich VI. kann zufrieden sein.

Man sieht in einen kühlen Blick unter fast farblosen Wimpern. Der Schädel wölbt sich ebenso zart wie beim Vater. Doch müssen in diesem zerbrechlichen Leib eine robuste Energie, in diesem überschmalen Schädel eine hellwache Intelligenz gehaust haben, kräftig genug, um damals im Jahr 1784 die Macht wortwörtlich an sich zu reißen, Guldberg mit seiner Clique zu verscheuchen, die lieben Verwandten in Distanz zu halten, einen Bernstorff zu berufen und auf Mahnungen hin, in Sachen Landreform nichts zu überstürzen, zornig auszurufen: »Mir kommt es doch vor, daß man in einer wichtigen Sache, worauf das Wohl des Landes beruht, keinen Tag verlieren müsse ...« Offenbar hat also auch Eickstädts Erziehung diese Energie nicht brechen können.

Vier Jahre ist der Kronprinz, als er in Eickstädts Hände fällt. In den zwei Jahren zuvor hatte jedoch Struensee über ihn gewacht mit seiner Rousseauschen Erziehung ohne Angst, und »Tom Jones«, wie Struensee seinen Schützling nach dem herzensguten Titelhelden von Henry Fieldings berühmtem Entwicklungsroman nannte, hatte sich zwar gelegentlich in der kalten Jahreszeit ein paar Frostbeulen geholt. Doch hatten sie seiner quicken Beweglichkeit nicht geschadet. Und der erwachsene Mann wird der tüchtige, lebenskluge Monarch, der nun auf die Besucher von Frederiksborg herablächelt: Struensees eigentlicher Erbe, der zu Ende führte, was der andere nur kurz hatte anreißen dürfen.

Friedrichs Porträt beherrscht eine ganze Wand. Nach Struensees Porträt muß man suchen. Endlich entdeckt man es in einer Fensternische, nicht größer als das in seiner Nachbarschaft aufgehängte Bild Peter Frederik Suhms. Auch hier auf Frederiksborg gibt es Wärter. Aber sie drängen einem die Geschichte von Struensee nicht auf. Sie werden eher verlegen, wenn man sie danach fragt: »Ja, das war damals ein ganz furchtbarer Skandal ...«

Der »Skandal« scheint immer noch alles andere zu überschatten, auch die Geschichtsschreibung in Sachen Struensee. Anderes als rasch weitergegebene Klischees scheint dieser Name im historischen Bewußtsein nicht abzurufen: Struensee, der schlechte

Kopist Friedrichs des Großen, punktum. Er war typisch für die Aufklärung, ein gutmeinender Salonpolitiker eben, wenn nicht gleich der »gewissenlose Emporkömmling« und »verhaßte Usurpator«, als den ihn bis heute ein als Standardwerk gepriesenes Geschichtsbuch bezeichnet. Abermals punktum. »Seine Regierung war nicht schlecht ... Aber sein Wissen war oberflächlich.« So ein anderes Geschichtsbuch aus dem Jahr 1964. Ein letztes Mal punktum.

Wieder haftet am Struensee-Phänomen sein irritierend entlarvender Effekt, etwa wenn man diese Worte mit dem Urteil des gleichen Historikers über Guldberg vergleicht. Der war zwar »sehr reaktionär«, dafür »grundehrlich«, seine Regierung zwar »kurzsichtig«, doch – man staune! – »ehrenwert«. Auch hier punktum? Oder hat es am Ende unser aller Geschichtsbewußtsein mit den biederen Reaktionären? Wehrt es sich ganz instinktiv gegen jene, die Unruhe bedeuten? Sind immer die Guldbergs, nie die Struensees die »Sieger der Geschichte«?

Oder urteilen auch wir wie weiland Schwedens Gustav über Struensee als den »mit Krethi und Plethi verkehrenden Plebejer«? Ist uns, aller demokratischen Einstellung zum Trotz, der Aufstieg eines Bürgers unheimlich? Oder wird unser Bewußtsein am Ende noch immer so moralinsauer geprägt, daß unser Urteil über Mächtige zur Zensur privater Lebensführung wird? Der »grundehrliche« Reaktionär Guldberg, der wortwörtlich über Leichen ging, war privat gewiß ein ehrenwerter Mann, wie Robespierre und Heinrich Himmler auch. Einem wie Struensee fehlt jedoch »der sittliche Ernst und die sittliche Reinheit, die ebensowenig bei dem Staatsmanne wie bei dem Privatmanne fehlen dürfen, wenn irgend dauerhaft Gutes zu Stande gebracht werden soll«. So schreibt es im letzten Jahrhundert in ernsthafter Einfalt der Historiker C. F. Allen, und so klingt es im Prinzip noch immer nach.

So darf denn Struensee einmal der zynische Herzensbrecher, dann wieder der romantische Frauenheld sein, der am Rande auch etwas Politik gemacht hat und dafür hingerichtet wurde, »das kommt davon«. Alles andere kann darüber vergessen sein.

Und so hat es denn auch geschehen können, daß sich die wenigsten Gedanken über den *Arzt* Struensee und seine wissenschaftlichen Qualitäten gemacht haben und Erkenntnisse, die vor dem Hintergrund der Medizin im 18. Jahrhundert wenigstens hätten aufmerken lassen können, in totale Vergessenheit gerieten.

Es war im Jahr 1940, als am Berliner Robert-Koch-Institut ein junger Assistenzarzt mehr zufällig auf Struensees Abhandlung zur Maul- und Klauenseuche stieß. Der Fund wurde Anstoß zu fast vierzigjähriger Forschung in Sachen Struensee, begleitet von Unkenrufen der Kollegen. »Anfangs hatten mich wohlmeinende ältere Kollegen wiederholt gewarnt, es könne unseriös erscheinen, sich mit jemandem zu beschäftigen, über den bereits so viel geschrieben wurde und der darüber hinaus vom ›Hautgoût eines Lüstlings und Abenteurers‹ umgeben sei ...« – so Professor Stefan Winkle, der Assistent von damals, in seinem Buch »Johann Friedrich Struensee. Arzt – Aufklärer – Staatsmann«.

Spätestens seit diesem Buch ist das Bild vom ewig charmanten Dandy und sich gefällig aus den Altonaer Salons an den Königshof hinübertändelnden Modearzt ohne ethische Ernsthaftigkeit und sachliche Substanz nicht mehr aufrechtzuhalten. Seine Forschungen und Erkenntnisse weisen ihn in Form wie Inhalt als ernsthaften und ernst zu nehmenden Mediziner hohen Ranges aus. Winkle nennt ihn einen »genialen Arzt«. Nun braucht ein genialer Arzt nicht auch ein genialer Staatsmann zu sein, und wenigstens als Machtpolitiker war Struensee gewißlich kein Genie. Doch war er auch nicht der von der Praxis überforderte Nur-Theoretiker, die politisierende Plaudertasche, die im Sessel der Macht wie an einem beliebigen Kaffeehaustisch Platz genommen hatte.

Was Struensee in sechzehn Monaten Kopenhagen durchsetzen wollte, war bis in Einzelheiten in den zehn Jahren Altona am praktischen, unmittelbar beobachteten und analysierten Beispiel konkreter sozialer Mißstände vorgeformt und zum Teil auch schon in aller Klarheit vorformuliert worden. Kein sozialpolitisch Ahnungsloser fand sich plötzlich als Dänemarks heimlicher Herrscher wieder, und immerhin findet sich unter seinen zahllosen Erlassen kaum einer, dessen sachliche Richtigkeit von späteren Entwicklungen nicht bestätigt wurde. Wie sich die Summe all dieser Erlasse in ihrer drängend kurzatmigen Massierung im Zusammenprall mit einem so verkarstet in sich selbst verbissenen Gefüge wie dem dänischen Gesamtstaat auswirken mußte, bleibt dabei ein ander Ding.

Zutiefst ist eine objektive, von den Zeitläufen abgehobene Wertung des Staatsmannes Struensee müßig. Er selbst hat es gewußt und noch in seinen letzten Tagen anderen das Recht auf Wertung seiner Maßnahmen abgesprochen, da sie allesamt nicht reifen und sich in ihrer Reife erproben lassen konnten.

Möglich ist allein seine Interpretation in der Konstellation seiner Zeit, und dort steht Struensee in der Reihe derer, die im Zeichen einer absterbenden Staatsform die »Revolution von oben« probierten. Diese Reihe ist lang. Portugals Graf Pombal gehört ebenso dazu wie Struensee-Verächter Gustav III. von Schweden, und selbst die französische Monarchie als Inbegriff des Absolutismus war in der zweiten Jahrhunderthälfte vom Reformeifer befallen, bis hin zu den Schäferspielen der kleinen Marie Antoinette, die auf ihre Art eine Alternative zum Herrschaftsanspruch des Monstrums Versailles sein sollten.

Ernsthafter und konsequenter als die Franzosenkönigin betreibt zur gleichen Zeit in Österreich ihr Bruder Joseph II. den Versuch, ein Volksherrscher modernen Zuschnitts zu sein. Auch er schafft Folter und Leibeigenschaft ab. Er treibt Reform um Reform voran, um sie noch zu eigenen Lebzeiten teilweise wieder rückgängig zu machen, und in Potsdam schüttelt Preußens Friedrich den grauperückten Kopf: Unseliger Kollege, der immer den zweiten vor dem ersten Schritt zu machen versucht und schließlich als Inschrift auf seinem eigenen Grabstein lesen möchte: »Hier ruht Joseph, dem nichts gelang!« Doch hatte nicht Friedrich selbst, ein »Revolutionär von oben« auch er, zu Beginn seiner Regierungszeit in einem einzigen kühnen Zugriff die erstarrte Welt des Soldatenkönigs in die neue aufgeklärte Zeit hinüberziehen wollen?

Es ist etwas Fatales um diese Gestalten, mit denen der Absolutismus noch einmal auf den Prüfstand tritt und die höchste Qualität eines jeden politischen Systems, seine innere Fähigkeit und grundsätzliche Bereitschaft zu Reformen, auf eine letzte Probe stellt. In ihrem gemeinsamen ehrlichen Bemühen um eine Erneuerung bestehender Verhältnisse wirken diese in Herkunft, Grundimpuls und Persönlichkeit so verschiedenen Menschen als Repräsentanten eines politischen Systems viel fataler als die Legion schlemmender, verschwenderischer und schlicht unfähiger Fürsten auf anderen Thronen Europas.

Deren Versagen bezeichnet die Qualität einzelner Menschen. Das Versagen der anderen bezeichnet die Qualität eines gesamten Systems. Und versagt haben alle, gescheitert sind die meisten, auch Friedrich II. mit seinem »aufgeklärten« Absolutismus, von dem am Ende niemand sagen konnte, was daran aufgeklärter war als am Absolutismus alter Art. Dessen durchaus bestechendes Prinzip der Herrschaft eines einzigen über alle Verkrustungen einer verbürokratisierten Staatsmaschinerie hinweg, diese Befehlsgewalt des einen über alle anderen, die damit auch seinen Schwächen und Launen ausgeliefert sind: Es funktionierte eben nicht. Niemand konnte es retten, auch Doktor Struensee nicht.

In zwei Schlüsselstücken dieser Zeit, in Beaumarchais' »Barbier von Sevilla« und »Tollem Tag«, gleitet Hauptheld Figaro zunächst wie ein getreuer Schatten an der Seite seines gräflichen Herrn einher, deckt seine Streiche, erweist ihm im geduldigen Gehorsam Kuppler- und andere Dienste und begehrt erst auf, als er erkennen muß, wie sehr dieser Herr seine ihm von »göttlichen Gnaden« zugefallene Macht mißbraucht. Der Untertan wird zum Revolutionär und spuckt schließlich seinem Grafen seine Kriegserklärung vor die Füße: »Adel, Rang, Amt und Vermögen machen den Menschen schon verflucht stolz. Aber was haben Sie für all das geleistet? Sie haben sich die Mühe genommen, geboren zu werden ...« Und mit dem rauschenden Applaus, der bei der Pariser Uraufführung am 17. April 1784 dieser herausgeschrienen Wahrheit folgte, wurde auch schon der heraufziehenden Großen Revolution applaudiert. Dort lösten dann die Figaros ihre Grafen endgültig ab.

Struensee hat den Schritt vom Diener zum Revolutionär nie getan. Er war der Marquis Posa, der allein vom Sire Gedankenfreiheit erhoffte. Und er setzte auf den brüchigsten Punkt seines Systems, darauf, daß Fürsten Menschen sind. Er versuchte eine hochmoderne Politik mit dem ältesten Mittel durchzusetzen, mit der persönlichen Gunst eines Mächtigen, in all ihrer brüchig schwankenden Unzuverlässigkeit. Das war die Basis seiner Macht. Von dort aus konnte er lediglich an den Stäben eines Systems rütteln. Es wurde keine Revolution. Es blieb bei einer Rebellion. Und mit diesem »Rebell von oben« wurde eine Gesellschaft immer noch mit wenigen Beilhieben fertig. Ihr eigener Weg führte unter die Guillotine auf der Pariser Place de la Concorde. Struensees Weg führte auf das Osterfeld von Kopenhagen.

Es bleibt die Erinnerung an einen, der handelte, wo andere nur redeten, auch um den Preis des eigenen Scheiterns. Und es bleibt das Beispiel einer selbstmörderischen Donquixoterie, ein schon totes System aus sich selbst heraus im verzweifelten Alleingang retten zu wollen. Auch daran kann das Straßenschild von Altona erinnern.

Literatur
(Auswahl)

I. Allgemein

C. F. Allen, Geschichte des Königreichs Dänemark. 1846

O. Brandt/W. Klüver, Geschichte Schleswig-Holsteins. 1925/1975

R. W. Brockmeier, Aufklärung und Reform im 18. Jahrhundert. 1829

F. C. Dahlmann/D. Schäfer, Geschichte Dänemarks

H. Fortmann, Merkwürdigkeiten aus der Weltgeschichte. 1841

P. v. Hedemann Heespen, Vergleichende deutsch-dänische Geschichte. 1936

W. Hubatsch, Das Zeitalter des Absolutismus. 1970

H. Kochendorfer, Die dänischen Hof- und Staatskalender (Nordelbingen 5), 1927

J. Krumm, Der schleswig-holsteinische Gesamtstaat des 18. Jahrhunderts (1727–1797). 1934

P. Lauring, Geschichte Dänemarks. 1964

L. Magon, Ein Jahrhundert geistiger und literarischer Beziehungen zwischen Deutschland und Skandinavien. 1926

A. Nielsen, Dänische Wirtschaftsgeschichte. 1933

E. M. Oettinger, Geschichte des dänischen Hofs von Christian II. bis Friedrich VII. 1857

H. Rothfels, Staat und Nation in der Geschichte Dänemarks. 1928

II. Biographien/Zeitgenössische Berichte

J. B. v. Adlerburg, Der Graf von Struensee. 1772

Carl Landgraf von Hessen-Kassel, Denkwürdigkeiten. 1866

S. O. v. Falckenskiold, Denkwürdigkeiten. 1826

H. H. L. v. Held, Struensee (Carl August). 1805

J. K. Höst, Struensee und sein Ministerium. 1827

G. F. v. Jenssen-Tusch, Die Verschwörung gegen die Königin Caroline Mathilde ... und die Grafen Struensee und Brandt. 1846

E. Maass, Der Arzt der Königin (Roman). 1950

B. Münter, Des vormaligen Grafen ... Struensee Bekehrungsgeschichte. 1773

R. Neumann, Der Favorit der Königin (Roman). 1953

J. A. H. Reimarus, Lebenserinnerungen. 1814

S-F. Reverdil, Struensée et La Cour de Copenhague. 1858

J. M. Wehner, Struensee. 1938

S. Winkle, Johann Friedrich Struensee. Arzt – Aufklärer – Staatsmann. 1983

K. Wittich, Struensee. 1879

III. Einzelaspekte

P. Barz, Die Menschen von Versailles. 1973

G. Brandes, Voltaire. 1923

R. Bülch, Das Schleswig-Holsteinische Zeitungswesen. 1928

H. Ehlers, Aus Altonas Vergangenheit. 1926

A. Fjelstrup, Ehescheidungsprozeß zwischen Christian VII. und Königin
    Caroline Mathilde. 1908

A. Friis, Bernstorff und Dänemark I/II. 1905/1970

A. Friis, Bernstorffsche Papiere I – III. 1904/1913

P. Gaxotte, Friedrich der Große. 1972

J. G. Göllner, Von Pamphleten, Pasquillen und Placaten. 1872

G. F. R. Hertzberg, Geschichte der Stadt Halle. 1893

Hille, Struensees literarische Tätigkeit. 1886

J. Jörgensen, Die Klopstock-Zeit in Dänemark. 1911

H. Lüdtke, Lessings Beziehungen zur Niederelbe. 1929

H. Lüdtke, Klopstock und unsere niederelbische Heimat. 1928

E. Meynert, Philipp Gabriel Hensler und seine Zeit. 1834

E. Snorrason, J. F. Struensee als Arzt in Dänemark. 1966

H. Stephan, Der Pietismus als werktätiges Christentum. 1912

A. M. Wagner, Der unbekannte Helferich Peter Sturz. 1925

S. Winkle, Struensee und die Publizistik (mit Originaltexten Struensees, u. a.
    »Gedanken eines Arztes …«). 1982

Literarische Spaziergänge
mit Büchern und Autoren

Das Kundenmagazin der Aufbau Verlagsgruppe
Kostenlos in Ihrer Buchhandlung

Kurt Aust

Das Jüngste Gericht

Roman

*Aus dem Norwegischen
von Maike Dörries und
Günther Frauenlob*

*413 Seiten
Band 1872
ISBN 3-7466-1872-X*

Der erste Fall für Boueberge und Hortten

Dezember Anno Domini 1699: ein Mord und Prophezeiungen vom bevorstehenden Weltuntergang beunruhigen die Gäste eines Wirtshauses in Jütland. Dank seiner unerhörten Kombinationsgabe gelingt es Thomas von Boueberge, weitgereister Professor aus Kopenhagen, und seinem gewitzten Assistenten Hortten das Rätsel um den Täter zu lösen.

»Das Jüngste Gericht« ist mehr als eine spannende Kriminalgeschichte. Zeitgenössische Philosophie und Mathematik, Glaube und Irrglaube werden bei der Suche nach dem Schuldigen auf erfrischende Weise zu Rate gezogen: ein kriminalistisches Kabinettstück.

»Es ist nicht einmal vermessen, das Buch in einem Atemzug mit Ecos ›Der Name der Rose‹ zu nennen.«

Oldenburgische Volkszeitung

A*t*V
Aufbau Taschenbuch Verlag

Dieter Jörgensen
Der Rechenmeister
Roman

400 Seiten
Mit 6 Abbildungen
Band 1704
ISBN 3-7466-1704-9

Mit diesem opulent erzählten Roman um den venezianischen Rechenmeister Niccolo Tartaglia ist dem Autor ein faszinierender Einblick in die Wissenschaftsgeschichte gelungen. Von Tartaglia, der eines der Genies des 16. Jahrhunderts war, aber nicht ernstgenommen wurde, weil er stotterte, werden wir nicht nur in die Wunderwelt der Dreiecke und Kuben geführt, sondern wir entdecken mit ihm das Wunderwerk des Sprechens und den Glanz der Worte.

»Ein imposantes Bild vom Venedig des 16. Jahrhunderts ...«

Das Magazin

A*t*V
Aufbau Taschenbuch Verlag